课题：辽宁省社会规划基金项目结题成果（L2OBYY012）
课题名称：接口视阈下连动式信息结构的跨语言对比研究

知库

教育与语言

———

汉语连动结构的形式句法研究

王晓娜　著

九 州 出 版 社

JIUZHOUPRESS

图书在版编目（CIP）数据

汉语连动结构的形式句法研究／王晓娜著 . －－北京：
九州出版社，2023.9
ISBN 978－7－5225－2182－4

Ⅰ . ①汉… Ⅱ . ①王… Ⅲ . ①汉语—语法结构—研究
Ⅳ . ①H14

中国国家版本馆 CIP 数据核字（2023）第 184424 号

汉语连动结构的形式句法研究

作　　者	王晓娜　著
责任编辑	沧　桑
出版发行	九州出版社
地　　址	北京市西城区阜外大街甲 35 号（100037）
发行电话	（010）68992190/3/5/6
网　　址	www.jiuzhoupress.com
印　　刷	唐山才智印刷有限公司
开　　本	710 毫米×1000 毫米　16 开
印　　张	18.5
字　　数	332 千字
版　　次	2024 年 1 月第 1 版
印　　次	2024 年 1 月第 1 次印刷
书　　号	ISBN 978－7－5225－2182－4
定　　价	98.00 元

前　言

汉语连动结构最显著的特征之一就是同主语，跨语言对比分析表明广义汉语连动结构是"并列"和"主从"两个基本结构关系的上位概念，狭义"连动结构"常常表达时间先后或动作—目的语义关系，是汉语连动结构的典型句式。广义连动结构反映了汉语连动结构"万能式"的特点，而汉语连动结构典型句式的提出解决了汉语连动结构"包罗万象"的问题。

从生成语法理论"句法核心"的视角，汉语连动结构可以重新分类为并列型 SVC 和主从型 SVC。依据前后 VP 是否可以调整顺序、核心论元是否共享这两个显著性语义语法特征，认为汉语典型连动结构是一种非对称并列结构，非典型连动句包括状核和对称并列连动结构。根据 VP1 是否强制性要求有界，可以将非对称并列 SVC 分为时间先后类连动结构和动作—目的类连动结构；根据是否遵守并列结构限制条件，非典型连动结构可以分为状核 SVC 和对称并列 SVC。

在回答了汉语连动结构是什么的问题后，接着回答了为什么。通过分析汉语连动结构与其相关句式的同和异，认为汉语连动结构形成的主要动因为语言经济性原则。在语言经济性原则的指导方针之下，汉语连动结构在句法上受到并列紧缩规则（CR）、S 节点删除规则（S-Pruning）以及论元删略规则（AE）的限制，是一个从表达几个独立事件的复句结构逐步紧缩为表达一个整体概念事件的单句连动结构的过程；同时语义上还要满足话题允准条件。

最后，回答了汉语连动结构怎么生成的问题。跨语言对比分析以及被动化、关系化、话题化等句法测试表明汉语典型连动结构是一个二分支非对称的句法结构。依据句法运算的经济性原则，主张将汉语典型连动句中句首 NP 分析为基础生成的话题。汉语典型连动句的句法核心为 F，前后 VP 是非对称成分统治关系；状核连动结构两个 VP 之间的关系为附加语-核心关系。

总之，本书主要回答了汉语连动结构是什么、为什么以及怎么生成这三个问题，并尝试在形式句法理论框架下对汉语连动式句法结构进行句法推导，证明了汉语连动结构不是形式句法理论的例外，间接验证了生成语法理论的强大解释力。

缩略语释义对照表

缩略语	英语全称表达	汉语对应释义
ACC	Accusative	宾格标记
ADV	Adverbial	状语标记
AE	Argument ellipsis	论元删略
AGT	Agent	施事格标记
ASVC	Asymmetrical Serial Verb Construction	非对称并列连动结构
ATB	Across-the-Board Movement	横越式移位
CAUS	Causative marker	使动标记
CCSVC	Chinese Canonical Serial Verb Construction	汉语典型连动结构
CED	Constraints on Extraction Domain	成分提取限制
CL	Classifier	量词
CR	Coordination Reduction	并列紧缩
CSC	Coordination Structure Constraint	并列结构限制
CSM	Change of state marker	状态变化标记
CSVC	Chinese Serial Verb Construction	汉语连动结构
DAT	Dative	与格标记
DEF	Definite	定指标记

缩略语	英语全称表达	汉语对应释义
DIR	Directional prefix	趋向前缀
GCR	Generalized Control Rule	广义控制规则
HMC	Head Movement Constraint	中心语移位限制
IDEF	Indefinite	不定指标记
LCA	Linear Correspondence Axiom	线性对应公理
MP	Minimalist Program	最简方案
NEG	Negation	否定标记
NOM	Nominalizer	名物化标记
PASS	Passive	被动标记
SMT	Strong Minimalist Thesis	强式最简理论
SSVC	Symmetrical Serial Verb Construction	对称并列连动结构
SVC	Serial Verb Construction	连动结构
TOP	Topic	话题标记
TP	Topic pronoun	话题代词
UG	Universal Grammar	普遍语法

目　录
CONTENTS

第一章

绪　言

第一节　研究对象及缘由

连动结构（Serial Verb Construction，SVC）这个术语常常用来描述非洲、大洋洲、东南亚以及一些克里奥语中动词连用的语言现象①。

本文选择汉语连动结构作为研究对象基于以下三个方面的考虑：

首先，汉语连动结构界定不清，范围模糊，现已发展为一个"万能式"。这非常不利于汉语本体研究，也不利于汉语连动结构的对外汉语教学，因此有必要对其进行重新界定。

其次，汉语连动结构形成的动因以及该结构的句法语义限制条件是什么呢？以上三个问题都值得对汉语连动结构进行重新审视和研究，以期揭示该结构的本质特征。

最后，刘丹青多次指出形式语法有意无意地忽视和回避连动结构作为一种独立结构的存在②，并特别指出由黄正德、李艳慧、李亚非所出版的探讨汉语形式语法的专著《汉语句法学》③ 中，只字未提连动结构，这似乎说明形式理论尚不能很好解释连动结构。以乔姆斯基为代表的生物语言学理论，旨在追求各种语言的普遍语法。生成语法理论尤其是乔姆斯基 1995 年提出的最简方案是否

---

① 彭国珍，杨晓东，赵逸亚. 国内外连动结构研究综述 ［J］. 当代语言学，2013. 15（3）：324-335.

② 刘丹青. 汉语及其亲临语言连动式的句法地位及显赫度 ［J］. 民族语文，2015（3）：3-22.

刘丹青. 汉语动补式和连动式的库藏裂变 ［J］. 语言教学与研究，2017（2）：1-16.

③ ［美］黄正德，［美］李艳辉，［美］李亚非. 汉语句法学 ［M］. 张和友，译. 北京：世界图书出版公司，2013：1-517.

对汉语连动结构无法解释呢？如果是，那么汉语连动结构是否真的是生成语法理论的例外呢？如果不是，汉语连动结构的句法生成机制是怎样的呢？

第二节　研究目标

本书的研究旨在完成五个目标。第一，参照连动结构类型学研究成果，依据汉语语言事实，从句法核心的视角，对汉语连动结构重新定义和分类。第二，系统性理清汉语连动结构的句法语义特征，包括论元结构、动词及物性特征以及时、体、语气等语法范畴的分布情况，揭示汉语连动结构的句法语义限制条件。第三，秉承最简方案的最简精神，探讨汉语连动结构形成的原因以及句法语义机制。第四，跨语言对比视角下，汉语连动结构的本质是什么。第五，尝试用 MP 框架下的合并理论来分析汉语连动结构的句法结构。

具体来说，本文的研究旨在回答以下五个方面的问题：

（1）汉语连动结构的界定范围和界定的标准是什么？

（2）汉语连动结构的句法语义限制条件是什么？

（3）汉语连动结构形成的动因是什么？

（4）跨语言对比视角下汉语连动结构的本质是什么？

（5）MP 框架下汉语连动式的句法结构是如何推导的？

第三节　研究意义

首先，从句法语义两方面对汉语连动结构进行重新界定、从句法核心视角对其重新分类，这两点有益于汉语本体的精细化研究。其次，将汉语连动结构与汉藏语系的亲属语言及阿尔泰语系的满语、蒙古语和维吾尔语进行对比研究，有利于在更大的范围内对汉语连动结构进行重新定位，揭示该结构的本质，为连动结构的类型学研究贡献汉语语料。最后，本文尝试在形式句法理论框架下，对汉语连动结构进行最简句法分析，旨在证明形式理论的强大解释力，同时也表明形式语法对汉语连动结构不回避不忽视的态度并摆脱"无法解释"的现状和困境。

第四节 语料来源

本书所涉及的汉语连动结构语料主要有两个来源：一是取自期刊和专著里的连动结构例子；二是来自语料库，其中包括 BCC（北京语言大学现代汉语语料库）和现代汉语研究语料库①。少数民族语言连动结构语料主要来源于《中国少数民族语言简志丛书》《中国的语言》以及戴庆厦及其学生所编著的"参考语法"系列丛书，其中部分满语语料来自满语母语者王硕，蒙古语语料由母语人香玲提供。其他语言连动结构语料主要来自期刊文献和专著。部分民族语言语料是通过询问母语人或参考语法编者本人的方式得到，具体情况如表 1-1 所示：

表 1-1 少数民族语言语料与母语人的对应关系

语言	母语人
景颇语	戴庆厦
邦朵拉祜语	李春风
大羊普米语	蒋颖
蒲溪羌语	黄成龙
独龙语	杨将领
矮寨苗语	余金枝
绿村哈尼语	李泽然
满语	王硕
蒙古语	香玲

---

① 刑红兵. 现代汉语研究语料库［Z］. 未公开，1995.

第五节 章节结构

本书共包括八个章节。第一章为绪言部分，主要介绍研究对象并阐述选题的理由、研究目标及要回答和探讨的理论问题、研究意义并介绍语料的来源。第二章主要介绍国内外连动结构研究现状，其中国内连动结构研究主要集中于连动结构描写性研究、少数民族语言连动结构的描写和认知解释、连动结构的类型学研究、语法化研究以及生成语法理论视角下的句法结构分析研究。国外连动结构研究主要集中于连动结构的类型学研究、生成语法框架下的句法研究以及语法化研究。第三章主要回顾已有的对汉语连动结构的定义和分类以及存在的问题。基于跨语言对比视角下连动结构的核心特征，结合汉语语言事实，从句法核心视角对汉语连动结构进行了重新定义和分类。第四章主要分析了汉语连动结构句法语义限制条件，包括论元结构特征、动词及物性特征、语法范畴（包括时、体、态、语气、否定等）以及被动结构、关系化结构和话题化结构等方面的句法特征。第五章主要通过分析汉语连动结构及其相关句式，包括动结式复合词、兼语结构、紧缩句、并列结构的共性和个性特征，探讨了汉语连动结构形成的动因以及句法语义机制。第六章主要对汉语连动结构进行跨语言对比分析。第七章在形式句法理论框架下对汉语连动结构进行最简句法分析。第八章是结语，重述本文的核心观点以及研究中的不足和待进一步解决的问题。

第二章

国内外连动结构研究综述

第一节　国内连动结构研究综述

国内连动结构的研究主要集中于汉语连动结构的定义和描写以及是否取消等问题、少数民族语言连动结构的描写和认知解释、库藏类型学研究、语法化研究、生成语法框架下的句法分析以及逻辑语义刻画。

一、取消与否？

1. 应该取消

不少学者都认为汉语的连动结构应归入广义的偏正或并列结构中去，应取消"连动结构"。吕冀平指出："词和词组内部的分析，主要是说明词和词之间的关系，而连动式这个名称说明不了这一点……我们觉得这个名称没有建立的必要。"① 张静也认为应该取消"连动式"这个名称，她在文中列出了18类连动句型，明确指出汉语的"连动式"俨然变成了一个"万能式"，通过对18类连动句型——分析，结果表明这些所谓的连动句都可以划分为现有的偏正结构、动补结构或紧缩复句中去，因此应该取消②。邓思颖同样指出"连动句的一些功能也都可以从偏正或述补结构推导出来。取消'连动结构'的独立地位，不仅没有对汉语的分析产生什么障碍，而且还可以简化语法理论，让我们对汉语的句法结构能够有更深刻的认识"③。

---

① 吕冀平. 两个平面、两种性质：词组和句子的分析［J］. 学习与探索，1979（4）：80-94.

② 张静. "连动式"和"兼语式"应该取消［J］. 郑州大学学报（哲学社会科学版），1977（4）：71-80.

③ 邓思颖. 形式汉语句法学［M］. 上海：上海教育出版社，2010：184.

虽都持有取消态度，但对于连动结构的划分，各家意见也不相同。有的学者认为连动结构应归类于主从结构和复句之下，如萧璋从句子重音的视角，对各家公认的连动句和兼语句进行重新分析，分析的结果显示不管是连动句还是兼语句都可以归类于扩大的主从动词词组和复句之下，因此应该取消"连动式"和"兼语式"的说法①。邹韶认为动词连用是汉语语法的一个特点，虽在表面结构上很难确定主次，但根据上下文语境和语感还是可以确定语义中心，且语义中心大多数落在后一个动词上面，这符合人们对因果关系的感知，因此应该取消连动式，将连动式归入偏正式②。有的学者则认为连动结构更近似于并列或联合结构，如沈开木指出连动结构是一种特殊的联合关系，并给出了两者的三个方面的相同点③。（1）由两个或两个以上直接成分构成；（2）表达的意义也有所侧重；（3）在某些联合关系中也有次序固定的表达，如，"春夏秋冬""早午晚"；（4）连动结构和并列结构中间有停顿或加标点，就转换为"联合关系复句"。也有的学者认为连动结构既不是并列结构也不是主从结构，而是介于两者之间的一种结构，如赵元任认为连动式是一种介于并列结构和主从结构之间的结构，但更接近后者④。

2. 不应该取消

但也有不少学者指出汉语连动结构是一个独立的句法结构，不应该取消等。宋玉柱认为汉语中确实存在"连动式""兼语式"这两种语言现象，它们是客观存在，不应该取消。文中重新分析句子"我看了不舒服""我有力量完成这个任务""他开门出去""我倒杯茶喝"等，把它们划入连动式；并且将"我感谢你告诉了我这个消息""我有个弟弟在农村插队""各项工作要以揭批四人帮为纲""是党培养你成为一名红军战士"等句子归类为兼语式⑤；同时认同张静将"大家鼓励他参加竞赛""祝你身体健康""我喜欢他老师""告诉她小心点""人们叫他肖政委"分析为双宾句或准双宾句⑥。吕叔湘指出"自从连动式出现

① 萧璋. 论连动式和兼语式［J］. 北京师范大学学报（社会科学），1956（00）：225-234.

② 邹韶华. 连动式应该归入偏正式——现代汉语语法定量分析的一个实例［J］. 世界汉语教学，1996（2）：35-37.

③ 沈开木. 连动及其归属［J］. 汉语学习，1986（5）：19-21.

④ 赵元任. 汉语口语语法［M］. 北京：商务印书馆，1979：165.

⑤ 宋玉柱. 也谈"连动式"和"兼语式"——与张静同志商榷［J］. 郑州大学学报（哲学社会科学版），1978（2）：32-40.

⑥ 张静. "连动式"和"兼语式"应该取消［J］. 郑州大学学报（哲学社会科学版），1977（4）：71-80.

在语法著作中以来，一直有人要取消它，也一直没有取消的了……典型的连动式很难从形式上决定其中哪一部分是主体，哪一部分是从属……看样子连动式是要赖着不走了。剩下的问题就是给它划定界限。凡是能从形式上划成别的结构的，就给划出去。留下来的，尽管有意义上的主次，还是不妨称为连动式，同时说明意义上的主次"①。朱德熙在《语法答问》中指出，"连动式前后两部分之间的关系不是主谓关系，也不是述宾、述补、偏正关系，归不到已有的任何一种句法结构类型里去，是一种独立的句法结构"②。刘丹青从库藏类型学视角论证连动式是汉语语法的一个显赫范畴，是一种介于并列和主从之间的独立的句法结构③。

对连动结构的句法定位大致可以归纳为三类观点。第一种观点：取消连动结构这一说法，将其归入现有的语法结构系统中。第二种观点：不取消连动结构，连动结构是一种独立的句法结构，同现有语法系统中的并列结构、偏正结构、动补结构、状中结构、主谓结构平起平坐。换句话说，汉语语法系统要多增加一个基本语法结构"连动结构"。第三种观点：不取消连动结构，但它也不是与并列结构、偏正结构等结构平行且独立的句法结构，而是汉语客观存在的一类语言现象的称呼，那就意味着它可以分析为现有汉语语法体系中的基本结构中的一种，不需要在汉语语法理论体系内额外增加理论构件。从理论构建的评价标准和奥卡姆剃刀原则的角度出发，第一种和第三种观点较第二种观点更经济、更简洁。

二、"动"之争——动词？谓词？谓语？

1. 动词说

吕叔湘和朱德熙用"复杂的谓语"来表达连动结构，并指出一个谓语里包含两个或更多的动词，这个谓语就复杂起来了。他们认为动词连用的整体作谓语，属于动词单谓说④。这种观点也是被普遍接受的观点，也符合 Aikhenvald 和

① 吕叔湘. 汉语语法分析问题［M］. 北京：商务印书馆，1979：83.
② 朱德熙. 语法答问［M］. 北京：商务印书馆，1985：55-57.
③ 刘丹青. 语言库藏类型学构想［J］. 当代语言学，2011，13（4）：289-303.
　　刘丹青. 汉语的若干显赫范畴：语言库藏类型学视角［J］. 世界汉语教学，2012，26（3）：291-305.
　　刘丹青. 汉语及亲邻语言连动式的句法地位和显赫度［J］. 民族语文，2015（3）：3-22.
　　刘丹青. 汉语动补式和连动式的库藏裂变［J］. 语言教学与研究，2017（2）：1-16.
④ 吕叔湘，朱德熙. 语法修辞讲话［M］. 北京：中国青年出版社，1952：16.

Dixon 跨语言对比视角下对连动结构的定义①。除此之外，丁声树也认为连动式是一种动词结构连用的格式②。

2. 谓词说

谓词说其实是在说连动结构中的"动"是指具有［+V］特征的词，因此可以是动词或形容词，甚至是介词。

朱德熙特别强调连谓结构是谓词或谓词结构连用的格式，而不是谓语连用的格式③。叶根祥认为汉语连述短语，包括结构上紧密排列而又互不包容，意义上显示出同时或相继对同一隐性对象加以陈述的两个或两个以上谓词性词语所构成的短语，这种短语可以充当句子的各种成分。在这里，"连述短语"中的"述"可以理解为动词，也可以是形容词，而又不一定充当谓语④。邢福义认为连动句式不一定都是动词连用，也可以是"动+形"连用，比如，"他学习用功""他照顾病人不细心""他打扫宿舍马虎得很"等⑤。沈阳和郭锐指出连谓结构是谓词性成分连用的结构⑥。

不管是动词说，还是谓词说，以上观点都承认连动结构是单谓结构（Single Predicate Construction），具有单述谓性特征。

3. 谓语说

持谓语说的学者认为连动结构中的"动"指谓语性成分的连用，也就是说连动结构是一种双谓结构。王福庭认为动词连用中"连用的连动是谓语跟谓语的关系"⑦。宋玉柱认为连动词组作谓语部分的句子叫连动式，其中每一个动词都是一个谓语⑧。陈建民把连动式看作一主多谓句，指出连用的各段谓语可以分别连着主语单说⑨。吕冀平认为连动结构是一个复杂谓语，是几个谓语共带一个主语⑩。

---

① AIKHENVALD A Y, DIXON R M W. Serial Verb Construction: A Cross-linguistic Typology. Oxford: Oxford University Press, 2006: 1-10.
② 丁声树，吕叔湘，李荣，等. 现代汉语语法讲话［M］. 北京：商务印书馆，1961：112.
③ 朱德熙. 语法讲义［M］. 北京：商务印书馆，1982：160.
④ 叶根祥. 谈"连述短语"［J］. 北京师院学报（社会科学版），1988（1）：53-61.
⑤ 邢福义. 汉语语法三百问［M］. 北京：商务印书馆，2002：181.
⑥ 沈阳，郭锐编. 现代汉语［M］. 北京：高等教育出版社，2014：254.
⑦ 王福庭. "连动式"还是"连谓式"［J］. 中国语文，1960（6）：281-284.
⑧ 宋玉柱. 也谈"连动式"和"兼语式"——和张静同志商榷［J］. 郑州大学学报（哲学社会科学版），1978（2）：32-40.
⑨ 陈建民. 论兼语式和一些有关句子分析法的问题［J］. 中国语文，1986（3）：101-106.
⑩ 吕冀平. 汉语语法基础［M］. 北京：商务印书馆，2000：322.

汉语连动结构在经历了激烈的"取消与否"之辩、"动"之争后，其本质以及归属如蒙娜丽莎的微笑仍然是未解之谜。在21世纪的今天，新理论和新视角百家齐鸣，尤其是20世纪50年代以乔姆斯基为代表的生物语言学视角下语言理论体系的蓬勃发展，有必要在新的视角下对汉语连动结构进行重新审视，揭示其本质特征，以推进汉语语法本体研究以及验证形式句法理论对连动结构进行句法解释的可行性。

三、本体研究

1. 定义和分类

根据所研究范围的大小，对连动结构的定义主要分歧在于"动"的范围、是否可以有副词性连词、语序和时序是否对应等问题。连动结构的分类主要从形式、动词的价或及物性、前后动词的语义关系、主体与动词的施受关系等视角进行分类。

蔺璜指出所见材料中，术语"连动式"最早出现于李荣先生编译的《北京口语语法》①。各家对连动式的特点和范围的看法大致可以分为两种：一种是侧重形式，将本来是状中或中状的偏正结构都纳入"连动式"的范围②，此种分类范围较大。一种是偏重于意义，即动作的连续而不是动词的连用③。文中特别指出，语法的特点是语法意义和语法形式的结合物，因此连动式的界定范围应以语法意义和语法形式相结合为原则。文中给出汉语连动式的定义为"从语法意义讲，它是两个或几个动词连用，结成一个整体，共同陈述一个主语，它们之间没有陈述、支配、补充、联合、偏正等方面的关系；从语法形式上看，连用几个动词之间没有语音停顿，没有关联词语"。

周国光从动词与主语之间的施受关系出发，分析了三类汉语特殊的连动句式，分别为受事主语连动式（"那么好的酒生产出来运不出去，跟这湖死水有什么两样"）、施受同体主语连动式（"我从大学新闻系毕业，分到省报当记

---

① 蔺璜. 连动式的特点与范围 [J]. 山西师院学报（社会科学版），1983（3）：71-75.

② 王福庭. "连动式"还是"连谓式" [J]. 中国语文，1960（6）：281-284.
  丁声树，吕叔湘，李荣，等. 现代汉语语法讲话 [M]. 北京：商务印书馆，1961：112.

③ 吕叔湘. 语法学习 [M]. 北京：中国青年出版社，1953：18-45.
  殷焕先. 谈连动式 [J]. 文史哲，1954（3）：32-33.
  张志公. 汉语语法常识 [M]. 北京：中国青年出版社，1958：20-35.

者"）、换体传动连动式（"我把刘钊叫来陪你"）①。这三种连动式都可以形式化为 S+P+N+V1+V2，当 V1 和 V2 都是由同一个施动者发出，就是同体连动短语；如果 V1 和 V2 不是由同一个施动者发出，就是换体连动短语。前者是语义连续结构，后者是语义非连续结构。

沈开木认为连动的构成必须满足三个方面的条件：（1）属于同一主体。这是一种蕴含性条件。（2）形式条件：以语序为手段，没有停顿，不被主语隔开，是连动的形式条件。（3）语义关系条件。连动各结构成分之间必须存在"先后""方式动作"等语义关系。文中指出，第一个条件是最重要的条件，根据主体与动词之间的语义关系，沈文将连动结构分为三个类型：（1）施事型，即连动的主体是施事。（2）受事型，即连动的主体是受事。（3）施事受事型，连动的主体是一个连动直接成分的施事，是另一个连动直接成分的受事②。虽然名称不同，但沈开木对连动结构的分类与周国光③的分类相似。

芮月英主要研究连动结构中一类前后两个动词的次序可以颠倒的结构。文中指出连动结构定义中"次序不可颠倒"的标准缺乏普遍性，因为汉语中存在一种可以颠倒的连动结构。其中包括"V1 着 V2"结构，V1 和 V2 是伴随发生的动作或状态，没有先后之分。V1 表示 V2 的方式，次序颠倒后，连动结构内部的语义关系不变，例如"开着门睡觉" = "睡觉开着门"。除此之外，还包括 V1、V2 互为方式和目的的连动结构，"上菜场买菜" = "买菜上菜场"，有的方式—动作结构颠倒后，产生歧义。例如"坐火车上北京"和"上北京坐火车"，颠倒后的句子有两种解读：（1）通过"坐火车"的方式"上北京"。（2）"上北京"的目的是"坐火车"，至于怎么去的北京不清楚。最后作者分析了颠倒前后的结构的差别在于焦点选择的不同，即语用层面的差别。④

王姝分析了连动构式从分析形式通过紧缩变成综合构式所需的必要条件是：（1）V1+NP1+V2+NP2 结构中前后两个动作存在"方式—目的"的语义关系。（2）重合性限制条件：两个动词相伴发生而不能相继；充分条件为：NP2 必须获得较高关注度（high degree of concern），即受限于认知上的概念框架或熟

---

① 周国光. 现代汉语里几种特殊的连动句式［J］. 安徽师大学报（哲学社会科学版），1985（3）：93-103.

② 沈开木. 连动及其归属［J］. 汉语学习，1986（5）：19-21.

③ 周国光. 现代汉语里几种特殊的连动句式［J］. 安徽师大学报（哲学社会科学版），1985（3）：93-103.

④ 芮月英. 一种能颠倒的连动结构［J］. 镇江师专学报（社会科学版），1995（2）：55-58.

知度①。

姚汉铭和戴绚从"连动"语义范畴出发，将连动结构划分为23类模式，句法单位跨越单句、复句和紧缩句②。这种分类方式将汉语连动结构变成一个包罗万象的大杂烩，这不仅不能帮助揭示汉语连动结构的本质特征，反而模糊了连动结构的外延。

刘月华等指出连动句最主要的特点是连动句中两个动词短语的位置不能互换和主语相同③。《实用现代汉语语法》中定义连动句为"谓语由两个或两个以上动词构成，在动词短语中间没有停顿，也没有关联词语，两个动词短语共用一个主语"，并指出谓语也可以是动词与形容词连用或形容词与动词连用。从意义上看，连动句的两个动词短语之间不能存在并列、主谓、动宾、动补、状动等关系，而是逻辑上的先后关系，即前者是后者动作发生的前提条件。文中根据两个动词短语之间的意义关系将连动句分为六类：（1）先后或连续发生的动作；（2）动作目的关系；（3）方式—动作；（4）肯否连动式；（5）有字连动句。

邢福义认为连动短语用作谓语的句式叫连动句式，若连动短语用在定或状语等其他位置，则不构成连动句式④。

施春宏区分了连谓短语和兼语短语，并指出连谓短语也叫连动短语。连谓短语内各个成分是按照时间顺序或逻辑顺序先后呈现的，各个成分的顺序不能颠倒，颠倒后不能说或基本意义发生了变化。组成连谓短语的动词词语间没有语音停顿，也不用关联词连接⑤。

高增霞考察了现代汉语中"坐着不动"这类肯否连动句式，分析了其结构、语义以及在语篇中的表达功能，最后给出的认知解释认为这类连动式包含了一个解释判断过程：先描述现象，然后再根据知识对这种现象做出相应的判断，解释其意义。正是基于逻辑上表现出的先后顺序的逻辑基础，导致肯否连动式与表达时间先后顺序的连动式不同⑥。

---

① 王娒. 连动结构紧缩与动词词义增值［J］. 世界汉语教学，2012，26（1）：47-53.
② 姚汉铭，戴绚. "连动"范畴和表达连动范畴的句子格局［J］. 开封大学学报，1996（1）：22-29.
③ 刘月华，潘文娱，故韡. 实用现代汉语语法（增订本）［M］. 北京：商务印书馆，2001：701-708.
④ 邢福义. 汉语语法三百问［M］. 北京：商务印书馆，2002：180-181.
⑤ 施春宏. 汉语基础知识（语法篇）［M］. 北京：北京语言大学出版社，2011：140.
⑥ 高增霞. 现代汉语肯否连动句式考察［J］. 学术探索，2005（5）：140-143.

2. 中心、状语和否定问题

除此之外，也有学者探讨连动结构的核心、状语指向和否定的问题。徐复岭探讨了连动结构前状语的语义指向问题，认为状语可以指向整个连动结构，也可以指向连动结构的任何一个动词。连动结构前的状语既可以理解为修饰第一个动词，也可以理解为修饰整个连动结构，就会出现歧义，但并没有指出如何消歧，也没有分析状语与连动结构之间的句法、语义互动关系和规律①。

洪淼探讨了连动句式的语义中心和语法中心。她认为连动句式的语义中心在后的占绝大多数；从语法结构上说，连动结构中连用的动词性词语是没有主次之分的。同时她还指出连动句式中动词之间的顺序的规律，即：一般情况下，当两个动词连用的时候，表示动作性越强的动词性词语，排在后面的概率越大，与连动结构语义结构中心大部分在后面一个动词性词语的特点吻合。按照她的说法，连动句"我打电话通知工厂了"中"通知工厂"的动作性比"打电话"动作性强，但事实上这显然是不合理的，以动作性强弱来分析连动句式中动作之间的顺序显然是有局限性的②。

刘永华考察否定词"不"位于连动短语之前时，否定词"不"的否定辖域问题。刘文首先否定了饶长溶先生认为"不"在语义上只指向前项的观点，认为连动结构的否定表达很复杂，因重音、语境可以有不同的语义解读，即连动结构的否定表达可以有任指解。之所以会出现偏指解读，即认为否定词"不"的辖域为第一个连动项，是因为人们的优势选择、优势理解而导致的。最后文中指出连动结构否定形式"不 VP1+VP2"的歧义性还归因于连动项之间的紧密程度和语义关系③。

状语和否定词"不"在连动结构中的语义指向或其语义辖域问题其实反映了连动结构连动项之间的句法和语义的紧密程度，即紧缩程度。松散型连动结构中状语和否定词"不"的语义指向可以是整个连动结构，也可以是指向紧邻其后的 VP；紧密型连动结构中的状语和否定词"不"的语义解读只有唯一的严格解读，即只能指向其后所紧邻的 VP。而关于洪淼对汉语连动句语义重心居后的优势解读④，其实是源于汉语信息焦点占据句末位置的语法特点。

3. 基于文本的连动结构研究

有不少硕士论文基于一定文本对汉语连动结构进行分析，包括钟发远、马

---

① 徐复岭. 连动短语前状语的语义指向 [J]. 汉语学习，1986（3）：8-13.
② 洪淼. 现代汉语连动结构研究 [D]. 南京：南京师范大学，2004.
③ 刘永华. 连动结构否定表达的语义指向考察 [J]. 语言与翻译，2006（1）：19-22.
④ 洪淼. 现代汉语连动结构研究 [D]. 南京：南京师范大学，2004.

立春、张振。钟发远对《论语》中的连动结构进行研究，以《马氏文通》提出的"动字相承"现象对连动结构进行界定，并根据是否带连词"而"、动词是否带宾语、动词间的语义关系等几个维度对《论语》中连动结构进行分类①。马立春以《三国志》的连动句为研究对象，从语义、句法和语用三个方面对其进行分析和解读，同时也进行了历时的研究，认为《三国志》中部分连动句是向动结式发展的中间过渡句式②。张振以中古时期的代表作《搜神记》为研究对象，从定量和定性两方面研究了该作品内连动句的句法、语义和语用三个平面的特点。在句法分析中，张文主要分析了连动结构的结构成分和结构类型。关于主语，古代汉语主语不突出，常常省略，上古时期最为明显，中古时期主语省略的情况不如上古那么明显，但主语构成很简单，以单个词或偏正短语为主。关于谓语，《搜神记》里的连动句两个动词或动词性成分连用的情况最为常见，两个以上动词或动词性成分连用的例子较少③。

4. 不同理论视角下的连动结构研究

如果说上述所介绍的研究是对连动结构的本体研究的话，那么也有很多学者尝试从不同理论视角去分析汉语连动结构。其中包括语法化视角、类型学视角、认知视角下汉藏语连动结构研究、生成语法框架。

高增霞从语法化视角分析汉语连动结构，认为时序原则是连动式的结构原则，语序是实现时序原则的语法手段，因此连动结构中动词间的句法关系为时序意义。高文认为连动结构是对概念、逻辑、认知方式等先后顺序的临摹，因此连动结构的表面呈现出多样性和复杂性，其中时序关系在概念层面的临摹所形成的连动结构是最典型的连动结构。根据概念、逻辑、认知三个层面对先后顺序的临摹及其典型性将连动结构分为三类：（1）客观层面的先后顺序：典型的连动式。例如：下午吃了饭看电影；去看病；上街买菜；做饭吃；坐火车回上海。（2）逻辑层面的先后顺序：非典型的连动式。例如：鼓掌表示欢迎；坐着不动。（3）认知层面的先后顺序：边缘的连动式。例如：大妈端着一盘鸡蛋送上桌④。

典型连动式表达的是时间轴上先后发生的两个动作，非典型连动式在时间轴上只实现了一个动作，边缘连动式虽然可能包括多个动作，但也只对应时间轴上的一个点。事实表明：时序原则作用的层面越高，语法化程度也越高，所

① 钟发远.《论语》动词研究［D］.重庆：西南师范大学，2003.
② 马立春.《三国志》连动句研究［D］.贵阳：贵州大学，2006.
③ 张振.《搜神记》连动句研究［D］.延边：延边大学，2013.
④ 高增霞. 现代汉语连动式的语法化视角［D］.北京：中国社会科学研究生院，2003.

以连动式在典型性上表现出非离散型的连续，并表现出如下变量的两极特征：

典型连动式	非典型连动式	边缘连动式
［先后］［目的性］	［同时］［目的性］	［同时］
←————————————————————————————→		
运动的视点模式		静止的视点模式
几个分离动作		一个整体动作
V1 有界性强		V1 无界性强

　　郭杰指出研究汉语连动结构应该从类型学视角入手，将汉语连动结构放到世界语言中去考察，以追求语言共性为出发点来认识汉语连动结构①。文中主要介绍了连动结构普遍存在哪些区域，基于 Aikhenvald② 对连动结构的定义，指出判定连动结构的三个基本句法参数：多个动词；动词间无句法依存关系标记；多个动词构成单一谓语。接着，郭文从对称性、时体态语法范畴标记情况、论元共享情况、语义结构等四个方面探讨了连动结构跨语言的多样性。

　　受凸显类型学（Prominence Typology）的启发③，2011 年刘丹青首次提出库藏类型学构想。接着刘丹青指出汉语连动式是一种显赫范畴，并且向并列和主从两个方向扩展，形成更接近并列或更接近主从的语义关系，句法上仍然属于连动式而非改属并列或主从结构。基于动词之间是否有连接成分，刘丹青认为连动式主要存在于形态不丰富的语言，如壮侗语、苗瑶语、藏缅语中的彝语支及景颇语支、南亚语系，而少见或不见于形态变化较为丰富的羌、藏语支和阿

---

① 郭杰. 连动结构的跨语言视野分析［J］. 沈阳大学学报（社会科学版），2012，14（2）：114-117.

② AIKHENVALD A Y, DIXON R M W. Serial Verb Construction：A Cross-linguistic Typology. Oxford：Oxford University Press，2006：1-10.

③ Sasse, H. -J. 1995. Prominence typology. In J. Jacobs, A. S. von Stechow, W. Sternefeld and T. Vennemann（eds.）Syntax：An International Handbook of Contemporary Research. Vol2. Berlin/New York：Walter de Gruyter, 1065-1075.
　　该文献引自：刘丹青. 语言库藏类型学的构想［J］. 当代语言学，2011，（4）：289-303.

尔泰语言①。

戴庆厦和邱月考查了 OV 型藏缅语中两个动词相连、无插入成分的连动结构的类型学特征，其中包括句法关系类型、与宾语的制约关系、受否定副词的限制以及语法化等几方面。作者认为分析连动结构要从动词连用的关系视角来进行分析，与其相关的并列、修饰关系不在一个层次上，但承认相互间有交叉。他们认为连动结构是偏重语义的语义语法范畴，包括多种句法关系，主要有并列关系、修饰关系、支配关系和补充关系。文中指出连动结构是藏缅语句法结构中的一个独立的单位，其存在是由 OV 型语序内部机制决定，其次藏缅语连动结构的词序先后与认知特点有关，但无绝对的蕴含关系②。

胡素华首先分析了彝语连动结构的类型、体、式和否定式，并讨论了连动结构和动词充当修饰、补充结构的关系以及连动结构语法化问题。具体来说，文中分析了三种类型：（1）实义动词间不用连动标记；（2）实义动词间用连动标记；（3）一个实义动词与一个趋向动词连用。其次彝语连动结构中连用的动词共享一个体范畴、语气范畴和否定范畴。最后文中指出了彝语连动结构的语法化路径为：（1）几个动词的语义和句法地位在使用中逐渐出现不平衡，有主次之分，变成一个状谓结构和动补结构；处于次要地位的动词词义发生虚化，发展为单动动词。（2）连动结构中的动词本身语法化为一个语法标记，动词义减弱或消失，如 ka^{33} 由原来表达"整、弄"义的实义动词语法化为表示处置义的助动词或轻动词；si^{31} 由原来表达"拿"的实义动词语法化为一个工具格助词③。

李泽然对哈尼语连动结构进行分类和语法化分析。他根据动词的主次关系，将连动结构大致分为并列关系和主从关系，其中主从关系又细分为修饰、补充和支配关系。修饰关系连动结构体现为第一个动词表达第二个动词的方式，补充关系连动结构体现为第二动词表达第一个动词的结果，即汉语的动结式，支配关系 SVC 体现为第一个动词为能愿动词，表达第二个动词的情态。关于语法化分析，李泽然认为 OV 型哈尼语连动结构的后置动词更倾向于语法化。文中还

---

① 刘丹青. 汉语的若干显赫范畴：语言库藏类型学视角 [J]. 世界汉语教学，2012，26（3）：291-305.
　　刘丹青. 汉语及亲邻语言连动式的句法地位和显赫度 [J]. 民族语文，2015（3）：3-22.
　　刘丹青. 汉语动补式和连动式的库藏裂变 [J]. 语言教学与研究，2017（2）：1-16.
② 戴庆厦，邱月. OV 型藏缅语连动结构的类型学特征 [J]. 汉语学报，2008（2）：2-10.
③ 胡素华. 彝语诺苏话的连动结构 [J]. 民族语文，2010（2）：23-30.

列举了两个动词的中间插入连词的连动结构，连接两个同时进行的动作行为①。

赵旭从事件整合理论视角，考察了汉语五类连动结构，并将这五种类型的连动结构纳入状语化和补语化连续统上。这五类连动结构因整合程度的不同，分别偏向于不同的基本句法结构类型，有些偏向于并列结构，有些偏向于状中结构，有些则偏向于动补结构，这五类结构处于并列、状中、动补之间的过渡、模糊地带。文中主要考察的五种类型的连动句式分别为：（1）"先后动作"类（穿上鞋走出房间）；（2）"时间限定"类（吃了饭看电影）；（3）"方式动作"类（笑着说；坐在沙发上看电视）；（4）"动作目的"类（买把刀切菜）；（5）"规约目的"类（做饭吃）②。

最早尝试从生成语法框架下分析汉语连动结构的句法结构的当属邢欣，文中基于 GB（管辖约束理论）理论框架，认为汉语连动结构的深层结构为主体句+嵌入句，通过删除嵌入句主语，生成了表面的连动结构③。但遗憾的是文中并没有解释深层结构的主体句和嵌入句之间的关系和句法核心的确立及原因。但在当下的理论发展背景下，此文无疑是创新性的尝试，也是检验生成语法理论的很好实践。接下来的 20 多年中，国内鲜少有人尝试从生成语法框架下对汉语连动结构进行句法分析，直到 2009 年以后，又产生了几篇原则—参数理论以及语段理论指导下的连动结构句法分析的文章。

杨永忠认为连动结构的第一个动词为句法核心，后一个动词为其补语成分，表示状态和结果④。杨永忠说语序、时序、概念语义、句法结构位置之间存在对应关系，与时体标记的承载者不一定对应⑤。也就是说认知机制与概念语义将对应的投射到句法结构具体的句法位置，即语义和句法的一一对应。

邓思颖认为汉语的连动句最基本的特点就是动词的主语相同，并指出汉语的连动句基本上由两种句法结构推导而来：一、第一个动词是状语，用来修饰第二个动词；二、第二个动词是第一个动词的补语⑥。这两种结构分别形式化为：

① 李泽然. 哈尼语的连动结构［J］. 民族语文，2013（3）：37-43.

② 赵旭. 汉语连动式研究［D］. 北京：北京大学，2014.

③ 邢欣. 简述连动式的结构特点及分析［J］. 新疆大学学报（哲学社会科学版），1987（1）：116-122.

④ 杨永忠. 连动结构类型的参数分析［J］. 当代外语研究，2014（10）：17-24.

⑤ 杨永忠. 再论连动式中的语序——时序对应［J］. 天津外国语学院报，2009，16（5）：11-18.

⑥ PAUL W. The *serial verb construction* in Chinese：A tenacious myth and a Gordian knot［J］. The Linguistic Review，2008，25（3）：367-411.

A. ［$_{TP}$主语［$_{vP}$［$_{XP}$动词$_1$］［$_{vP}$动词$_2$］］］

B. ［$_{TP}$主语［$_{vP}$动词$_1$［$_{CP}$动词$_2$］］］

A 式连动句的第一个动词通常表达第二个动词动作发生的方式，B 式的第二个动词通常表达第一个动词的目的。这两种句法结构也同时解释了为什么"他跪下来求我"① 有歧义，因为"跪"和"求"都可以转换成 A-not-A 正反问句格式。因此，邓思颖认为汉语连动句可以全部归入偏正结构，应该取消"连动句"的独立句法地位②。

杨西彬根据"格位释放序列原则"（Case Release Sequence Principle，CRSP）分析并解释了现代汉语连动句的句法结构，文中的主要观点为"连动"只是一种表面现象，即表面上看起来是动词连用的句子，其实是动词之间存在一个没有语音形式却有着句法作用的空语类 PRO 造成的假象。他认为连动句式的句法生成过程如下：

A. ［$_{IP1}$［$_{DP1}$我$_i$］［$_{VP1}$去［$_{DP2}$图书馆］［$_{IP2}$ PRO$_i$［$_{VP2}$请他$_j$［$_{IP3}$ PRO$_j$［$_{VP3}$来］］］］］］

B. ［$_{IP1}$我［$_{VP1}$命令你［$_{IP2}$ PRO［$_{VP2}$请］他［$_{IP3}$ PRO［$_{VP3}$来］］］］］

杨文主张将兼语句式划分到连动句式中，他认为两种句式的存在都是由于空语类的存在造成的。在句法生成过程方面，他将第一个动词看作句法核心，其他部分都看作是 V1 的补语成分，且都是缺损性 IP 结构，也就是说他将连动句式和兼语句式都看成是提升结构③。

孙文统从形式语言学视角提出现代汉语的连动结构的句法核心为后一个连动项。孙文认为连动结构的第一个动词性结构是有缺陷性的附加语小句，第二个动词性结构是主句 vP，整个连动结构的形成是附加语小句的主语侧向移位至主句的指示语位置和附加语小句左向附加至主句的动态过程④。也就是说他认为连动结构的句法核心为后一个动词性结构，其他部分为 TP 附加语。

张孝荣和张庆文运用存活式推导模式（the Survive Model of Derivation）对兼语句和连动句进行重新分析。文中指出连动句和兼语句同属控制结构，且连动句同兼语句一样存在限定控制和非限定控制，两者的不同在于，兼语属于宾语

---

① LI，C，THOMPSON S A. Mandarin Chinese：A Functional Reference Grammar ［M］. Berkeley：University of California Press，1981：101.

② 邓思颖. 形式汉语句法学 ［M］. 上海：上海教育出版社，2010：181-184.

③ 杨西彬. 扩充的格位理论及汉语相关句法现象研究 ［D］. 武汉：华中师范大学，2013.

④ 孙文统. 现代汉语连动结构的动态生成：侧向移位与左向附加 ［J］. 山东理工大学学报（社会科学版），2013，29（1）：73-76.

控制结构，连动句属于主语控制结构。因此兼语句和连动句具有平等的句法地位，不存在隶属关系①。

在形式语法框架下尝试对汉语连动结构进行语义分析的也是成果相对突出的当属李可胜的系列研究成果。李可胜考查了具备"VP…VP"形式的连动结构。从事件结构入手，认为汉语连动结构可以分为三类。第一类是毗邻结构，即不同构件事件在时间上存在相邻关系，即遵守时间象似性条件（Temporal Iconicity Condition），例如：穿上衣服跳下床。第二类为聚合结构，即复合事件由同一个事件的不同侧面构成，彼此之间有聚合的关系，无时序差异，例如：骑车崴了脚；蹲在地上开车。第三类为加合结构，即不同 VP 所表示的事件概念的合并，形成一个表示上位事件的新概念，例如：我乐意教您的闺女读书写字。文中指出 VP 的有界性是造成以上不同事件结构的解读的因素。动词结构的有界性会凸显事件的个体性，进而构成认知域内的封闭语境，从而导致后一事件被隔离在前一事件的时段之外，形成毗邻结构。反之，如果第一个动词结构无界，也就不会构成一个封闭语境，后一个事件也就可以渗透到前一事件的时段之内，从而形成聚合结构②。接着李可胜分析了 VP 的有界性特征对时体语义解读的影响。具体来说，在无显性时间标记的情况下，有界 VP 表现为完整体，解读为限时式；无界 VP 表现为未完成体，解读为泛时式③。李可胜认为 PTS（时间顺序性原则）、情状特征和 VP 外延三个机制的共同作用可以很好解释汉语连动结构的四种事件结构：毗邻结构、聚合结构（异步结构）、聚合结构（同步结构）以及加合结构。这四种结构的分类是基于两个 VP 之间的时间关系。毗邻结构的第一个 VP 结束之后，第二个 VP 才发生，即 t1<t2（其中 t1 表示第一个 VP 发生的时段，<表示早于的意思），异步结构两个 VP 发生的时段部分重叠，即 t1∩t2≠Φ，同步结构指两个 VP 发生的时段完全重叠，即 t1＝t2。加合结构中两个 VP 都具有［-有界，+持续］特征，如果两个 VP 的外延存在非空交集，意味着两个 VP 可以描述同一个事件的不同侧面或属性即聚合结构。但如果两个 VP 外延的交集是空集，由于语言表达式不可以取空集为自己的外延，因此只能以两个

---

① 张孝荣，张庆文. 现代汉语兼语句中的控制再研究 [J]. 外语教学与研究，2014，46（5）：643-655.

② 李可胜，满海霞. VP 的有界性与连动式的事件结构 [J]. 现代外语，2013，36（2）：127-134.

③ 李可胜. 连动式的时间模式和有界性的时体语义贡献 [J]. 语言教学与研究，2015（2）：66-75.

VP 外延的子集的并集作为外延，即一种集合概念，则形成了加合结构①。

　　总结一下，国内汉语连动结构的研究集中于：（1）"连动结构取消与否"之辩；（2）连动结构的界定标准，其核心问题在于"动"之争，"动"的不同解读导致汉语连动结构的范围不同，其外延随"动"的解读不同而不同；（3）从不同视角对汉语连动结构进行分类研究；（4）汉语连动结构中状语、否定词等的语义辖域问题以及原因；（5）不同理论视角下汉语连动结构的研究，包括语法化视角、事件整合理论视角、类型学视角、生成语法理论视角下的句法结构分析以及形式语义理论视角下的逻辑语义分析等。汉语连动结构的研究成果丰硕，对本文重新审视汉语连动结构的本质启发颇大，但已有研究存在的问题也是促成本文研究的核心动力。

第二节　国外连动结构研究综述

　　Christaller 以西非语言的 Twe 语连动结构为研究对象，将其分为两大类：第一类就是基本并列结构（essential combination），这类 SVC 结构中一个动词为主要动词，另外一个动词为助动词或主要动词的附属的必有成分。第二类为偶然并列结构（accidental combination），这类 SVC 结构中的动词没有主次之分，地位平等，表达相继发生的连续动作。同时，文中强调 SVC 结构要求主语相同②。

　　Sebba 考查了克里奥语斯拉南语（Sranan）连动结构，认为连动结构的"动"是动词。在定义连动结构时，Sebba 特别指出在缺乏形态标记的语言中，如斯拉南语、汉语等语言，最好采取句法标准③。

　　Payne 认为所有语言存在连动结构，但是连动结构在那些形态标记不丰富的孤立语中更显著④。

　　Steward 认为连动结构必须共享主语和宾语论元，并根据句法结构中事件短

---

① 李可胜. 连动式的结构机制：PTS、情状特征和 VP 的外延［J］. 外国语（上海外国语大学学报），2016，39（1）：23-31.

② CHRISTALLER J G. A Grammar of the Asante and Fante Language Called Tshi Chwee，Twi Based On the Akuapem Dialect with Reference to the Other（Akan and Fante）Dialects.［M］Westmead：Gregg，1964：35-68.

③ SEBBA M. The Syntax of Serial Verbs［M］. Amsterdam/Philadelphia：John Benjamins Publishing Company，1987：85-87.

④ PAYNE T. Describing Morphosyntax：A Guide for Field Linguist［M］. Cambridge：Cambridge University Press，1997：307.

语（event phrase）投射的情况，将连动结构分为两类：结果类 SVC（resultative SVC）和时间先后类 SVC（consequential SVC）。前者只有一层事件短语投射，后者有两层事件短语投射①。除此之外，文章另一个重要的创新点在于提出了连动结构语言都必须遵守的 BSC（Bare Stem Condition）法则②，而连动结构的参数差异在于 Infl 中的时态（tense）特征是否要与动词进行核查，需要核查的就是非连动结构语言，包括英语，法语等，其实就是那些不能形成 VV 合成词的语言；不需要核查的就是连动结构语言，包括埃多语（Edo），约鲁巴语（Yoruba），埃维语（Ewe），阿肯语（Akan），事实上就是可以形成 VV 合成词的语言等。Steward 实际上是从连动结构是否为词（single word）的角度，也就是 Aikhenvald 和 Dixon 所提到第三个连动参数"连动结构是否为韵律词"（wordhood of components）③，将语言分为连动型语言和非连动型语言。

在原则参数理论框架下，国外学者们主要集中研究了连动结构句的主语的句法位置是在 TP-Spec，IP-Spec 还是基于 VP 内主语假设生成于 VP-Spec 位置；另一个研究方向是受事宾语共享式连动结构句中宾语的句法位置，Baker 将其分析为双中心结构，两个动词分别向共享的宾语成分指派题元角色④。也有一些学者认为，宾语共享只是表面的假象，V2 前其实存在一个与 V1 宾语同指的空语类，Carstens⑤ 以及 Law 和 Veenstra⑥ 等认为可能是论元移位留下的 NP 语迹

① STEWARD O T. The Serial Verb Construction Parameter ［D］. Montreal：Mc Gill University，1998.

② 光杆词干条件（Bare Stem Condition，BSC）：连动结构中的所有动词都没有时态的形态变化（no verb in the serial verb construction can bear the morphological tense inflection）。

③ AIKHENVALD A Y，DIXON R M W. Serial Verb Construction：A Cross-linguistic Typology ［M］. Oxford：Oxford University Press，2006：3.

④ BAKER M. Object sharing and projection in serial verb construction ［J］. Linguistic Inquiry，1989（20）：13-33.

⑤ CARSTENS V. Serial Verbs in Yorùbá. Paper presented at the 2nd workshop in Niger-Congo syntax and semantics. Cambridge，Mass：MIT.
文献引自：Stewart，O. T. The Serial Verb Construction Parameter ［D］. Montreal：Mc Gill University，1998：179-181. Carstens，V. 1988 文献

⑥ Law，Paul. &Veenstra，Tonjes. 1992. On empty operators in serial verb constructions. In MIT Working Papers in Linguistics 17：proceedings of the Kwa comparative syntax workshop，183-203. Dept. of Linguistics and Philosophy，MIT，Cambridge，Mass.
文献引自：Stewart，O. T. The Serial Verb Construction Parameter ［D］. Montreal：Mc Gill University，1998：179-181. Carstens，V. 1988 文献

或非论元移位留下的变量。而 Collins① 以及 Steward② 则认为该空语类不是语迹也不是变量，而是受控的 pro。

Larson 认为连动结构中的 V1 是句法核心，V2 是 V1 的补足语，在句法上将其分析为次级谓语，并据此将连动结构参数归因于次级谓语的语类特征，即连动结构语言的次级谓语为 [-N] 或 [+V]，非连动语言的次级谓语为 [+N] 或 [-V]③。

Baker 和 Stewart 以 Edo 语连动结构为研究对象，提出了双核心分析法。文中分析了 Edo 语三类连动结构，分别为隐性并列结构（covert coordination）、时间先后类连动结构（consequential serial verb construction）和结果连动结构（resultative serial verb construction），这三类连动结构都是双核心结构，但不同在于，隐性并列结构是两个 VoiceP 的合并，时间先后类连动结构是两个 vP 的合并，结果连动结构是两个 V 的合并④。

类型学视角下连动结构的研究当属 Aikhenvald 和 Dixon，该书的第一章就从跨语言对比视角提供了连动结构类型学研究的理论框架，包括该结构的定义、参数类型、句法语义特点以及语法化和词汇化。从第二章开始到第十六章是各个语言连动结构的研究成果⑤。

语法化和词汇化研究的代表为 Lord，主要研究连动结构中的语法化现象，文中指出非洲语言、普通话和部分 VO 型东南亚语言中的连动结构中的动词可以语法化为地点格、工具格、受益格、伴随格、宾格等格标记和从属标句词等功能性成分。除此之外，连动结构常语法化为体标记、情态助动词和表示方向的小品词等语法成分⑥。连动结构的词汇化受到很强的文化习惯的制约，在大多数

---

① COLLINS P. Argument sharing in serial verb construction [J]. Linguistic Inquiry, 199728 (3): 461-497.

② STEWARD O T. The Serial Verb Construction Parameter [D]. Montreal: Mc Gill University, 1998.

③ LARSON R K. Some Issues in Verb Serialization [M] // LEFEBVRE C (ed.). Serial Verbs: *Grammatical*, *Comparative and Cognitive Approaches*. Amsterdam/Philadelphia: John Benjamins Publishing Company, 185-207.

④ Baker, Mark C. &Stewart, Osamuyimen T. 1999. "On double-headedness and the anatomy of the clause," manuscript, Rutgers University.

⑤ AIKHENVALD A Y, DIXON R M W. Serial Verb Construction: A Cross-linguistic Typology [M]. Oxford: Oxford University Press, 2006: 1-15.

⑥ LORD C. Historical Change in Serial Verb Constructioas [M]. Amsterdam: John Benjamins, 1993: 3-6.

语言中有些连动组合因为使用非常频繁而词汇化①。

　　Hwang 首先，分析了汉语连动结构中动词与汉语体标记"着"的限制是动词的有界性（boundedness）和事件的时制结构（temporal structure），即当动词为无界并且连动结构中两个子事件构成了一个重叠的完整时间时，第一个动词后可以加"着"。其次，从角色参照语法（Role and Reference Grammar，RRG）理论分析了连动结构中子事件之间的语义关系；最后，文中分析了副词在不同类型的连动结构中的辖域问题。从事件语义的视角将汉语连动结构定义为表达包含两个或两个以上子事件的复杂事件的结构，子事件之间的语义关系有因果关系（cause-result relationship）、动作目的关系（action-purpose relationship）、方式—动作关系（means-action relationship）、连续关系（consecutive relationship）。因此，Hwang 文将动结式（如：打破花瓶）也包含在连动结构之内。Hwang 文还考查了汉语连动结构的时和体特征，认为像其他连动语言一样，汉语连动结构中的各动词共享时，但体的附加取决于事件类型和子事件之间的语义关系。文中指出，"了"不能同时附加在连动结构的所有动词上，当表达动词目的关系的连动结构中，"了"可以附加在第一个动词上；在其他语义关系的连动结构中，"了"可以附加在第二个动词上②。

　　Bisang 讨论了三个方面的问题：第一，连动结构的核心特征是"单一宏事件"特征③。具体来说，文中指出 Aikhenvald 和 Dixon 所构建的连动结构的原型范畴特征最终可以归结为单一事件性（single eventhood）或"宏事件特征"（macro-event property），而"宏事件特征"之所以是连动结构的本质特征，在于 Aikhenvald 和 Dixon 所提到的单述谓性（monopredicative reading）、单小句性（monoclausality）、韵律特征的连贯性、语法范畴共享性、语义相关性、论元共享性等连动结构特征④都可以由此特征推衍。换句话说，连动语言的差异在于实现"单一宏事件"特征的手段不同。同时，文中指出判断一个语法成分是否是一个单一宏事件的标准要看用于定位一个次事件发生时间的时间副词、从句或

① DURIE M. Grammatical structures in verb serialization ［M］// ALSINA A, BRESNAN I, SELL P （eds.）. Complex Predicates. Stanford：CSU, 1997：289-354.
　　AIKHENVALD A Y, DIXON R M W. Serial Verb Construction：A Cross-linguistic Typology ［M］. Oxford：Oxford University Press, 2006：1-15.

② HWANG H. Serial Verb Construction in Chinese ［D］. Honolulu：University of Hawaii, 2008.

③ BISANG W. Serial verb construction ［J］. Language and Linguistics Compass, 2009（3）：792-814.

④ AIKHENVALD A Y, DIXON R M W. Serial Verb Construction：A Cross-linguistic Typology ［M］. Oxford：Oxford University Press, 2006：1-10.

时态等成分是否也同时定位了其他次事件所发生的时间，通过判定时间副词性成分（时间状语副词、从句、时制成分等）的管辖范围可以来界定是否是一个宏事件。第二，像 Kalam 语言这种处于语篇目的而使用的"连动结构"，不再表达一个单一事件，违反了第一点所提到的连动结构的核心特征，因此不算作连动结构。第三，连动结构的语法化和词汇化问题，Bisang 不赞同 Aikhenvald 和 Dixon，认为非对称式连动结构不一定是语法化的起始点，大量连动语言分析表明，非对称式连动结构可能是对称式连动结构语法化的结果，比如汉语。语法化和词汇化是相互独立的语言演变过程。同时还指出，语法化和词汇化后的连动结构不应该归类为连动结构，比如汉语中"V+趋向动词""情态动词+V"以及"V+着/了/过"这类结构就不再是连动结构。也就是说，Bisang 认为语法化和词汇化的结果将是"去连动化"。

Lin 等基于语料库发现汉语连动结构的中心为后一个动词①，这点与 Collins②，Law 和 Veenstra③ 以及 Sebba④ 连动结构的第一个动词为中心的观点不同。

Sookgont 等将泰语连动结构分为八个类型⑤，如下表 2-1 所示：

表 2-1　泰语连动结构类型

连动结构类型	动词特点
Motion SVCs	Motion verb+directional verb
Posture SVCs	Postural verb+open class verb
Take-SVCs	Take+open-class verb
Use-SVCs	Use+open-class verb

① LIN T H. Light Verb Syntax and the Theory of Phrase Structure［D］. Irvine：University of California，2001.
② COLLINS P. Argument sharing in serial verb construction［J］. Linguistic Inquiry，1997（28）：461-497.
③ LAW P，VEENSTRA T. On the structure of serial verb constructions［J］. Linguistic Analysis，1992（22）：185-217.
④ SEBBA M. The Syntax of Serial Verbs［M］. Amsterdam/Philadelphia：John Benjamins Publishing Company，1987：109-140.
⑤ SOOKGONT S，SUPNITHI T，K R. Classification of serial verb constructions in Thai［J］. International Journal of Artificial Intelligence & Applications，2015，6（4）：79-86.

续表

连动结构类型	动词特点
Open class SVCs	Open-class verb+open-class verb
Give SVCs	Give+open-class verb
Causative SVCs	Make+open-class verb
Resultative SVCs	Open-class verb+open-class verb（result）

国外连动结构的研究主要集中于该结构的类型学研究、生成语法理论框架下的句法结构研究以及语法化和词汇化研究等。

第三节　本章小结

不管是国内汉语连动结构研究，还是国外连动结构研究，大多集中于连动结构的定义和类型的描写性研究、生成语法理论框架下不同语言连动结构参数性差异、共享的主语和宾语的句法位置，以及句法核心问题、类型学视角下不同语言连动结构的共性和个性特征，以及连动结构的语法化路径，以及词汇化的动因和句法语义条件。

已有对连动结构的研究成果对于进一步揭示该结构形成的动因和句法语义条件至关重要，但同时，已有研究存在的问题，也是本书研究的助推力和努力的方向。

第三章

汉语连动结构的重新界定和分类

"连动"是汉语语法中非常普遍的一种结构形式。从词到复句,通过连动,可以构成连动复合词、连动词组、连动句、连贯复句①。本书所研究的是由连动词组作谓语的连动结构,这种结构的名称有很多,包括连动式、连谓结构、复杂谓语、连动句等。本书统称为连动结构,与其英译 "serial verb construction"对应。"连动结构"这个概念一直以来就没有说得很清楚,它的界限一直都很模糊,各家学者对其定义和界定范围也都不尽相同。虽然经历了激烈的"存废之争",但"连动结构"这个句式,因其独特的句法语义特性,还是赖在汉语语法里不走了②。所谓"独特"主要体现于无法找到其中心,无法用层次分析法对其进行再分析,也就是说似乎连动结构是一个不可再分析的构式。自 2011 年刘丹青提出库藏类型学理论③以来,"连动结构"更是被赋予极高的句法地位。刘丹青就指出连动结构是汉语语法库藏中的显赫范畴,它既不是并列结构,也不是主从结构,而是介于两者之间的一种独立的句法结构④。但事实上"连动结构"这个标签之下包罗万象,并没有突出其独立句法结构的特征。Paul 直指汉语连动结构 "serial verb construction" 这个概念变成一个大杂烩,与名称 "construction" 所蕴含的独立句法地位不符⑤。因此本章主要从句法核心视角,结合汉语语言事实,对汉语连动结构重新定义和分类。

---

① 彭育波. 连动句的认知研究 [J]. 重庆工学院学报(社会科学版),2007(4):145-149.

② 吕叔湘. 汉语语法分析问题 [M]. 北京:商务印书馆,1979:47.

③ 刘丹青. 语言库藏类型学构想 [J]. 当代语言学,2011,13(4):289-303.

④ 刘丹青. 汉语的若干显赫范畴:语言库藏类型学视角 [J]. 世界汉语教学,2012,26(3):291-305.

刘丹青. 汉语及亲邻语言连动式的句法地位和显赫度 [J]. 民族语文,2015(3):3-22.

⑤ LAW P. A note on the Serial Verb Construction in Chinese [J]. Cahlers de Linguisticque-Aise Orientale,1996,25(2):199-233.

第一节 定义

一、已有研究综述

宋玉柱指出："连动式就是指两个或两个以上的动词（有的是形容词）连用（包括它们的附加成分和连带成分），它们之间没有并列、偏正、动宾、动补关系，中间没有语音停顿，没有关联词语，也没有复句中各分句间的那种逻辑关系，这样的词组叫连动词组，以连动词组作谓语的句子叫'连动式'。"[①]

吕叔湘认为连动结构就是几个谓语连用的结构，并且将那些含有承接副词的"也、都、就"的句子也包含在连动结构范围内[②]。

朱德熙认为"介词+宾语+谓词性成分"的格式也算是连谓结构的一种，比如，"在草地上躺着""把这首诗抄下来"等[③]。

蔺璜从语法意义讲，它是两个或几个动词连用，结成一个整体，共同陈述一个主语，它们之间没有陈述、支配、补充、联合、偏正等方面的关系；从语法形式上看，连用几个动词之间没有语音停顿，没有关联词语[④]。持有相同观点的还有冈田文之助[⑤]。蔺璜对连动式的定义，排除了动补谓语句"我看了不舒服""他打仗勇敢"、主谓词组"战斗结束""劳动开始"、动宾词组"学习游泳""喜欢唱歌"、动补词组"打碎""跑出去"、联合词组"看书写字""讨论通过"、偏正词组"拼命地跑""笑着说""用笔写字"、紧缩句"同学们下了课就走了"。

刘月华等指出连动句最主要的特点是连动句中两个动词短语的位置不能互换和主语相同。《实用现代汉语语法》中定义连动句为"谓语由两个或两个以上动词构成，在动词短语中间没有停顿，也没有关联词语，两个动词短语共用一个主语"，并指出谓语也可以是动词与形容词连用或形容词与动词连用。从意义上看，连动句的两个动词短语之间不能存在并列、主谓、动宾、动补、状动等

---

① 宋玉柱. 也谈"连动式"和"兼语式"——和张静同志商榷［J］. 郑州大学学报（哲学社会科学版），1978（2）：32-40.

② 吕叔湘. 现代汉语八百词［M］. 北京：商务印书馆，1980：36-37.

③ 朱德熙. 语法讲义［M］. 北京：商务印书馆，1982：160.

④ 蔺璜. 连动式的特点与范围［J］. 山西师院学报（社会科学版），1983（3）：71-75.

⑤ 冈田文之助，马微动. 连动式的教学处理［J］. 世界汉语教学，1989（3）：154-157.

关系，而是逻辑上的先后关系，即前者是后者动作发生的前提条件①。

黄伯荣和廖序东认为连谓短语就是由多项谓词性词语连用，谓词性词语之间没有语音停顿，不属于以下五种基本结构关系的短语，即不属于陈述关系的主谓短语、支配关系的动宾短语、修饰关系的偏正短语、补充关系的中补短语以及并列、选择或递进关系的联合短语，也不用任何关联词语，例如"上山采药""出去闲逛""看了心烦""听了很高兴""怀着一丝希望去找朋友打听消息"②。

国内学者对汉语连动结构的认识有以下四个方面的共识：第一，连动结构的陈述主体相同，通常为施事主语。第二，动词之间没有显性关联词，除吕叔湘之外。第三，动词之间有时间的先后关系。第四，由连动结构构成的连动句是单句。但是对汉语连动结构的语义中心和句法核心、动词连用还是谓词连用、一个还是两个核心论元共享、动词的先后是指动作发生的时间还是时段等方面的问题争议很大或研究得不深入。

二、重新定义

Aikhenvald 和 Dixon 在考察了大量语言的连动结构后，从形式、谓语、韵律、语法范畴、论元、动词及物性等方面将连动结构的特征规纳如下：第一，形式上有两个或两个以上动词连用，整体做句子的谓语，具有单述谓性（mono-predicative reading）；第二，动词之间没有显性的表达句法依存关系的连词标记；第三，表达一个单一事件；第四，韵律同单动词小句；第五，动词共享时、体和否定等语法范畴；第六，连用的动词可以单独成句，动词的及物性特征可以相同也可以不同；第七，连用的动词共享核心论元或其他论元。第八，连动结构具有单小句性特征③。

Haspelmath 指出通过"单个事件"或"单个谓语"的概念来定义连动结构不合适④。事件的概念至少有两种理解，如果从形式上来看，一个谓词代表一个简单事件（simplex event），连动结构就是一个复杂事件或复合事件（complex e-

①　刘月华，潘文娱，故韡. 实用现代汉语语法（增订本）［M］. 北京：商务印书馆，2001：701-708.

②　黄伯荣，廖序东. 现代汉语（增订五版）［M］. 北京：高等教育出版社，2011：48.

③　AIKHENVALD A Y, DIXON R M W. Serial Verb Construction：A Cross-linguistic Typology. Oxford：Oxford University Press, 2006：1.

④　HASPELMATH, M. 2016. The Serial Verb Construction：Comparative Concepts and Cross-linguistic Generalizations ［J］. *Language and Linguistics*, 2016, 17（3）：291-319.

vent)，也可以说是一个宏事件，由几个微事件或子事件构成；如果从概念事件（conceptual event）理解的话，连动结构是一个单一的概念事件。无论从哪个角度理解，连动句都是单句①。文中从对比概念的角度对连动结构重新定义如下：连动结构是一个单句结构，由多个独立动词组成，它们之间没有连接项，也没有谓词—论元关系。这一定义中包括 5 个基元概念：结构（construction）、单句（monoclausal）、独立动词、连接项、谓词—论元关系。除此之外，文中还概括了十条连动结构的共性特征：第一，在所有连动结构中，动词都具有相同的时态取值；第二，在所有的连动结构中，动词都具有相同的语气取值；第三，连动结构中的动词具有相同的时间或事件位置修饰语；第四，所有连动结构在发音时都位于同一语调曲拱中；第五，如果连动结构表达因果关系或事件先后顺序，两个动词呈现出时态相似性，即表示原因的动词位于表示结果的动词前，先发生事件的动词位于后发生的事件动词前；第六，如果只有一个人称、时态、语气或否定标志，它出现在边缘位置，即在第一个动词前或在最后一个动词后；第七，在所有的连动结构中，所有的动词共享至少一个论元；第八，所有连动结构的语种都具有"共享主语的连动结构"这种类型，也可能有其他类型；第九，在主语不同的连动结构中，第二个动词总是不及物的；第十，连动结构不能带两个不同的施事，即当连动结构中的动词共享非施事角色时，施事角色也必须被共享。

基于跨语言对比下的连动结构的共性特征，广义汉语连动结构至少具有以下四个方面的特征：第一，共享主语；第二，两个或两个以上具有［+V］特征的词相连；第三，动词之间无连词；第四，连动句是单句（monoclause）。这一广义定义下的汉语连动结构包括了同主语动词相连的所有单句结构，从谓语的形式来看包括了动词和动词相连构成的复合动词作谓语的结构，也包括了动词短语和动词短语相连构成的连动短语作谓语的结构。从相连的动词成分之间的结构关系以及句法核心来看，广义汉语连动结构包括并列型和主从型两类。也就是说广义汉语连动结构其实是将所有同主语、由两个或以上动词性成分构成的复杂结构作谓语的单句结构。这个简单的定义中，有三点值得进一步阐释和说明，它们是"同一主语""动词性成分"和"单句结构"。宽式连动结构定义中的同一主语指述题句中几个动词性成分共同阐述的话题对象；单句结构形式

---

① JARKEY N. Cotemporal Serial Verb Constructions ［M］//MENGISTU A，BAKER B，HARVEY B（eds.）. Complex Predicates—Cross-Linguistic Perspectives on Event Structure. Cambridge：Cambridge University Press，2010：109-149.

上表现为只在最后一个词后标明句号终结，这是判断汉语单句还是复句最直观的方式，当然在形态标记丰富的语言还可以从时、体、否定等语法范畴来判断，但在汉语连动结构单句结构判断中似乎不太可行，因此这里采取最直观的判断法：唯一句号法。

动词性成分可以是动词或形容词。朱德熙认为介词和动词连用也算连动结构①，本文认为介词虽然大多数源于动词的语法化或虚化，有的介词也能单独作谓语，但是在介词和动词连用的结构中，介词并不表达动词义其主要体现为语法功能，即引介论元或赋格，有的学者基于汉语介词"语义轻"的特点将其分析为轻动词②，一个功能范畴。因此汉语连动结构不应包括介词和动词连用的结构，这里仅限于动词或形容词，能够表达一个动态事件或静态事件。

对"动词性成分"的判定也反映出连动结构定义的问题：光从形式上或语法形态表现上定义是不足的，还要从语义上进行限制。虽然 Haspelmath 指出单个事件来定义连动结构容易发生歧义，不精确③，但是如果一个动词或形容词就代表一个事件（动作事件或状态事件），则连动结构表达的是一个单一事件（状核类 SVC）或单一的概念事件或聚合事件④（非对称并列类 SVC 和核补类 SVC），概念事件或聚合事件都是复合事件，包括两个及以上的子事件，但在说话者的认知中认为这几个子事件是一个完整事件，形式上编码为一个单句结构。因此，连动结构的定义包括两个方面：句法或形式上的限制条件以及语义限制条件。本书对汉语连动结构重新定义如下：

（1）广义汉语连动结构（Generalized Chinese Serial Verb Construction, GCSVC）：形式上同一主语后附两个或两个以上［+V］特征的独立动词性成分相连作谓语的单句结构，相连的动词性成分之间无显性连词标记，语义上表达一个单一概念事件。

（2）狭义汉语连动结构（Canonical Chinese Serial Verb Construction, CCSVC）：同一施事主语，后附两个或两个以上独立动作动词作谓语的单句结构，相连的动作动词之间无显性连词标记，语义上表达一个由几个子事件聚合而成的单一概念事件。

---

① 朱德熙. 语法讲义［M］. 北京：商务印书馆，1982：160.
② LIN T H. Light Verb Syntax and the Theory of Phrase Structure［D］. Irvine：University of California，2001.
③ HASPELMATH M. The Serial Verb Construction：Comparative Concepts and Cross-linguistic Generalizations［J］. Language and linguistics，2016，17（3）：291-319.
④ 梅广. 上古汉语语法纲要［M］. 台北：三民书局，2015：192-207.

从（1）和（2）的比较来看，狭义汉语连动结构定义或严式汉语连动结构强制要求句首 NP 为动词的施事者，谓语要求由两个及以上动作动词构成，因为只有动作动词才能表达一个行为动作或动作事件，才能表达"动作相承""几个动作相继发生"的语义，这就要求非末位 VP 所指示的事件必须有界①，以便保证后续事件的发生，但至于末位事件是否发生并无句法语义上的强制要求，要依据具体情况而言。关于汉语连动结构的句法语义限制条件将会在第四章进一步说明。

第二节　分类

一、已有分类综述

对汉语连动结构的界定范围最大的当属 Li 和 Thompson，几乎涵盖了汉语所有表面上动词连用的句式。Li 和 Thompson 将汉语连动结构分为四类②：

第一类：通过顺序、目的、交替和境况语义关系连接，表达两个或多个事件的连动结构。

（1）顺序关系（consecutive）：一个动作接着一个动作发生。例如：

他买票进去。

他煮汤喝。

（2）目的关系（purpose）：后一个动作是前一个动作发生的目的。例如：

他上楼睡觉。

（3）交替关系（alternating）：两个动作交替发生。例如：

他天天唱歌写信。

（4）修饰关系（circumstance）：第一个动词表达了后一个动作发生所处的环境，包括时间、地点、方式、伴随等。例如：

我们开会讨论那个问题。

第二类：其中一个动词短语或小句是另外一个动词的主语或直接宾语。

---

① 李可胜，满海霞. VP 的有界性与连动式的事件结构［J］. 现代外语，2013，36（2）：127-134.

② LI C，THOMPSON S A. Mandarin Chinese：A Functional Reference Grammar［M］. Berkeley：University of California Press，1981：595.

例如：

（5）a. 他否认他做错了。（小句作直宾）

b. 他告诉我你头疼。（小句作直宾）

c. 大声念课文可以帮助发音。（动词短语作主语）

d. 学蒙古语很不容易。（动词短语作主语）

第三类：兼语结构。例如：

（6）我劝他学医学。

第四类：叙述性小句结构，第一个动词为一个及物动词，后面跟着一个对其宾语进行描述的小句（descriptive clause construction which involves a transitive verb whose object is described by a following clause）①。

（7）a. 我碰到了一个外国人会说中国话。

a'. 我碰到了一个会说中国话的外国人。

b. 他炒了一个菜特别好吃。

b'. 他炒了一个特别好吃的菜。

Li 和 Thompson 指出的第一类连动结构 VP1 和 VP2 之间分别表达动作先后关系、动作目的关系、交替关系和修饰关系。交替关系连动结构中前后 VP 可以任意调整顺序，而不影响句子的语法和语义，因此交替关系连动结构更符合并列结构的语法特征。第二类连动结构的特点是某项 VP 是另一个动词的论元成分，不符合 Haspelmath 对连动结构的定义，即 "动词之间没有谓词—论元关系"②。第三类就是汉语的兼语结构，Aihkenvald 和 Dixon 认为兼语结构也是连动结构的一种，称之为 "功能切换连动结构"（switch-function SVC）③。

国内学者对汉语连动结构的分类标准大都从前后两个动词短语之间的语义关系进行分类，其中代表人物包括宋玉柱、蔺璜、刘月华，沈阳和郭锐等。

宋玉柱根据前后动词的语义关系以及动词的类别，将连动结构分为六类④：

（8）表示连续动作。

我穿上衣服跳下地跑到车间。

---

① Li, Charles and Sandra A. Thompson. Mandarin Chinese：*A Functional Reference Grammar* [M]．Berkeley：University of California Press，1981：598-611.

② Haspelmath, M. 2016. The Serial Verb Construction：Comparative Concepts and Cross - linguistic Generalizations [J]．*Language and linguistics*，17（3）：291-319.

③ Aihkenvald A. Y. & Dixon R. M. W. Serial Verb Construction—A Cross-linguistic Typology [M]．New York：Oxford University Press，2006：14.

④ 宋玉柱. 1978. 也谈 "连动式" 和 "兼语式" —与张静同志商榷 [J]．郑州大学学报（哲学社会科学版），（2）：32-40.

（9）后一动作表示前一动作的目的。

　　北三区龙凤庵弄明和小学教员，砍了木菩萨煮肉吃。

（10）表达正反关系，即前一个动词从正面说，后一个动词从反面说。

　　老大娘拉住我的手不放。

（11）第一个动词是"有"或"没有"。

　　社会帝国主义没有权干涉别国内政。

（12）前一个词是形容词。

　　这个问题容易解决。

（13）后一个词是形容词。

　　a. 我听了这个消息很高兴。

　　b. 老张办事很认真。

　　c. 他说话很简短。

蔺璜认为汉语连动式包括五类①：

（14）表示动词先后关系。

　　它非常高兴，就扔了西瓜去追小兔。（小学《语文》）

（15）表示目的关系。

　　我借你的讲义看看。（曹禺《王昭君》）

（16）表示目的方式互为关系。

　　匪军端起刺刀吓着老乡们。（马烽《刘胡兰传》）

（17）表示正反关系。

　　总理抓住他的手不放。（徐迟《地质之光》）

（18）表示有无动作行为发生的依据或对象。

　　我有事要和济生谈。（苏叔阳《丹心谱》）

　　刘月华等根据两个动词短语之间的意义关系将连动句分为五类：先后或连续发生的动作、动作目的关系、方式—动作、肯否连动式、有字连动句②。

　　第一类：先后或连续发生的两个动词，后一个动词或情况发生时，前一个动作已结束。这类句子的第一个动词后边常常带有结果补语或表示动词完成的"了"或表示经验态的"过"。

　　a. 孩子们听完故事哈哈大笑起来。

---

① 蔺璜. 连动式的特点与范围 [J]. 山西师院学报（社会科学版），1983（3）：71-75.

② 刘月华，潘文娱，故韡. 实用现代汉语语法（增订本）[M]. 北京：商务印书馆，2001：701-708.

　　b. 他们吃过晚饭散步去了。

　　c. 王师傅接过小模型看了一会说："行啊!"

　　d. 我们从广播里听了这一噩耗难过极了。

　　第二类：后一个动词短语表示的动作行为是前一动词所表示的行为动作的目的。这类连动句的第一个动词短语常包含"来""去"，如（19-b）；有时"来/去"没有动作义而起到连接作用，见（19c-d）；有时"来"不表示实在意义，而表示一种意愿，有缓和语气的作用，见（19e）。

　　（19）a. 我们去商店买东西。

　　　　　b. 我来缴电费和房租。

　　　　　c. 阿里要到机场去接代表团。

　　　　　d. 我们开个联欢会来欢迎新同学。

　　　　　e. 我们来谈谈。

　　第三类：前一个动词短语表示后一个动词短语所表示的动作的方式（或手段、工具）。

　　（20）a. 阿里用左手写字。

　　　　　b. 明天我们坐飞机去上海。

　　　　　c. 那位空姐笑着对我说："没关系。"

　　　　　d. 妈妈骑自行车走了。

　　　　　e. 老师握着我的手说："再见。"

　　第四类：前一个动词短语表示肯定意思，后一个动词短语表示否定意思，但两个短语表示的意思一样，从正反两方面说明一个事实。

　　（21）a. 走不了，爷爷的手抓着门板不放。

　　　　　b. 我看他总是坐在那里不动，原来他在练气功。

　　　　　c. 她说出最后一句话，自己觉得失言，就闭嘴不说话了。

　　第五类：前一个动词为"有"或"没有"的连动句。

　　（22）a. 现在我们有宽敞的房子住了。

　　　　　b. 我有一个问题请教你。

　　　　　c. 在事实面前他没有话说了。

　　　　　d. 每位职工都有权利选举自己的代表。

　　　　　e. 小刘没有资格参加这次活动。

　　　　　f. 仙子阿你有没有时间再打一份文件?

沈阳和郭锐根据连动结构前后两个动词之间的语义关系，将其分为九类①：

（23）方式：开着窗睡觉　　　　　　笑着说

（24）目的：留着以后用　　　　　　出去买菜

（25）先后：吃完饭散步　　　　　　下了课开会

（26）时间：上课说话　　　　　　　吃饭看电视

（27）因果：病了没来　　　　　　　打球扭了腰

（28）转折：借了没看　　　　　　　去了没找着

（29）条件：闻着挺香　　　　　　　说起来气人

（30）正反：抓着不放　　　　　　　坐在地上起不来

（31）连贯：下床穿好衣服出去了　　叹口气坐下来点上烟

邢欣从连动结构中动词的及物性或配价情况将其分为五类②：

第一类：第一个动词为及物动词，必须带宾语。

（32）a. 他送一本书给我。

　　　b. 我有能力完成。

　　　c. 大家扛着锄头跑来了。

第二类：第一个动词后不带宾语，但要带补语或其他后加成分，第二个动词后可带宾语，也可不带宾语。

（33）a. 张太太刚刚坐下喝了一口茶。

　　　b. 小明在外面玩了一会儿回去了。

第三类：前后两个动词的语义相对，第一个动词后可以有补语、宾语，也可以省略。

（34）他抓住这个东西不放。

第四类：第一个动词是趋向动词，后面直接接第二个动词。

（35）他们来给我祝寿，我也去给他们贺喜。

第五类：第一个动词后必须有后加成分，后面接着一个形容词。

（36）a. 他看了看很不舒服。

　　　b. 小妹穿衣服不讲究。

邢文将以下两类结构（37—38）归入其他句式，不做连动式处理。文中认为第一类句子（37—c）归入偏正结构，第二类句子（38）归入紧缩句更合适。

---

① 沈阳，郭锐编. 现代汉语［M］. 北京：高等教育出版社，2014：256.

② 邢欣. 简述连动式的结构特点及分析［J］. 新疆大学学报（哲学社会科学版），1987（1）：116-122.

第一类：第一个动词为"用、拿、替、靠、凭"等词构成的句子。

（37）a. 他用笔写字。

b. 李琳拿眼瞅着他。

c. 他替我办了一件好事。

第二类：第一个动词和第二个动词之间有一个副词，如"就、再、也、又"等。

（38）a. 他说完就走了。

b. 我买了东西再回去。

冈田文之助以代表性和使用频度两个标准将连动式分为六类①，如表 3-1 所示。

表 3-1　冈田文之助（1989）汉语连动结构分类

句类	例句	类型
A	他回家吃饭。	移动—动作：V1（位移动词）+NP1（场所）+V2（动作动词）+NP2（人、物）
B	他拿勺儿吃饭。	工具—动作：V1（用）+NP1（工具）+V2（动作）+NP2（人、物）
C	他听着音乐吃饭。	方式—动作：V1（着）+NP1（人、物）+V2（动作）+NP2（人、物）
D	他有钱吃饭。	条件—动作：有+NP1（物）+V2（动作）+NP2（人、物）
E	他有钱花。	材料—使用：有+NP2（物）+V2（动作）
F	他要钱花。	准备—使用：V1（取，制作）+NP2（物）+V2（动作）

冈田文之助指出在条件—动作型连动式中，能担当 NP1 的宾语名词成分有：空、地方、时间、机会、办法、条件、能力、资格、信心、把握、权、意、心思、兴趣、勇气、胆量、权力、权利、义务、必要、理由。而在准备—使用型连动式中，V1 主要表示通过进行制作和获取来准备 NP1 所指的物品，V2 表示对 V1 所准备物品的使用，这时 NP1 常常表明"若干的"意思的限定词，例如

---

① ［日］冈田文之助，马微动. 连动式的教学处理［J］. 世界汉语教学，1989（3）：154-157.

"你煎两个鸡蛋吃吧"①。

冈田文之助所分析的这六类连动结构都有一个共同的特征，那就是除了主语论元共享外，V1 动词后的名词成分总是与 V2 有着某种语义关系。A 到 D 句式中 V1 后的名词短语分别表达 V2 "吃"的处所、工具、伴随状态以及凭借内容；E 和 F 类句式的 V1 的宾语同时也是 V2 的宾语，即 V1 和 V2 共享受事宾语论元。

高增霞根据连动结构各个成员在三个不同层面对时间顺序原则的临摹，将连动结构分为三大类②：

第一类：客观层面的先后顺序——典型的连动式。在客观层面对 PTS 原则的临摹是连动结构的典型结构。典型的连动式临摹了客观层面上的先后关系意思，是说连用的动词或动词结构表达了时间轴上具有先后关系的几个动作或事件。这种连动式的两个动词都可以放到"先……后……""……完了（接着就）……""……之后……"这类表示时间先后的语义框架中理解。主要有以下几种情况：

（39）先后序列动作。

    a. 下午吃了饭看电影

    b. 他画完了把瓦渣子一扔

    c. 听了哈哈大笑

    d. 回到家发现门开着

    e. 回来看到奶奶不在

    f. 低头叹了口气

（40）来/去—动作。

    a. 前来拜访

    b. 去看病

（41）工具—动作

    a. 借把起子用一下

    b. 找个塑料袋装上

    c. 坐火车回上海

（42）处所—动作

---

① ［日］冈田文之助，马微动. 连动式的教学处理［J］. 世界汉语教学，1989（3）：154-157.

② 高增霞. 现代汉语连动式的语法化视角［D］. 北京：中国社会科学院研究生院，2003.

    a. 上街买菜

    b. 不时放到耳朵上听听

（43）对象—处置

    a. 做饭吃

    b. 给支烟抽抽

    c. 抱过孩子使劲亲了一口

（39a—f）句中两个动词之间不存在一种内在的、必然的关系，只是单纯地表示先后发生的两个动作或事件。V1 往往只是用来表示 V2 发生的时间。（40-43）句中前后两个动词之间在论元上有一种内在的关系，如后三种 V1 的宾语为 V2 增加了一个论元，如工具、对象、处所等。前一种 V1 "来/去"是比较特殊的动词，V2 表示其动作的终极目标，相当于"来/去"过程的终端，可以说 V2 就是 V1 的目的。而且这四种连动式所表达的前一个动作都是进行后一个动作的前提，而后一个动作是前一个动作的目的，所以这些连动式的语义可以概括为"前提—目的"关系。

第二类：逻辑层面的先后顺序——非典型连动式。这类连动式临摹了逻辑层面上"现象—意义"的先后顺序，按照 V2 的特征可分为三种：

（44）"表示"类。

    a. 鼓掌表示欢迎

    b. 向群众挥手致意

（45）"想/要"类。

    a. 叫着想挣开要死的人

    b. 抓着绳子要往下跳

（46）肯否联结类

    a. 坐着不动

    b. 拉住伯父不松手

（44）类 V1 常常是身体行为动词，如"鼓掌""挥手"等，后面 V2 指出这种具体动作所表示的含义。（45）类形式上是"V 着+想/要……"，"V 着"作为前景，后面接续的动词结构表达的是一种非现实的动作行为。（46）类前面是肯定形式，后面是否定形式，往往是故意违反人们预期的一种行为动作。从语义上看，这几种连动式两个部分表达的意思大体是互相补充、互相说明的，V2 都是解释说明 V1 的意愿所在。并且，在时间轴上只实现了一个动作，虽然 V1 还是动作动词，但 V2 都是意义比较抽象的动词或表示非现实动作的否定形式；V1

可以带"着"表持续态，但不能用来说明 V2 发生的时间。

第三类：认知层面的先后顺序——边缘连动式。这类连动式临摹了认知过程"背景+目标"的先后顺序，主要指表"同时"的"V1 着+V2"格式。例如：

（47）a. 大妈端着一盘鸡蛋送上桌。

b. 李东宝举着那支完整的烟说。

c. 刘志彬端着脸盆出去洗漱。

这类连动式中的 V1 和 V2 虽然都是动作动词，都可以表达一个具体动作，但是它们在时间轴上只占据了一个节点，表达一个单一事件。这个事件由 V1 和 V2 两个部分组成，但是两部分在语义上有主次之分，V1 只作为 V2 的背景出现，不具有表明 V2 发生时间的作用，所以这类连动式的特征可以描写为"同时"。

周国光①和沈开木②根据连动结构的主语与动词之间施受关系，描写了三类特殊连动结构：

（48）受事主语连动结构。

a. 下面的话"何况宰的是亲老子"，压在舌头底下没说出来。

b. 他被捕判了徒刑。

c. 蚂蚁被捉来喂蜘蛛。

d. 刊物送到报社审批了。

e. 他因包庇罪被指控判刑。

（49）施受同体主语连动结构。

a. 他犯了法被逮捕。

b. 我从大学新闻系毕业，分到省报当记者。

c. 高中毕业，我没有考上大学，开始帮我妈卖冰棍，后来招工，分配到一家镇办小厂糊纸盒。

d. 张立中学毕业后参军，当了四年汽车兵，复员回来分配在水产公司当小车司机。

e. 那种弹弓不好，射得不远，石头子儿还容易弹回来打疼自己的手。

（50）换体传动连动结构

a. 大孩子初中毕业，他把他从村里领到这儿借读。

---

① 周国光. 现代汉语里几种特殊的连动句式［J］. 安徽师大学报（哲学社会科学版），1985（3）：93-103.

② 沈开木. 连动及其归属［J］. 汉语学习，1986（5）：19-21.

　　b. 我把刘钊同志叫来陪你。

　　c. 他还把春元楼会做淮扬菜的掌灶师傅找来教我。

　　c'. 他还找来春元楼会做淮扬菜的掌灶师傅教我。

　　周国光指出换体传动连动结构比兼语结构的动作连续感强一些①。其实是在说的连动结构相继发生动作之间的连续性和语义的紧密关系，兼语结构之所以没有把字句的换体传动连动结构的连续感强，源于前者第一个动词后的宾语含有一个关系从句，直观上破坏了前后动词之间紧凑性，因此听起来连续感不强。

　　李可胜根据两个 VP 之间的时间语义关系，将汉语连动结构分为四类：分为毗邻结构、异步聚合结构、同步聚合结构、加合结构②，例句如下：

（51）毗邻连动结构。

　　　a. 推开门走出去

　　　b. 拿起酒瓶碰一下

　　　c. 买票上车

（52）异步聚合结构。

　　　a. 开车发生车祸

　　　b. 骑车崴了脚

　　　c. 喝凉水塞牙

（53）同步聚合结构。

　　　a. 鼓掌欢迎

　　　b. 骑着马穿越灾区

　　　c. 骑车锻炼身体

（54）加合结构。

　　　a. 洗衣做饭

　　　b. 读书写字

　　　c. 摆酒唱戏请亲友

　　毗邻结构的第一个 VP 结束之后，第二个 VP 才发生，即 t1<t2（其中 t1 表示第一个 VP 发生的时段，<表示早于的意思）；异步结构两个 VP 发生的时段部分重叠，即 t1∩t2≠Φ；同步结构指两个 VP 发生的时段完全重叠，即 t1=t2；加合结构中两个 VP 都具有"-有界，+持续"特征，如果两个 VP 的外延存在非空

---

①　周国光. 1985. 现代汉语里几种特殊的连动句式［J］.《安徽师大学报》（哲学社会科学版），（3）：93-103.

②　李可胜. 连动式的结构机制：PTS、情状特征和 VP 的外延［J］. 外国语（上海外国语大学学报），2016，39（1）：23-31.

交集，意味着两个 VP 可以描述同一个事件的不同侧面或属性即聚合结构。但如果两个 VP 外延的交集是空集，由于语言表达式不可以取空集为自己的外延，因此只能以两个 VP 外延的子集的并集作为外延，即一种集合概念，则形成了加合结构。

将以上对汉语连动结构的分类研究总结如表 3-2 所示：

表 3-2 汉语连动结构分类研究总结

编号	作者	分类标准	类别
1	宋玉柱	语义关系和"动"词属性	A. 语义：（连续动作、动作—目的、正反关系） B. "动"词属性（V1 是"有/没有"、V1 是形容词、V2 是形容词）
2	Li 和 Thompson	事件数量	A. 多个事件 B. 1 个事件（包括 VP 作主宾句结构、兼语结构、叙述性小句结构）
3	蔺璜	语义关系	A. 先后 B. 动作—目的 C. 互为目的方式 D. 正反关系 E. V1 为"有"
4	周国光和沈开木	主语与动词之间施受关系	A. 受事主语连动结构 B. 施受同体主语连动结构 C. 换体传动连动结构
5	邢欣	动词的及物性特征	A. V1 为及物动词，带宾语 B. V1 不带宾语，带补语成分 C. 正反：V1 可带补语、宾语或省略 D. V1 为趋向动词+V2 E. V1+后加成分+AP（形容词）
6	冈田文之助	代表性和使用频度	A. 移动—动作：V1 为位移动词，V2 为动作动词 B. 工具—动作：V1 为"用" C. 方式—动作：V1 着 V2 D. 条件动作：有+NP+V2 E. 材料—使用：有+NP+V2 F. 准备—使用：V1 为获取或制作类动词+NP+V2

编号	作者	分类标准	类别
7	刘月华	语义关系	A. 先后 B. 动作—目的（来/去） C. 方式/工具—动作 D. 正反 E. V1 为"有/没有"
8	高增霞	时间顺序原则的临摹层面	A. 客观层面的先后顺序（先后、V1 为"来/去"、工具—动作、处所—动作、对象—处置） B. 逻辑层面的先后顺序："表示"类、"想/要"类、正反 C. 认知层面的先后顺序：V1 着 V2
9	沈阳 郭锐	语义关系	A. 方式—动作 B. 动作—目的 C. 先后 D. 时间—动作 E. 因果 F. 转折 G. 条件 H. 正反 I. 连贯
10	李可胜	两个 VP 之间的时间语义关系	A. 毗邻结构 B. 异步聚合结构 C. 同步聚合结构 D. 加合结构

从表 3-2 可以看出，以往对汉语连动结构的分类大致依据连动结构几个动词性成分之间的语义关系、V1 和 V2 的属性（包括词类是动词还是形容词、及物性特征是及物还是不及物）、V1 和 V2 与句首 NP 之间施受关系、V1 和 V2 之间的时间语义关系以及先后关系在不同层面的临摹等。这些不同的分类视角恰恰反映了汉语连动结构是一个"语义语法范畴为链条组成的结构"①。

----

① 戴庆厦，邱月. OV 型藏缅语连动结构的类型学特征［J］. 汉语学报，2008（2）：2-10.

二、重新分类—句法核心视角

根据以往学者对连动结构的定义和分类，汉语连动结构的可能句式包括以下几类：

（55）先后关系。

  a. 我穿上衣服跳下地跑到车间。

  b. 我推开门走了出去。

  c. 他们吃过晚饭散步去了。

  d. 孩子们听完故事哈哈大笑起来。

（56）"来"或"去"+V。

  a. 我来交电费和房租。

  b. 他去小酒店喝了点小酒。

  c. 阿里要到机场去接代表团。

  d. 我们来谈谈。

（57）动作—目的—受事宾语共享。

  a. 他倒了杯水喝。

  b. 他买了本书看。

（58）动作—目的—宾语共享。

  a. 他抱过孩子使劲亲了一口。

  b. 他买了把刀切肉。

  c. 他找了个干净地方放箱子。

（59）地点/工具/时间/伴随+动作。

  a. 他去北京开会了。

  b. 他乘/坐火车去北京开会了。

  c. 阿里用左手写字。

  d. 他拿勺儿吃饭。

  e. 他总是上课说话。

  f. 他常常吃饭看电视。

  g. 他拖着一只大箱子走在大街上。

  h. 他听着音乐吃饭。

（60）正反。

  a. 他抓住我的手不放。

  b. 他坐在地上不起来。

  c. 他拉住伯父不松手。

  c. 他丢下孩子不管。

  d. 他丢下衣服不补。

（61）表示类。

  a. 孩子们鼓掌表示欢迎。

  b. 张三向李四鞠躬致歉。

  c. 张三向群众挥手致意。

（62）有字连动句。

  a. 他有钱吃饭。

  b. 他有钱花。

（63）V1 或 V2 为形容词。

  a. 这件事容易解决。

  b. 他听了这个消息很高兴。

（64）主语 NP 可以位于 V1 后

  a. 这道菜闻着挺香。

  a'. 闻着这道菜挺香。

  b. 这件事说起来挺气人。

  b'. 说起（来）这件事挺气人。

  c. 这本书留着以后用。

  c'. 留着这本书以后用。

  本节拟从生成语法理论的核心概念之一"句法核心"（syntactic head in Generative Grammar）的视角来重新分析汉语连动结构的类别和范围。

  目前已有文献认为动词和动词结合形成连动结构的方式有三种：并列（coordination）、从属（subordination）和附加（adjunction）。除此之外，动词之间的语义关系也呈现出并列到主从一个梯级关系。再者，基于 Yuruba 语连动结构，Awóyalé 提出了连动结构事件组成的语义模板，该模板包括三个要素：核心事件（core event），修饰核心事件的情态事件（modality），核心事件的结果事件（state）。基于这三个要素，可能的连动结构组合有：［情态+事件］（［modality event］）、［事件+事件］（［event event］）、［事件+状态］（［event state］）以及［状态+状态］（［state state］）①。

---

① MUYSKEN P, TONJES V. Serial verb constructions［M］//EVERAERT M, RIEMSDIJK H（eds.）. The Syntax of Companian. Oxford：Blackwell, 2006：234-271.

不管是从句法、语义还是事件角度，连动结构大致包括并列和主从两个大类。从这一点来看，"连动结构"其实是"并列"和"主从"这两个基本结构类型的上位概念。

根据核心在前还是在后，主从类连动结构又可分为状核和核补结构；根据是否遵守时间顺序性原则（Principle of Time Sequence，PTS①），并列类连动结构又可分为对称并列连动结构和非对称并列连动结构，其中对称并列连动指前后动词可以互换位置，而不影响语义；非对称并列连动结构指前后动词不可颠倒位置，否则会影响语义，甚至不合法。

换言之，并列型连动结构是指句法核心不是由构成连动结构的任何一个 VP 来承担；主从型连动结构的句法核心由构成连动结构的某个 VP 来承担。主从型连动结构根据其核心方向参数，又可继续分为核心在前和在后两种情况，前者可以划入核补结构，后者可以划入状核结构，如图 3-1 所示。

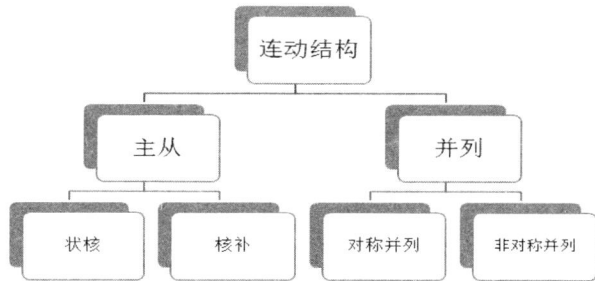

图 3-1 汉语连动结构的类别—句法核心视角

下面具体来阐述不同类型连动结构的句法语义特征以及其范围。

1. 并列型连动结构

并列型连动结构区别于主从型连动结构在于其句法核心不是由某个 VP 来承担，无法通过层次分析法来对其进行分析。传统汉语语法对连动结构的内部结构不再进行分析，认为这类结构为离心结构。但生成语法理论对"心"的诠释与传统语法的"心"不同，不管是短语结构规则（phrase structure rules）还是 X-杠理论（X-bar theory），甚至近期的加标理论（labeling theory），句法结构体都是"有核心的向心结构"，无论是句法结构的层系性特征（hierarchy）还是语音层面线性化要求。如果从生成语法理论内部的一致性假设出发的话，汉语连

---

① 戴浩一，黄河. 时间顺序和汉语的语序 [J]. 国外语言学，1988（1）：10-20.

动结构一定是可再分的有核心的结构，这也是本文旨在论证的一个核心观点。

那么汉语并列型连动结构，也就是常常表达动作先后关系的这类结构，为什么会让人觉得没有核心，不可再分呢？正如 Zhang 所证明的那样，并列结构不是生成语法理论的特例，也是一种有核心的二分支结构①。之所以认为无核心，是因为并列型连动结构的核心没有语音形式的功能范畴来担当，不是并列动词成分的任何一项，第六章我们将看到藏缅语形态丰富的语言以及阿尔泰语系的满语、维吾尔语和蒙古语的并列型连动结构中都存在有语音形式的连接成分，表达动作先后发生的语义。

根据是否遵守时间顺序性原则汉语并列型连动结构，即前后动词成分是否可以任意调整语序这个标准，可以将并列型连动结构大致分为对称并列连动结构（Symmetrical Serial Verb Construction，SSVC）和非对称并列连动结构（Asymmetrical Serial Verb Construction，ASVC）。对称并列连动结构也就是狭义并列结构，几个成分并联、句法语义地位平等、前后位置可以颠倒而不影响语义和合语法性，例如（65）：

（65）a. 他天天唱歌写信。

　　　a'. 他天天写信唱歌。

非对称并列连动结构的特点是前后动词成分不可颠倒顺序，否则语义不通或不合语法。非对称并列连动结构包括：时间先后类连动结构、同义说明类连动结构。时间先后类连动结构包括了赵旭动作先后类，见（66a-e）和时间限定类连动结构，见（66f-i），都表达同一施事主体相继发出两个或两个以上动作，后一个动作一定是在前一个动作完成或结束后才开始发生，也就是说这类连动结构强制要求前一个 VP 具有界性特征②。同义说明类连动结构类包括了正反说明类连动结构，见（67a-b）和后一 VP 对前一 VP 进行解释说明的表示类连动结构，见（67c）。同义说明类连动结构的特点在于前后 VP 表达的意义相同，后一个 VP 是对前一个 VP 语义的加强。

（66）时间先后类连动结构

　　　a. 我穿上衣服跳下地跑到车间。

　　　b. 张三穿上鞋走出了房间。

　　　c. 张三放下报纸打开了电视。

---

① ZHANG N N. Coordination in Syntax［M］. Cambridge：Cambridge University Press，2009：185.

② 赵旭. 汉语连动式研究［D］. 北京：北京大学，2014.

　　　　d. 张三转过身走了进去。

　　　　e. 张三低下头叹了口气。

　　　　f. 我们吃了饭看了一场电影。

　　　　g. 我们下了课去打篮球。

　　　　h. 张三干完了活（才）休息。

　　　　i. 张三到了北京（就）来电话了。

　（67）同义说明类连动结构

　　　　a. 他在家里不出门。

　　　　b. 张三握着我的手不放。

　　　　c. 张三鼓掌表示欢迎。

　　根据并列结构的语义解读是集合解（加而且合）还是分配解（加而不合），大致可以分为自然并列（Natural Coordination，NC）和偶然并列（Accidental Coordination，AC）①。例如：

　（68）John and Mary met at the bar.（NC）

　（69）John and Mary are well-adjusted individuals.（AC）

　　已有的学术著作将自然并列结构称为非对称并列结构（asymmetrical coordination）或假并列结构（fake coordination），这类结构表达一个复数性事件，并列项之间存在一种逻辑语义关系，这种语义关系可以被解读为一个由两个并列项组成的概念事件。Culicover 和 Jackondoff 指出非对称并列结构是由两个并列项各自所表达的微事件所组成的一个复合事件，这两个微事件彼此依存，不能独立发生在不同的情景②。Huddleston 和 Pullum 更进一步指出非对称并列结构是一种加合结构（joint coordination）③。

　　据此，汉语对称并列连动结构应该属于偶然并列，表达分配解读；而非对称并列结构属于自然并列，表达集合解读，表示一个复合事件或一个概念事件。

　　Goldsmith 称偶然并列的连接词"and"为真值条件 and（truth-conditional

───────────────

①　HASPELMATH M. Coordinating constructions：an overview ［M］// HASPELMATH M（ed.）. Coordinating Constructions, Typological Studies in Language 58. Amsterdam：John Benjamins，2004：3-39.

　　DALRYMPLE M, IRINA N. Syntax of natural and accidental coordination：Evidence from Agreement ［J］. Language, 2006, 82（4）：824-849.

②　CULICOVER P W, RAY J. Semantic subordination despite syntactic coordination ［J］. Linguistic Inquiry, 1997（28）：195-217.

③　HUDDLESTON R, GEOFFREY P. The Cambridge Grammar of the English Language ［M］. Cambridge：Cambridge University Press，2002：1283.

and）。自然并列结构中的连接词 and 又可以分时间 and（temporal and），因果 and（causal and），让步 and（despite and）以及条件 and（conditional and）①，例如：

（70）a. Our first contestant likes to play the piano and（to）learn exotic languages.

b. Mary bought the newspaper after work and she read it on the train.

c. The light went off and I couldn't see.

d. How many courses can we expect our graduate students to teach and still finish a dissertation on time?

e. You drink another can of beer and I'm leaving. （＝if you drink one more can of beer, I'm leaving.）②

依据 Goldsmith 对自然并列的诠释，英语"and"对应古汉语的"而"，中古以后"而"字脱落，发展至现代汉语已经没有严格对应英语"and"和古汉语"而"的对应词了。但是沈阳和郭锐提到了汉语条件类、转折类和因果类连动结构③，如（71—73）所示。

（71）条件类连动结构

a. 这道菜闻着挺香。

b. 这衣服摸着挺舒服。

c. 这家具看着别扭。

（72）转折类连动结构

a. 张三去了没找着。

（73）因果类连动结构

a. 张三骑马摔断了腿。

b. 张三打球扭了腰。

（71a—c）条件类连动结构的特点是主语都是无生命的名词短语，VP1 常常为"感官动词+着"，VP2 为程度形容词短语，且语义指向主语。这类条件类连

---

① GOLDSMITH J. A principled exception to the coordinate structure constraint, in Papers from the Twenty-First Annual Regional Meeting of the Chicago Linguistic Society［C］. Chicago：Chicago Linguistic Society，1985：133-143.

② Zhang Niina Ning.：*Coordination in Syntax*［M］. Cambridge：Cambridge University Press，2009：127.

GOLDSMITH J. A principled exception to the coordinate structure constraint, in Papers from the Twenty-First Annual Regional Meeting of the Chicago Linguistic Society［C］. Chicago：Chicago Linguistic Society：1985：134.

③ 沈阳，郭锐编. 现代汉语［M］. 北京：高等教育出版社，2014：256.

动结构不是连动结构,理由一:主语不能与 V1 单说,不符合连动结构的定义,如(74)所示:

（74）a1. *这道菜闻着。

　　　a2. 这道菜挺香。

　　　b1. *这衣服摸着。

　　　b2. 这衣服挺舒服。

　　　c1. *这家具看着。

　　　c2. 这家具别扭。

理由二:这类条件类连动结构的主语还可以后置于 V1 后,仍然成句。

（75）a. 闻着这道菜挺香。

　　　b. 摸着这衣服挺舒服。

　　　c. 看着这家具很别扭。

沈阳和郭锐所提到的"条件类连动结构"不是连动结构。主语既然不能与 V1 单独构成独立的主谓句,说明 V2 是 V1 的必有的补语成分,两者之间存在谓词—论元关系,不属于连动结构的范围。除此之外,这类连动句的主语还可以后置于 V1 之后仍然成句,这也是区别于汉语典型连动结构的重要特点。因此,汉语非对称并列 SVC 即自然并列结构包括先后动作类、同义说明类、因果类连动结构。这类连动结构都是由几个微事件加合而成一个宏事件或概念事件,且因各 VP 内部之间紧密的逻辑语义关系,如表时间、解释说明、转折、因果等语义关系,所以前后 VP 的顺序不可逆转,这是自然并列结构区别于偶然并列结构一个显著特征。同时值得注意的是,自然并列结构的另一个显著特征是这些结构虽然是句法上的并列结构,但是语义上却呈现非对称的特点,即末位 VP 总是承担着语义的重心,因此区别语义中心和句法核心尤为重要。在这里,我们所讨论的是句法核心。

关于前后动词是否可以逆转,赵旭指出区别对称并列结构和连动结构的另一项重要指标就是看 VP1 和 VP2 是否能互换位置,对称并列结构中的 VP1 和 VP2 可以互换位置,而连动结构中的 VP1 和 VP2 不能互换位置。"不能"包含语法上的"不能",和语义上的"不能"。语法上的"不能"指变换位置后不合语法或者结构性质改变;语义上的"不能"指变换位置后语义上不成立或者语义发生了变化①。这一点早在赵元任时就注意到了。赵元任认为"连动式类似并列结构在于能逆转而仍合乎语法,但是跟并列结构不同在于逆转之后可能改

---

① 赵旭. 汉语连动式研究［D］. 北京:北京大学,2014.

变意思"①。事实上不少并列结构也不能逆转，逆转之后同样是语法上可能，而语义上不能接受或改变较大。

赵旭所言其实是在说偶然并列（对称并列）和自然并列（非对称并列）的区别在于两者在语法上都可以逆转，但是语义上，对称并列逆转后不改变语义真值条件，而非对称并列逆转后语义上发生巨大改变或不符合语义逻辑。

从这一角度出发，本书认同赵旭的分析："先后动作"类属于语义上的"不能"逆转，而"时间限定"类属于语法上的不能逆转。具体来说，"先后动作"类连动结构前后 VP 逆转后语义发生较大的改变，重新界定了两个动作行为发生的时间顺序；"时间限定"类连动结构的 V1 后常常带有表达有界意义的完成体标记"了"，表达 V2 是在 V1 结束后发生的动作。这类连动结构前后 VP 互换位置后，前项 VP 因不是有界事件，无法提供后项动作行为开始发生的参照时间，因此不合法，例如：

（76）动作先后类

　　　a. 走出去打开门→打开门走出去

　　　b. 穿上鞋走出房间→走出房间穿上鞋

　　　c. 赶紧穿上衣服起床→赶紧起床穿上衣服

（77）时间限定类

　　　a. 吃了饭看电影→*看电影吃了饭

　　　b. 下了课打篮球→*打篮球下了课

　　　c. 干完了活休息→*休息干完了活②

同义说明类、转折类和因果类连动结构前后 VP 逆转后，也呈现出了语法或语义上的不可接受。具体来说，同义说明类中的肯否连动句，逆转后不符合并列语序中的第四条标准极值和评价（polarity and evaluation）③，即肯定在前，否定在后原则，以及正面评价在前，负面评价在后原则，例如：yes and no, admit or deny, accept or refuse, with or without, good and bad, friend or foe, right or wrong。其次，（78b）这类正反说明类连动结构 V2 的宾语同 V1 的宾语共指，V2 的宾语为空代词 e，要求必须受到其成分统沿域内的先行者 V1 的宾语"我的手"的成分统治，因此如果逆转，V2 后空代词 e 因无法受到约束而不能获得语

①　赵元任. 汉语口语语法［M］. 北京：商务印书馆，1979：165.

②　赵旭. 汉语连动式研究［D］. 北京：北京大学，2014.

③　HUDDLESTON R，GEOFFREY P. The Cambridge Grammar of the English Language［M］. Cambridge：Cambridge University Press，2002：1288.

义解读而不合法。（78c）解释说明类连动结构，以及转折类和因果类连动结构，语义上要求解释和说明的部分、逻辑上的结果类成分居后，否则违反语义逻辑关系以及人类认知规则。

（78）同义说明类连动结构

　　a. 他在家里不出门→＊他不出门在家里。

　　b. 张三握着我的手不放→＊张三不放握着我的手。

　　c. 张三鼓掌表示欢迎→＊张三表示欢迎鼓掌。

（79）转折类连动结构

　　a. 张三去了没找着→张三没找着去了。

（80）因果类连动结构

　　a. 张三骑马摔断了腿→＊张三断了腿骑马。

　　b. 张三打球扭了腰→＊张三扭了腰打球。

　　但是本书不同意赵旭将"方式—动作"类连动结构处理为同"时间先后"类连动结构一样也为语法上的不能逆转。事实上，"方式—动作"类连动结构前后 VP 逆转后，仍然合法。刘丹青①以及芮月英②分别都指出汉语"方式—动作"类连动结构 V1 和 V2 可以颠倒顺序，颠倒后的句子仍然成活，V1 仍然表示V2 的方式，连动结构内部的语义关系没有改变。例如：

（81）a. 小伙子拖着一只箱子走在大街上。→小伙子走在大街上拖着一只箱子。

　　b. 开着门睡觉→睡觉开着门

　　c. 低着头走路→走路低着头

　　d. 背着书包上学→上学背着书包

　　e. 拿着望远镜看戏→看戏拿着望远镜

　　f. 推着车进屋→进屋推着车

（82）a. 淋着雨干活儿→干活儿淋着雨

　　b. 着脸教训人→教训人着脸

　　c. 坐在桌前看书→看书坐在桌前

　　虽然"方式—动作"类连动结构前后 VP 颠倒后连动结构内部的"方式—

---

① 刘丹青. 汉语及亲邻语言连动式的句法地位和显赫度［J］. 民族语文，2015（3）：3-22.

② 芮月英. 一种能颠倒的连动结构［J］. 镇江师专学报（社会科学版），1995（2）：55-58.

动作"的语义关系没有改变，但是句末成分也就是信息焦点不同。徐烈炯和刘丹青①以及徐烈炯②的另一篇文章指出汉语的信息焦点或自然焦点或呈现焦点通常位于谓语动词之后的句末位置。也就是说，汉语的句末位置就是信息焦点的默认位置或者常规（canonical）位置。因此"方式—动作"类连动结构前后 VP 逆转之后，差别仅在于信息焦点不同而已，前者强调发生了"动作"，逆转后强调动作行为在什么"方式"下进行。

2．主从型连动结构

顾名思义，主从型连动结构的核心由构成连动结构的某项 VP 来承担，根据核心在前还是在后，可以分为前核心连动结构和后核心连动结构，分别对应核补连动结构和状核连动结构。状核连动结构指后一个 VP 为核心，前一个 VP 是后一个 VP 的修饰语，常常表达方式、工具、处所、时间、伴随状态等，例如：

（83）方式动作类连动结构

    a. 张三骑着马上山。

    b. 张三淋着雨干活。

    c. 张三抱着一摞书走了进来。

    d. 张三站在门口说话。

    e. 张三趴在桌子上写字。

    f. 张三蹲在河边洗衣服。

    g. 张三躺在草地上数星星。

    h. 张三用刀切了肉。

    i. 张三乘火车去北京开会。

    j. 张三总是上课说话。

（83a-c）中的 V1 都后接带有状态持续义的"着"，表达 V2 动作的发生过程伴随着 V1 的动作的进行或持续。（83d-g）V1 后接一个表处所的介词短语，V1 大多为姿势类语义的动词，表达 V2 动作发生时主体的状态或发生的处所。（83h）V1 是"用/拿"等已经虚化的动介词（coverb），引介 V2 的一个工具论元。（83i-j）VP1 表达主要谓语 VP2 动作行为的方式和时间。

核补连动结构指前一个 VP 为核心，后一个 VP 常常表达前一个 VP 的目的或结果。这里按照赵旭 V2 表目的义的连动结构③进一步分为动作目的类和规约

① 徐烈炯，刘丹青. 话题的结构与功能 ［M］. 上海：上海教育出版社，1998：95.

② 徐烈炯. 汉语是话语概念结构化语言吗？［J］. 中国语文，2002（5）：400-410。

③ 赵旭. 汉语连动式研究 ［D］. 北京：北京大学，2014.

目的类两类连动结构。例如：

（84）动作目的类连动结构

    a. 张三去北京开会了。

    b. 张三买了把刀切菜。

    c. 张三倒了杯水吃药。

    d. 张三劝李四好好学习。

（85）规约目的类连动结构

    a. 张三买了副围棋下。

    b. 张三找了本小说看。

    c. 张三买了架钢琴弹。

（86）动作结果类连动结构

    a. 张三喝酒喝醉了。

    b. 我跑忘了这件事。

动作目的类连动结构的 V1 总是带一个宾语，这个宾语常常表达 V2 发生的处所、工具、环境等，这里我们把兼语结构放在动作目的类连动结构中，主要是基于熊仲儒的分析。规约目的类连动结构也就是文献中常常提到的受事宾语共享类连动结构。动作结果类连动结构包括动词拷贝句和动结式两种句式①。沈家煊指出汉语"补语问题"的要害在于把动词后表事物的成分不管是动作对象还是动作结果一律叫"宾语"，而对动词后表性状的成分则区别对待，把表动作结果的分出来叫"补语"，这使得汉语语法体系在逻辑上缺乏自洽性。文中提出的解决方案是，取消"宾语"这顶帽子，保留"补语"这顶帽子，原来的宾语该戴"补语"帽子，即大补语概念②。那么（84—86）这几类连动结构都可以统称为动补结构或核补结构。

本文依据句法核心来对连动结构的分类法同古汉语连动结构分类角度吻合。梅广将连动结构分为三类：A 类连动结构为核心在后，从属在前；B 类只表先后连接，平行聚合，概念上很难区分从属和核心部分；C 类连动为表行动、目的关系的连动结构③。

（87）A 类连动

    a. 昭王南征而不复，寡人是问。（《左传·僖公四年》）

---

① 熊仲儒. 当代语法学教程［M］. 北京：北京大学出版社，2013：142-146.

② 沈家煊. 如何解决"补语"问题［J］. 世界汉语教学，2010，24（4）：435-445.

③ 梅广. 上古汉语语法纲要［M］. 台北：三民书局，2015：192-207.

    b. 遂舍，枕辔而寝，食马而食，驾而行，出奔中。（《左传·襄公二十五年》）

    c. 饥而死（《孟子·梁惠王上》）

    d. 哭而过市

    e. 坐而假寐

    f. 引领而望之（《孟子·梁惠王上》）

    g. 人立而啼

    h. 决起而飞

（88）B 类连动

    郑伯有耆酒，为窟室，而夜饮酒击钟焉，朝至未已。朝者曰："公焉在?"其人曰："吾公在壑谷。"皆自朝布路而罢。既而朝，则又将使子晳如楚，归而饮酒。庚子，子晳以驷氏之甲伐而焚之。伯有奔雍梁，醒而后知之，遂奔许。（《左传》）

除了"布路而罢"是 A 类连动之外，"归而饮酒"［回家之后就（再）饮酒]、"伐而焚之"（攻打并且烧毁了他的家）、"醒而后知之"［（酒）醒过后才知道这件事] 都是 B 类连动。

（89）C 类连动

    a. 登丘而望之。（《左传·襄公二十三年》）

    b. 陈鱼而观之。（《左传·隐公五年》）

梅广对上古汉语连动结构的分类中，A 类和 C 类相当于本文中的主从型连动结构，A 类是核心在后，C 类是核心在前。B 类连动结构相当于本文的非对称并列连动结构。

基于以上对汉语连动结构的重新分类和界定，Li 和 Thompson[①] 中第二类和第四类句式都应该排除在连动结构之外。（90a）两个 VP 可以互换位置而不影响句义，将其归入对称并列结构。（90b）小句作宾语结构，后一个 VP 所在的小句作第一个 VP 的宾语。（90c）小句作主语结构，第一个 VP 所在的小句作第一个 VP 的主语。（90b-c）其中一个 VP 是另外一个动词的论元成分，不符合 Aikhenvald 和 Dixon 对连动结构的定义[②]。（90d）第二个 VP 是对第一个 VP 的

---

① Li, Charles and Sandra A. *Thompson. Mandarin Chinese*：*A Functional Reference Grammar* ［M］. Berkeley：University of California Press, 1981：598-611.

② AIKHENVALD A Y, DIXON R M W. Serial Verb Construction：A Cross-linguistic Typology. Oxford：Oxford University Press, 2006：3-11.

宾语的进一步叙述和描写，称作连锁复句①，不符合连动结构"各 VP 联系同一主语，主语与各 VP 可以独立成句"的要求。

(90) a. 他天天唱歌写信。

b. 他否认他做错了。

c. 学蒙古语很不容易。

d. 我认识一个外国人会说中国话。

d'. 我认识一个外国人。

d''. *我会说中国话。（应为：外国人会说中国话。）

本节分别阐述了主从型两类连动结构的范围以及句法语义特征，基于核心方向参数，将主从型连动结构分为核心在前的核补连动结构和核心在后的状核连动结构。状核连动结构包括 V1+着+V2 结构，其中"V1 着"表达 V2 动作行为发生所伴随的状态，按照李可胜的说法，这类结构 V1 和 V2 动作行为发生的时段是重叠的；除此之外，状核连动结构还包括方式—动作、工具—动作、时间—动作等，这几个子类的共性特征是前动词 V1 的宾语常常是 V2 的一个非核心论元，表达 V2 动作发生的方式、所使用的工具、时间、处所等②。核补连动结构包括两大类：动作—目的和动作—结果连动结构。当 V2 表达 V1 的目的时，V2 常常表达一个未然事件；当 V2 表达 V1 的结果时，VP2 所指示的事件必须具有终结性特征（telicity）。

第三节　判定标准

广义汉语连动结构包括四大类型，每个类型之下又包括很多子类，因此有必要提出几个直观有效的测试手段区分连动结构和非连动结构，以及连动结构内部的差异，以有助于汉语连动结构习得和教学。

第一，语序。汉语连动结构的动词之间的顺序，严格遵守时间象似性原则。象似性即陈述的顺序和被陈述事件发生的顺序一致，也就是 Grice 所说的语用隐

---

① 邢公畹. 论汉语的"连锁复句"——对《官话类编》一书连锁复句的分析 [J]. 世界汉语教学，1990（3）：129-134.

邢公畹. 论汉语的"连锁复句"（续）——对《官话类编》一书连锁复句的分析 [J]. 世界汉语教学，1990（4）：224-236.

② 李可胜. 连动式的结构机制：PTS、情状特征和 VP 的外延 [J]. 外国语（上海外国语大学学报），2016（1）：23-31.

指（implicaturc）。李亚非①指出宾语共享与时间象似性紧密相关，宾语共享连动结构中两个事件发生的时间顺序不可被重新界定。汉语非对称并列 SVC、状核类 SVC 中除工具—动作和伴随—动作类 SVC 的其他类连动结构以及核补类 SVC 中的动作—目的 SVC（包括规约目的和一般意义的动作目的关系 SVC）、动作—结果 SVC 的前后 VP 都不可以任意调整顺序，否则改变语义甚至不合语法，例如（91）—（95）。例句（91a）的意思是萌萌先开门，然后出去；但（91a）句 VP1"开门"和 VP2"出去"颠倒顺序后所得到的（91b）的意思变成"萌萌先出去，然后开门"。（91）到（93）例中前后两个 VP 的顺序虽然可以颠倒，与并列结构相似，但句义发生了变化。而对称并列结构前后两个 VP 是可以任意互换位置，而不改变语义，见例句（94）和（95），并列的两个 VP 颠倒顺序后，句子合法且不改变语义。

(91) a. 萌萌轻轻地推开门走进去。

　　 b. 萌萌轻轻地走进去推开门。

(92) a. 萌萌站起来拍拍身上的土。

　　 b. 萌萌拍拍身上的土站起来。

(93) a. 他们乘飞机去西安了。

　　 b. 他们去西安乘飞机了。

(94) a. 多少年来，妈妈就是用这双缺少弹性和韧性的脚在家里家外忙碌，为我们洗衣做饭、买米买煤.

　　 b. 多少年来，妈妈就是用这双缺少弹性和韧性的脚在家里家外忙碌，为我们做饭洗衣、买煤买米。

(95) a. 相反地，商辂比以前更严格地督促她读书写字。

　　 b. 相反地，商辂比以前更严格地督促她写字读书。

通常来说，表达伴随、方式、工具、时间、处所的 VP 一定位于所修饰的 VP 前，但当说话者要特别强调修饰语或突然忘记，提供补充信息时，也会出现后置的情况。"前置状语+VP"是无标的语序，"VP+后置状语"通常需要停顿或用标点或者附加成分来标记，这样的有标记语序较无标的语序结构，多了一层额外的语用功能。以（96）方式动作类连动结构为例，说话者问"萌萌在干什么"，为了遵守 Grice 的合作原则，听者可以有 B1 和 B2 两种回答方式，这两种回答的信息量是一样的，但语序不同。B1 是无标的"伴随+动词"的语序，

---

① 李亚非. 形式句法、象性似理论与汉语研究［J］. 中国语文，2014（6）：521-530，575.

自然焦点为"思考"。B2 先回答了问题,接着还补充了额外信息,强调动词发生时伴随的状态。因为问句决定了句法上"思考"必须是焦点,但说话者想强调动词的伴随状态,这时,采用了停顿后,用"还"来引出额外补充信息,一方面丰富信息,一方面表达了说话者对"闭着眼睛"这一伴随信息的主观情绪。

(96) A:萌萌在干什么?

        B1:闭着眼睛思考呢。

        B2:思考呢,还闭着眼睛。

同理,方式—动作类连动结构前后 VP 也能颠倒顺序,而保持语义不变,只是突出的信息不同,即焦点不同。(97a) 强调切肉,(97b) 强调用刀,不是用锤子或勺子。也就是说焦点所促发的候选项集合不同,前者是事件的集合,可能的集合如 {切肉,杀人,切水果,做饭},后者可能的候选项集合如 {用手、用斧子、用锤子}。

(97) a. 萌萌用刀切肉

     b. 萌萌切肉用刀。

但是典型连动句式即表达动作先后关系的连动句,无论在任何情境下,前后两个 VP 都不能颠倒顺序,否则句子不合法或语义怪诞,见例句 (98)。例句 (98) 中相同的施事主语"萌萌"依次连续发出三个动作,分别为"摊开画布""提起画笔""作起画来",记作 A、B、C。根据三者不同的前后顺序,共有以下 6 种组合。除了 (98a) 严格按照动作发生的先后顺序排列的结构合法外,其他的句子都不合法,违反了时间顺序性原则。

(98) a. 萌萌提起画笔打开画卷作起画来。(A-B-C)

     b. *萌萌提起画笔作起画来摊开画布。(B-C-A)

     c. *萌萌作起画来提起画笔摊开画布。(C-B-A)

     d. *萌萌作起画来摊开画布提起画笔。(C-A-B)

     e. *萌萌摊开画布作起画来提起画笔。(A-C-B)

     f. *萌萌提起画笔摊开画布作起画来。(B-A-C)

但一般意义的动作—目的类连动结构中动词发生的先后顺序可以通过额外补充说明的形式进行逆转,而这种能逆转的情况也仅限于两项 VP 连用的连动结构中例如 (99),而同样表达动作目的关系的规约目的连动结构或受事宾语共享连动句中前后 VP 即便通过额外补充说明的形式进行逆转,语义也发生改变而不成立,见 (100)。

(99) 他提了一桶水浇了几菠菜。

     a. (不过他是先浇的菠菜,后提的水。)

　　b.（不过他是在浇菜的同时，提了一桶水。）

（100）＊他买了一份报纸看。（不过他是先看了报纸后买的。）

　　李亚非指出如果没有括号中的补充说明，例（99）会自然理解为提水在先，浇菜在后。但是有了括号中的补充说明后，如（99b）可以重新界定提水和浇菜这两个事件发生的时间顺序，而不改变句子的可接受程度①。例句（100）括号内的补充说明并不能改变句子里"买"和"看"所指事件的顺序。除非将两个"看"分别表述不同的阅读事件（比如括号里的"看"是为了先确定报纸是否具有购买价值，而连动式里的"看"是说买下以后会再重读这份报纸）。也就是说受事宾语共享类连动结构与非受事宾语共享连动句，前后 VP 绝对遵守时间顺序性原则或时间象似性原则，不可通过其他手段重新界定两个事件发生的时间顺序。

　　基于此，连动结构子类之间存在时序—语序对应等级，连动结构中严格按照时间发生的顺序且最不可逆转的是（规约目的类）受事宾语共享类连动结构，其次是动作目的类连动结构，再其次是典型连动结构（非对称并列连动结构），最后是方式动作类连动结构，它们大致对应的就是核补连动结构、非对称并列连动结构、状核连动结构。对称并列连动结构区别性特征就是前后成分可以任意颠倒而不影响语义真值条件，我们把连动结构内部子类所呈现的语序—时序对应等级总结如下：

（101）连动结构时序—语序对应等级

核补连动结构>非对称并列连动结构>状核连动结构>对称并列连动结构

（101）的这一等级说明了核补连动结构中前后 VP 的语序不可逆转，语法和语义上都不可以；非对称并列连动结构中前后 VP 语法上可以逆转，但逆转后语义发生改变；状核连动结构和对称并列连动结构中前后 VP 都可以逆转，且不影响句子的语义真值条件。从该等级也能发现，为什么 Baker② 和 Collins③ 以及李亚非④认为核补连动结构中的宾语共享连动结构是汉语典型连动结构？宾语共享连动结构前后动词的语序与时序强制要求一一对应，不可逆转且也不可以重

---

① 李亚非. 形式句法、象似性理论与汉语研究［J］. 中国语文，2014（6）：521-530，575.

② BAKER M. Incorporation：A Theory of Grammatical Function Changing［D］. Chicago：University of Chicago，1988.

③ Collins, Paul. 1997. Argument sharing in serial verb construction. Linguistic Inquiry, （28）：461-497.

④ 李亚非. 形式句法、象似性理论与汉语研究［J］. 中国语文，2014（6）：521-530，575.

新界定。但本书不认为宾语共享类连动结构是汉语连动结构的典型句式。汉语连动结构之所以成为一个特殊结构或者说是并列、偏正、动补、主谓结构以外的剩余类，不是因为它严格遵守时间象似性原则而是因为其句法核心无法确定，进一步说，其中心不是由某个 VP 来承担而是一个没有语音形式的功能范畴来充当。因此，从句法核心的视角看，非对称并列连动结构才是汉语连动结构的典型句式，也就是上文所说的自然并列型连动结构。其次，语序是否可以调整并不是汉语连动结构句法分析的难题，强式最简理论（SMT）认为 UG 其实非常简单，就是合并操作（merge），合并所生成的是一个无序的集合（unordered set），两个句法实体的顺序只是外化为语音表达式时的线性化要求①。

第二，时间语义关系。通过判断前后动词发生时段之间的语义关系来区别并列和主从型连动结构。李可胜指出非对称并列连动结构中第一个 VP 结束的时间要比第二个 VP 开始的时间早，也就是说第一个 VP 结束后，第二个 VP 才发生；对称并列连动结构没有时间先后关系的要求；状核连动结构的第一个 VP 发生的时段 t1 和第二个 VP 发生的时段 t2，这两者的交集不为空，即 $t1 \cap t2 \neq \Phi$。状核连动结构的 VP1 常常表达 VP2 发生的情景信息，包括时间、地点、方式、工具、伴随状态等，VP2 常常表达一个过程事件，在这一过程中伴随着 VP1 动作的发生。核补连动结构的第二个 VP 表达第一个 VP 事件的结果或目的，也就是说 VP2 是 VP1 事件所促发的一个目的事件论元或结果事件论元②。例如：

（102）a. 张三天天唱歌跳舞。

　　　　b. 张三推开门走出去。

　　　　c. 张三总是上课说话。

　　　　d. 张三平时骑自行车上班。

　　　　e. 张三用刀切肉。

　　　　f. 张三正趴在桌上写作业。

　　　　g. 张三开着窗户睡觉。

　　　　h. 张三倒了杯水喝。

　　　　i. 张三买了把刀切肉。

　　　　j. 张三跑忘了这件事。

（102a）是对称并列连动结构，VP1"唱歌"和 VP2"跳舞"这两个事件没

---

① BERWICK R, CHOMSKY N. Why Only Us：Language and Evolution ［M］. Cambridge, Mass：MIT Press, 2016：68-69.

② 李可胜. 连动式的结构机制：PTS、情状特征和 VP 的外延 ［J］. 外国语（上海外国语大学学报），2016（1）：23-31.

有时间先后关系，也没有必然的语义关联，只要张三每天发出"唱歌"和"跳舞"两个行为动作就可以，而不关心在一天的什么时刻、什么场景下发生。（102b）是非对称并列连动结构，要求VP1"推开门"和VP2"走出去"这两个事件发生的时段t1和t2必须呈现t1<t2的时间语义关系，即VP2是在VP1发生并结束之后才开始发生的。进一步来说，t1从"推"开始发生，截至"门开了"结束，而VP2"走出去"是在"门开了"之后才发生。这也是为什么说非对称并列连动结构的句法限制条件之一为要求VP1是个有界事件。（102c—g）属于状核连动结构，这类连动结构VP1发生的时段t1和VP2发生的时段t2有重叠，被称作聚合结构①。既然这类结构中t1∩t2≠Φ，势必要求VP1是非有界事件，这样才能保证t1和t2重叠，两个事件才有聚合的可能。（102h—j）属于核补连动结构，这类连动结构VP1和VP2之间的时间语义关系同非对称并列连动结构，即t1<t2，但不同点在于核补连动结构VP2与VP1共享V1后的名词成分。

第三，事件结构。前文提到非对称并列连动结构包含一个复数性事件结构，由几个子事件构成，子事件之间遵守时间顺序性原则，具体来说，复数性事件结构中的前一个事件必须是一个有界事件，后一个事件发生的时间必须在前一个时间结束之后。

对称并列结构也表达复数性事件，但是该复数性时间是由两个没有时间先后、没有语义关联的独立事件构成。

而状中连动结构表达一个简单事件，前一个VP表达后一个VP发生的情境信息，包括状态、工具、方式、时间等。述补连动结构也表达一个简单事件，后一个VP表达前一个VP事件的结果和目的。

换言之，非对称并列连动结构各VP之间并没有非核心论元依存的语义关系，只有时间语义关系，状中和述补连动结构各VP之间除了核心论元共享之外，还有非核心论元的依存关系。以（103）和（104）为例。

（103）萌萌穿上衣服跳下地跑了出去。

（104）萌萌昨天上山砍柴背回家炖了肉吃②。

（103）和（104）的差别在于，（103）三个VP之间没有像（104）那样通过非核心论元的共享达到语义的关联，而是通过时间上的先后关系实现语义衔

① 李可胜.连动式的结构机制：PTS、情状特征和VP的外延［J］.外国语（上海外国语大学学报），2016（1）：23-31.

② 刘丹青.2014.汉语连动式的句法库藏地位和显赫性——附论周边语言中的连动式.浙江工业大学：全国汉藏连动句式研讨会。

接。具体来说，（103）中"穿上衣服"这个事件结束之后才发生了"跳下地"这个事件，"跳下地"之后才发生了"跑了出去"的事件。这类非对称并列连动结构各 VP 之间如果有语音停顿，书面语表现为逗号相隔，则就变成了连贯复句。而（104）句中，"上山"的目的是"砍柴"，"砍柴"动作发生的地点在"山上"，"砍柴"之后"把砍的柴背回家"，接着"用背回来的柴炖肉吃"。从语义解读来看，前后两个 VP 除了主体论元相同之外，还共享其他论元。（103）类连动结构的宏事件结构或单一概念事件靠时间毗邻这一语义关系实现，而（103）类连动结构的简单事件通过非主体论元共指的方式实现。

最后，通过［±并列］、［±前后 VP 可调整语序］、［±VP1 有界］、［±主语共享］、［±受事宾语共享］等几个区别性特征，可以勾画出汉语连动结构的整体概貌，如图 3-2 所示。

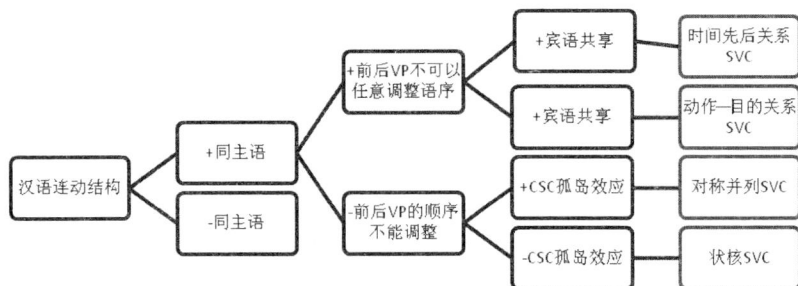

图 3-2　汉语连动结构语义特征地图

从图 3-2 可以看出，汉语连动结构最显著的特征之一就是"同主语"，根据［±同主语］和［±前后 VP 可任意调整语序］特征，可以将汉语连动结构分为典型和非典型两类连动结构；根据［±宾语共享］特征，可以将典型连动结构分为时间先后关系和动作目的关系两类连动结构；根据［±并列结构孤岛效应］特征，非典型连动结构可以分为对称并列连动结构和状核连动结构。

第四节　本章小结

以往的定义和分类总是从单一视角出发，得出的结论往往只抓住汉语某个方面的语言事实和特性。本文综合考查了国内学者对汉语连动结构的事实描写、跨语言对比视角下连动结构的类型学特征以及对比概念视角下连动结构的核心特征和共性，提出了广义汉语连动结构的概念。广义连动结构是基于形式上谓语是由多个动词构成的单小句结构，狭义连动结构是指句法核心不是由某个 VP 来承担的连动结构，即不容易确定其中心的连动结构。

"连动结构"之所以被冠以"大杂烩"的帽子是源于很多学者将形式上多个动词连用的结构都划入到了连动结构的范围内，导致其包罗万象的局面。其次，Aikhenvald 和 Dixon 指出"连动结构是一个容易发生语法化的结构"①，因此刘丹青认为"连动结构是介于并列和主从结构之间的独立结构，在语法化的过程中，分别向并列和主从结构发展"②。本书认为连动结构之所以容易发生语法化，让某个 VP 句法核心的地位凸显，另一个 VP 附属或修饰的性质变强，就是因为世界语言都遵守一个普遍原则即中心语原则（Headedness Principle）：句法结构中的每一个非终节点成分都是一个中心语的投射（Every nonterminal constituent in a syntactic structure is a projection of a head word）③。在最简方案理论框架下，连动结构语法化为非对称句法结构，是为了满足句法和音系层面接口的 LCA 条件（线性对应公理）。所以本书的基本理论假设是：连动结构的本质是一种非对称的句法结构。这一点也可以从汉语句法结构的历史演变中得到佐证。梅广指出，"历史上，汉语句法整个发展趋势是从并列到主从。上古汉语是一个以并列为主题结构的标准语言，中古以后的汉语则是一种以偏正为主体结构的标准语言"④。

本书不探讨汉语连动结构语法化的动态历史发展过程，只研究共时平面汉语连动结构的句法结构。如果从是否可再分，句法核心的确立等视角来看待汉语连动结构的话，汉语连动结构的典型句式其实是一种并列结构，具体来说是自然并列结构，是一种非对称并列结构。因为这类结构是句法上的对称，但语

① Aikhenvald A. Y. & Dixon R. M. W. Serial Verb Construction—A Cross-linguistic Typology [M]. New York：Oxford University Press, 2006：11.

② 刘丹青. 2014. 汉语连动式的句法库藏地位和显赫性——附论周边语言中的连动式. 浙江工业大学：全国汉藏连动句式研讨会.
刘丹青. 2015. 汉语及亲邻语言连动式的句法地位和显赫度 [J]. 民族语文，（3）：3-22.

③ RADFORD A. Analysing English Sentences：A Minimalist Approach [M]. Cambridge：Cambridge University Press, 2009：70.
KAYNE R. The Antisymmetry of Syntax [M]. Cambridge, Mass：MIT Press, 1994：4.

④ 梅广. 2015. 上古汉语语法纲要 [M]. 台北：三民书局, 2015：181-183.

义上呈现不对称的结构。句法上的对称指语类特征一致，前后 VP 只存在时间的先后或逻辑语义的先后关系；语义上的不对称指的语义重心总是偏向于某个 VP，常常是末位 VP。关于并列型连动结构这一提法，沈开木早在就基于时间先后关系连动结构的考察①，提出汉语连动结构应归入并列结构，是连动结构的原型范畴②。

　　因此，本章从汉语连动结构的典型句式入手，将广义"连动结构"看作是"并列"和"主从"两大基本结构类型的上位概念，基于几个区别性语法语义特征勾画出汉语连动结构语义特征地图，如表 2 所示。本章的分析表明：第一，广义现代汉语连动结构可以归类于现有的偏正结构和并列结构中去，而不需要在原有语法理论中额外增加一个基本结构类型"连动结构"，满足奥卡姆剃刀原则。第二，现代汉语连动结构的典型句式就是一种非对称并列连动结构，相连的 VP 之间存在一个无语音形式的功能范畴 F。

---

① 沈开木. 1986. 连动及其归属 ［J］. 汉语学习，(5)：19-21.
② 高增霞. 现代汉语连动式的语法化视角 ［D］. 北京：中国社会科学院研究生院，2003.

第四章

汉语连动结构的句法语义限制条件

在第三章，我们提出了广义汉语连动结构和狭义汉语连动结构两个概念，并且从句法核心的视角将汉语连动结构重新分类为主从型 SVC 和并列型 SVC，指出汉语连动结构的典型句式的本质是一种非对称并列结构。

下面从论元结构、动词及物性特征、时、体、语气、否定、被动、关系化、话题化等九个方面来考查汉语主从型和并列型两大类连动结构的句法语义限制条件。

第一节　论元

Aikhenvald 和 Dixon 认为连动结构至少共享一个核心论元[①]。Muysken 和 Veenstra 进一步指出共享主语或宾语的连动结构的表层结构只能有一个显性主语、一个显性宾语[②]。

对于汉语连动结构而言，除兼语结构外，其他类连动结构的主语都共享，结果类连动结构、规约目的类连动结构以及一般动作—目的类连动结构除主语论元共享外，还共享一个宾语论元，这个宾语论元可能是受事宾语、工具宾语、处所宾语或方式宾语，而兼语结构共享的是 V1 后的宾语成分。所有共享论元的连动句中，最多显性出现在一个句法位置，常常为前项 VP 内出现，在句法结构上居于高位 VP 结构内，下面例句（1—7）分别为典型连动结构（动作先后类 SVC）、结果类连动结构、规约目的类连动结构（受事宾语共享类 SVC）、一般动作—目的类连动结构、状核连动结构和兼语结构。

---

①　Aikhenvald A. Y. & Dixon R. M. W. Serial Verb Construction—A Cross-linguistic Typology [M]. New York: Oxford University Press, 2006: 1.

②　MUYSKEN P, TONJES V. Serial verb constructions [M] //EVERAERT M, RIEMSDIJK H (eds.). The Syntax of Companian. Oxford: Blackwell, 2006, 234-271.

（1）a. 我穿上衣服跳下地跑到车间。

　　 b. *张三穿上衣服，李四跳下地，王五跑到车间。

　　 c. *我穿上衣服，我跳下地，我跑到车间。

（2）a. 张三跑忘了这件事。

　　 b. *张三跑，李四忘了这件事。

　　 c. *张三跑，张三忘了这件事。

（3）a. 张三倒了杯水喝。

　　 b. *张三倒了杯水，李四喝。

　　 c. *张三倒了杯水，张三喝。

　　 d. *张三倒了杯水，张三喝了这杯水。

（4）a. 张三买了把刀切肉。

　　 b. *张三买了把刀，李四切肉。

　　 c. *张三买了把刀，张三用这把刀切肉。

（5）a. 他找了个干净地方放下箱子①。

　　 b. *他找了个干净地方，放下箱子（在）这个干净地方。

　　 c. *他找了个干净地方，把箱子放在这个干净地方。

（6）a. 张三拖着一只大箱子走在大街上。

　　 b. *张三拖着一只大箱子，李四走在大街上。

　　 c. *张三拖着一只大箱子，张三走在大街上。

（7）a. 张三派李四去打扫教室。

　　 b. *张三派李四，李四去打扫教室。

　　例句（1a）汉语连动结构的典型句式，连用的几个 VP 共享施事主语"我"，表达"我"相继发出三个动作，分别为"穿上衣服""跳下地"和"跑到车间"。这三个 VP 不能联系不同的施事主语，否则不合法，见（1b）。（1b）不再表达三个微事件在时间上的必然相邻关系，而是表达三个独立的命题、三个独立的事件，是一个联合复句结构，而不再是一个单句结构。除此之外，非对称并列连动句（1a）中相连的三个 VP 必须联系同一个施事主语且只能在句首有唯一的语音实现，否则不合法，见（1c）。（1c）变成一个包含三个分句的复句，且三个分句之间的关系较（1a）松散，不再具有像连动结构（1a）那样的

---

①　李临定. 现代汉语句型（增订本）[M]. 北京：商务印书馆，2011：169.

紧密的内部时间语义关系①。

例句（2）是结果类连动结构，谓语为"跑忘"，V1 和 V2 共享主语"张三"。这类连动结构中的 V1 和 V2 的主语不能异指，否则不合法，见（2b）；在保证 V1 和 V2 主语同指的条件下，主语"张三"只能显性出现在 V1 前，不能分别出现在 V1 和 V2 前，否则不合法，见（2c）。

例句（3—5）为核补连动结构中的规约目的连动结构（或受事宾语共享类连动结构）、一般动作目的连动结构（V1 的宾语为 V2 的工具宾语）和一般动作目的连动结构（V1 的宾语为 V2 的处所宾语）。这三类连动结构除了共享主语论元外，还共享一个宾语论元，所共享的论元成分只能显性出现在高位 VP 域内，否则不合法，见（3b—d）、（4b—c）以及（5b—c）。

例句（6）为状核连动结构中的伴随—动作类连动句，这类连动结构共享主语论元，若主语不共享，则句子不合法，见（6b）；共享的主语也只能出现在前项 VP 域内，否则不合法，见（6c）。

例句（7）为兼语结构，V1 的宾语同时为 V2 的主语，所共享的名词短语，也只能出现一次，不能重复出现，否则句子不合法，见（7b）。

传统语法中"肯否"类连动结构也只能有一个显性宾语，如例（8）②。

（8）a. 他拉住我的手不放（＊我的手）。

　　b. 他丢下活儿不干（＊活儿）。

　　c. 他更不会丢开柏芳不管（＊柏芳）。

　　d. 张福全莫名其妙地升起，而且丢下该补的炉体不补（＊该补的炉体）。

　　e. 老白，我今天抓住你这条大鱼不放（＊你这条大鱼）。

总而言之，汉语连动结构至少共享一个核心论元，所共享的论元成分只能出现一次，且只能出现在高位 VP 域内。

第二节　动词及物性特征

有些语言的连动结构对动词的及物性特征有特别的要求，但汉语连动结构

---

① 刘丹青. 2015. 汉语及亲邻语言连动式的句法地位和显赫度［J］. 民族语文，（3）：3-22.

② 李临定. 现代汉语句型（增订本）［M］. 北京：商务印书馆，2011：173.

的动词可以是及物的也可以是不及物的。以两个动词相连的连动结构为例，根据前后项 V1 和 V2 的所带宾语的数量，有如下 9 种可能组合：

表 4-1 汉语 SVC 动词及物性特征的可能组合

序号	V1	V2	
1	不及物动词	不及物动词	√
2	不及物动词	单宾及物动词	√
3	不及物动词	双宾及物动词	√
4	单宾及物动词	不及物动词	√
5	单宾及物动词	单宾及物动词	√
6	单宾及物动词	双宾及物动词	√
7	双宾及物动词	不及物动词	×
8	双宾及物动词	单宾及物动词	√
9	双宾及物动词	双宾及物动词	×

在这九种可能组合中，汉语不存在类型 7 和类型 9，即双宾及物动词与不及物动词不能相连、双宾及物动词不能与双宾及物动词相连。其他组合都可以在汉语连动结构中找得到，下面分别举例说明：

(9) V1+V2

  a. 我跑累了。

  b. 孩子哭醒了。

  c. 大娘的双眼哭瞎了。

  d. 我的肺快气炸了①。

  e. 他站着哭。

汉语不及物动词与不及物动词相连构成的连动结构大致又可分为两类：一类就是（9a—d）动结式结构，一类是"V 着 V"结构。学界对（9a—d）这类

---

① 施春宏. 动结式论元结构的整合过程及相关问题［J］. 世界汉语教学，2005（1）：5-21.

动结式结构大致有两种观点：有些学者认为是动结式复合词，V1 和 V2 是在词库中通过词法规则合并生成的复合词①；有些学者则认为动结式结构是在句法层面通过并入（incorporation）操作或基于嫁接移位同向，词汇核心在后，功能范畴核心在前的假设合并而成的动结式短语②。"V1 着 V2"结构是在句法层面通过合并而生成的，前项表达后项的伴随状态或背景信息，V2 是前景信息。

Aikhenvald 和 Dixon 强调"连动结构都有一个整体论元结构（overall argument structure）"③。那么，从整体论元结构视角看的话，动结式结构和"V 着 V"结构的整体论元结构数量是不同的："V 着 V"结构整体论元结构只有一个，即 V1 和 V2 的共享的主语，但是动结式结构的整体论元数量可以是 1 个，即 V1 和 V2 共享的主语，也可以扩展为含有两个论元的结构，比如（9a—d）可以分别扩展为"我跑累了那匹马""孩子哭醒了妈妈""大娘哭瞎了双眼""我快气炸了肺"。

（10）V1+V2+O2

　　a. 他跑忘了一切。

---

① 程工，杨大然. 现代汉语动结式复合词的语序及相关问题［J］. 中国语文，2016（5）：526-540.

LI Y F. On V-V compounds in Chinese［J］. Natural Language and Linguistic Theory，1990（8）：177-207.

LI Y F. 1993. Structural case and aspectuality［J］. Language，1993（69）：480-504.

LI Y F. On thematic hierarchy and causativity［J］. Natural Language and linguistic theory，1995（13）：255-282.

LI Y F. Cross componental causativity［J］. Natural Language and linguistic theory，1999（17）：445-497.

Li, Yafei. X^0: A Theory of Morphology-Syntax Interface［M］. Cambridge, Mass: MIT Press，2005.

Gu YANG. The Syntax of Resultative and Causative Compounds in Chinese［D］. Ithaca: Cornell University，1992.

Gu YANG. Aspect licensing, feature checking and verb movement in Mandarin Chinese［J］. *Cahiers de Linguistique Asie Orientale*，1998（24）：49-83.

何元建. 现代汉语生成语法［M］. 北京：北京大学出版社，2011：280-289。

王玲玲，何元建. 汉语动结结构［M］. 浙江：浙江教育出版社，2002：67-70.

② Baker, Mark. Incorporation: A Theory of Grammatical Function Changing［D］. Chicago: University of Chicago，1988.

熊仲儒. 2013.《当代语法学教程》［M］. 北京：北京大学出版社，2013：142-146.

熊仲儒. 英汉致使句论元结构的对比研究［M］. 上海：上海外语教育出版社，2015：213-222.

③ Aikhenvald A. Y. & Dixon R. M. W. Serial Verb Construction—A Cross-linguistic Typology［M］. New York: Oxford University Press，2006：13.

    b. 孩子玩丢了书包。①

    c. 他笑着点了下头。

    d. 萌萌哭着喊妈妈。

    e. 萌萌常常躺着看书。

    f. 萌萌出去买菜了。

汉语连动结构可以是不及物动词与单宾及物动词连用。这类结构又可以进一步分为三小类：动结式结构、V1 着 V2 和 V$_{趋}$+V2。例（10a—b）中 V1 和 V2 相邻，两者之间表达动作—结果关系；例（10c—e）中 V1 和 V2 之间插入持续体标记"着"，"V1 着"表达 V2 发生的伴随状态，两者构成伴随—动作的语义关系的状核连动结构；例（10f）中 V1 和 V2 也没有插入成分，V1 往往为简单趋向动词"来/去"或其复杂形式"出去/上去"等。

（11）V1+V2+IO+DO/V1+IO+V2+DO

    a. 萌萌笑着送给我一本书。

    b. 萌萌去给我送信了。

汉语不及物动词与双宾及物动词相连构成的连动结构中，V1 和 V2 之间要么插入持续体标记"着"，V1 表达 V2 发生的方式或伴随状态，如（11a）；V1 要么是趋向动词如（11b）。

（12）V1+O1+V2

    a. 萌萌抱着娃娃睡了。

    b. 张三捧着零分的试卷哭了。

汉语单宾及物动词和不及物动词形成的连动结构只有"V1+着 O1+V2"形式，前项 VP1 表达 VP2 行为动作伴随状态，且 V2 常常为非作格动词。

（13）V1+O1+V2+O2

    a. 他穿上鞋走出了房间。

    b. 他昨天在出口处举着牌子等客人。②

    c. 他买了把刀切菜。

    d. 他倒了杯水喝。

单宾及物动词与单宾及物动词相连所构成的连动结构可以表达时间先后

---

① 施春宏. 2005. 动结式论元结构的整合过程及相关问题［J］. 世界汉语教学，（1）：5-21.

② 刘丹青. 2015. 汉语及亲邻语言连动式的句法地位和显赫度［J］. 民族语文，（3）：3-22.

（13a）、方式—动作（13b-c）、动作—目的（13d）等语义关系。

（14）V1+O1+V2+IO+DO/V1+O1+V2+IO+（＊O1）

　　　a. 他闭着眼睛递给我一朵玫瑰花。

　　　b. 他特意制作了一盒巧克力送给我。

　　单宾及物动词和双宾及物动词相连所构成的连动结构，可以表达"伴随—动作"或"动作—目的"等语义关系。表达"方式—动作"的连动结构中的V1常常后面带持续体标记"着"，如（14a）；（14b）表达"动作—目的"关系的连动结构中，V1常常为制作类动词且V1和V2共享一个宾语，即V1的受事宾语与V2的直接宾语共享，但是这个共享的宾语只能语音实现于V1后，即只有一个显性的共享宾语，见第一节。

（15）V1+IO+DO+V2+（＊DO）／V1+DO+IO+V2（＊DO）/IO+V1+DO+V2（＊DO）

　　　a. 他曾经（送）给我一本书看。

　　　b. 他送了一本书给我看。（这里的"给"看作引入对象的介词）

　　　c. 他给我送/买了本书看。（这里的"给"看作引入对象的介词）

　　双宾及物动词与单宾及物动词相连所构成的连动结构常常表达动作—目的的语义关系，V1和V2存在一个共享宾语，即V1的直接宾语同时也是V2的受事宾语，但是因"只能有一个显性的共享宾语"，所以这个共享宾语成分只能显性实现于VP1域内。

第三节　时

　　汉语连动结构中的动词都具有相同的时态取值。汉语没有形态上的时态（morphological tense），因此在动词上看不到像英语-ed等语法上的时标记。汉语的时常常通过时间名词或时间副词等词汇手段来表达。下面通过时间名词"前天"和副词"刚刚"来测试，例如：

（16）a. 他刚刚推开门走出去。

　　　b. ＊他前天推开门今天走出去。

　　　c. ＊他前天推开门刚刚走出去。

　　　d. 他前天推开门，刚刚走出去。

　　郭锐指出现代汉语谓词性成分的时间参照有两种：内部参照，以句中的后续动作发生的时间为参照；外部参照，以外部世界的自然时间过程中的某一时刻为参照。外部参照使句子表示的状况在现实世界中定位，而内部参照只显示句子内部多个状况之间的时间关系，与现实世界的时间无关①。

从外部参照看，时间副词"刚刚"在（16a）中的辖域为连动结构的整体"推开门走出去"，也就是说"推开门"和"走出去"这两个动作行为都是在外部参照时间"刚刚"的范围内发生的。郭锐指出内部时间参照（internal time reference）是以语句内部后续事件发生的时间为参照。就（16a）而言，V1"推"的内部参照时间是其后续事件"走出去"发生的时间，即 $R_{推}$＝走出去时。如果构成连动结构的每个 VP 各自拥有一个不同的外部参照时间见（16b—c），那么在单句内很难成立，但是通过逗号隔开使其变成一个复句如（16d），原来不成活的句子又变得可接受了。

不仅表达动作先后关系的典型汉语连动句共享时范畴，除一般动作—目的类连动结构和兼语结构的其他类连动句中的各 VP 都共享时范畴。而一般动作—目的连动结构和兼语结构的前后 VP 可以各自带不同的时间名词或副词，例如：

（17）a. 张三刚才劝李四多读书。

　　b. 张三刚才劝李四以后要多读书。

　　c. *张三今天劝李四昨天要多读书。

　　d. *张三昨天劝李四，今天要多读书

（18）a. 张三刚刚买了把刀切菜用。

　　b. 张三刚刚买了把刀（要/想/好②）以后切菜用。

　　c. *张三今天买了把刀（要/想/好）昨天切菜用。

　　d. 张三昨天买了把刀，今天切菜用。

（19）a. 张三刚刚买了本书看。

　　b. 张三刚刚买了本书（要/想/好）以后看。

　　c. *张三今天买了本书（要/想/好）昨天看。

　　d. 张三昨天买了本书，今天看了。

（17a）属于 V1 为劝说类动词的兼语句，V1"劝"之前有时间副词"刚才"，V2"读"前插入时间名词"以后"所得到的句子（17b）仍然成立。但若在 V2 前插入时间名词"昨天"所得到的句子（17c）就不成立。（17b）和（17c）说明了 V2 前插入时间名词或副词是有条件的，在时间轴上，必须位于

①　郭锐. 汉语谓词性成分的时间参照及其句法后果［J］. 世界汉语教学，2015，29（4）：435-449.

②　（18b）中在 VP1 和 VP2 之间插入动词"好"，取"便于"义，引导目的小句。

V1 前的时间名词或副词所对应的时间点或时间段之后。若没有满足此条件，即便是在（17c）的两个 VP 之间插入逗号隔开，使其变成复句，所得到的句子仍然不成立，见（17d）。同理，（18—19）分别属于一般动作—目的连动句和规约目的连动句，前后 VP 除共享主语外，还共享一个宾语论元。具体来说，（18）句中 V1 的宾语"刀"还是 V2 行为动作的工具，（19）句中 V1 的宾语"书"同时还是 V2"看"的宾语。这类动作—目的类连动句同（17）兼语句具有相同的句法表现，即 V1 和 V2 可以各自带不同的时间名词或副词，但前提条件是保证修饰 V2 的时间名词或副词必须后于修饰 V1 的时间名词或副词，否则句子不成立，见（18c—d）和（19c—d）。

例句（17）兼语结构和（18—19）动作目的类连动结构在时范畴上所表现出的平行性，反映出兼语结构归类于广义动作目的类连动结构的合理性。不同于其他类连动结构，广义动作目的类连动结构的 V1 和 V2 允许各自带不同的时间词，时间词的辖域取窄域，即 V1 前的时间词的辖域为 VP1，V2 前的时间词的辖域为 VP2。但是，V1 和 V2 各自带不同的时间词是有条件的，必须保证 V1 和 V2 的时间上的先后关系，而这一时间先后关系也是动作—目的语义关系决定的。而以动作先后类的典型汉语连动结构为代表的其他类连动句强制要求共享时范畴，即只允许在 V1 前有时间成分，其语义辖域为［VP1+VP2］。

因此，严格来说，刘丹青通过论证得出"汉语连动式因受到单一事件语义限制，只能有一个时间限定语"[1] 的结论是不精确的，上述（17—19）中 b 例句就是该结论的反例。就现代汉语连动结构而言，上述结论应修正为"除动作—目的连动结构以外的其他类连动句式只能有一个时间限定语"。Aikhenvald 和 Dixon[2] 以及 Haspelmath[3] 所指出的连动式"只有一个时态"的特征对于汉语来说似乎是不适用的。汉语缺乏语法时态，时态在动词上没有具体的形态体现，只能通过时间名词或副词来测试，而事实显示时间名词或副词并不完全等同于语法时态。一种可能分析坚持"连动式只有一个时态"的观点，汉语的兼语结构和动作—目的连动结构不是真正的连动式；另一种可能分析，修正"连动式只有一个时态"的观点，这个结论只适用于有时态形态标记的语言，而不适用

---

[1] 刘丹青. 2015. 汉语及亲邻语言连动式的句法地位和显赫度［J］. 民族语文，（3）：3-22.

[2] Aikhenvald A. Y. & Dixon R. M. W. Serial Verb Construction—A Cross-linguistic Typology ［M］. New York：Oxford University Press，2006：1.

[3] HASPELMATH M. The Serial Verb Construction：Comparative Concepts and Cross-linguistic Generalizations ［J］. Language and linguistics，2016，17（3）：291-319.

于汉语。本书采纳后者，前者的理论代价比较大，会得到"汉语的受事宾语共享连动式不是连动式"的结论。这一结论显然站不住脚，因为"连动结构"这一概念源于 Baker 以及 Collins 对非洲语言受事宾语共享类连动结构的研究①，李亚非等更是例证此类连动结构才是连动结构的典型句式②。

因此，在第三章图 3-2 所示意的汉语连动结构语义特征地图中，除动作—目的类连动结构（包括兼语结构），汉语其他类连动结构只能有一个时间限定语（时间名词或副词），并且动作—目的类连动结构能带不同时间限定语是有条件的，必须保证 V1 和 V2 的时间先后的语义关系。

第四节　体

相对于比较贫乏的时标记，汉语的体标记是比较丰富的，"了、着、过"是汉语基本的体助词。体是一个比较难定义的复杂概念，Comrie 认为体是对情状内在时间构成所持的不同的观察方式③。主要的观察方式有完整体（perfective）和未完整体（imperfective）两类。未完整体可以分为惯常体和持续体，持续体又可分为进行体和非进行体。刘丹青认为"汉语连动结构的不同 VP 可以带不同的体标记，假如只带一个体标记，则其语义可以覆盖所有 VP，也可能只管辖单个动词"④。例如：

（20）a. 他吃了饭在休息呢。

　　　b. 许老伯走到大树底下蹲着。

　　　c. 父母卖房筹钱给女儿治好了大病。

　　　d. 小伙子拖着一只箱子走在大街上。

　　　e. 小敏拿着镜子照过。

（20a—c）都属于表达动作先后关系的汉语典型连动结构，这类连动结构 V1 要么带完成体标记"了"，要么不带任何体标记，而末位动词带不带体标记

---

①　Baker, Mark. Incorporation：A Theory of Grammatical Function Changing ［D］. Chicago：University of Chicago, 1988.

　　COLLINS P. Argument sharing in serial verb construction ［J］. Linguistic Inquiry, 1997（28）：461-497.

②　李亚非. 2014. 形式句法、象似性理论与汉语研究 ［J］. 中国语文, (6)：521-575.

③　COMRIE B. Aspect ［M］. Cambridge：Cambridge University Press, 1976：16-32.

④　刘丹青. 2015. 汉语及亲邻语言连动式的句法地位和显赫度 ［J］. 民族语文, (3)：3-22.

或者带什么体标记并没有特别的要求。比如（20a）V1"吃"带体标记"了"，而末位动词V2"休息"带进行体标记"在……呢"；（20b）V1动词"走"带了趋向补语"到"，末位动词V2"蹲"带了体标记"着"。（20c）句中只有末位动词"治"带了完成体标记"了"，其他动词"卖"和"筹"都没有带体标记。

根据陈前瑞汉语"着"的语法化路径（21），现代汉语伴随—动作类连动结构中V1后的"着"表示"状态的持续"，表示VP2是在VP1状态的持续中发生的，对应英语的现在分词标记-ing，用来表达对主要动词的修饰作用。

（21）"附着"义动词→结果补语→结果体 $\begin{cases}动作有结果→完成体→完整体 \\ 状态持续→进行体→未完整体\end{cases}$

刘丹青只提到"汉语连动式对体没有单一性限制要求"，但并未揭示汉语各类连动结构对"着、了、过"三个体标记的具体组配限制。刘文列举了动作先后类连动结构（19）和伴随—动作类连动结构（20）的体标记的使用情况，论证了"汉语连动结构的不同VP可以带不同的体标记，假如只带一个体标记，则其语义可以覆盖所有VP，也可能只管辖单个动词"[①]，但没有阐明这类连动结构对体标记的选择和添加位置的具体限制条件，以（22—23）为例来说明[②]。

（22）a. 他低下头叹了口气。

　　　b. *他低下了头叹口气。

　　　c. 他低下了头叹了口气。

（23）a. 他合上书点了根烟。

　　　b. *他合上了书点根烟。

　　　c. 他合上了书点了根烟。

（22）和（23）都是"动作先后"类连动结构，这类连动结构的VP1和VP2分别表达一前一后相继发生的两个动作行为。这类连动结构的前项VP1要求必须是复杂形式，一般为述补结构（还可能再带宾语），之所以要求VP1为

---

① 刘丹青. 汉语及亲邻语言连动式的句法地位和显赫度［J］. 民族语文，2015（3）：3-22.

② 赵旭. 汉语连动式研究［D］. 北京：北京大学，2014.

述补结构，是为了保证 VP1 有界性①。当 VP1 为述补结构时，V2 后带完成体标记"了"，句子成立见（22a）和（23a）。此时 VP1 和 VP2 都为有界事件，VP1 通过动词后带趋向补语来实现，VP2 通过在动词后加完成体标记"了"来实现。如果将体大致分为完整体和非完整体的话，（22—23）中的 a 例句的 VP1 和 VP2 共享体范畴，即完整体，但 VP1 和 VP2 使用不同手段来表达"完整体"：VP1 通过动词带趋向补语，VP2 通过动词后附加体助词。

上文提到了汉语连动结构的体标记可以管辖单个动词，但是将（22a）和（23a）中的 V2 后附的完成体标记"了"加在 V1 后，所得到的句子却不合法，见（22b）和（23b）。也就是说刘丹青所提到的"单一体标记管辖各个 VP"是有限制条件的。但是若（22b）和（23b）中的 V2 也后附体标记"了"，所得到的句子（23c）和（24c）又变得合法了。下面来分析一下（22—23）中 b 例句不合法的原因以及 a 和 c 例句合法的原因。

赵旭认为（22—23）这类连动结构的核心是 V2②，因此 V2 必有外部时间参照。按照胡建华和石定栩③的研究，（22—23b）因为句法核心 V2 没有外部时间参照，T 节点无法投射成 TP 而不满足句子完备条件，所以不合法。我们不同意"动作先后"类连动结构的句法核心为 V2 的观点，因此也不同意赵文的分析。我们认为正因为（22-23）这类连动结构是非对称并列结构，因此前后并联的 VP 要满足体的平行性要求（parallel in tense）④ 的研究，（22—23c）前后 VP 都附加了体标记"了"，满足了平行性要求，因此句子合法。除此之外，（22—23b）也违反了语言经济性要求，（22—23b）句中的 VP1 为述补结构已经满足了有界性要求，进而没有必要再在动词后附完成体标记"了"再次标记有界性特征，所以句子不合法。

下面进一步考查核补连动结构中表达广义动作目的关系连动结构的体标记

---

① 高增霞. 论连动结构的有界性［J］. 河南师范大学学报（哲学社会科学版），2007（2）：183-185.

李可胜. 连动式的结构机制：PTS、情状特征和 VP 的外延［J］. 外国语（上海外国语大学学报），2016（1）：23-31.

李可胜，满海霞. VP 的有界性与连动式的事件结构［J］. 现代外语，2013，36（2）：127-134.

② 赵旭. 汉语连动式研究［D］. 北京：北京大学，2014.

③ 石定栩，胡建华. 完句条件与指称特征的允准［J］. 语言科学，2005（5）：42-49.

④ Ross 指出并列结构要遵守三个限制要求，其中第三点为时体的平行性要求，否则不合法，例如：a. I went to the store and have bought some excellent whisky. b. * The excellent whisky which I went to the store and have bought was very costly.

ROSS J R. Constraints on Variables in Syntax［D］. Cambridge, Mass：MIT, 1967.

组配情况。

（24—26）分别为核补类连动结构中规约目的 SVC、一般动作—目的 SVC 以及兼语结构。

（24）a. 张三买了本书看。

　　　b. 张三买过一本书看。

　　　c. *张三买着一本书看。

　　　d. 张三买了一本书看过。

　　　e. 张三买了/过本书看了。

　　　f. *张三买了/过本书看着。

（25）a. 张三买了把刀切肉。

　　　b. 张三买过一把刀切肉。

　　　c. *张三买着一把刀切肉。

　　　d. 张三买过一把刀切肉了。

　　　e. 张三买了把刀切过肉。

　　　f. *张三买了一把刀切着肉。

（26）a. 张三请过/了李四吃饭。

　　　b. 张三请李四吃过/了饭。

　　　c. 张三请了李四吃过饭。

　　　d. *张三请着李四吃饭。

　　　e. *张三请过/了李四吃着饭。

（24—25）这类宾语共享类连动结构的 V1 可以带"了"或"过"，但不能带"着"，否则不合法，见（24—25）的 c 例句；除此之外，（24—25）中 V1 和 V2 都可以带体标记，V1 可以后加"了"或"过"，但 V2 也可以后加"了"或"过"但 V2 不能为"着"，见（24—25）的 f 例句。（26）为兼语句，V1 和 V2 可以单独后加体标记"了"或"过"，见（26a—b）；V1 和 V2 也可以同时后加不同体标记，见例句（26c）；但不能带体标记"着"，见（26d—e）。

因此，现代汉语动作—目的类连动结构的 V1 和 V2 可以带完成体标记"了"和经历体标记"过"，但不能带进行体或持续体标记"着"。此外，V1 和 V2 可以同时带完整体标记"了"或"过"。

现代汉语伴随—动作类连动结构中的 V1 带持续体标记"着"，V2 可以是任意体标记；动作—先后类汉语典型连动结构中非末位 VP 必须是有界的，因此在保证语义兼容的条件下，末位动词可以附加任意体标记，而非末位动词后可以附加完成体标记"了"。若末位动词后附完成体标记"了"，非末位动词后要么保持平行也附加"了",要么不加;若非末位动词已经是述补关系的复杂结构,实现了有界要求,则不需要再附加"了",若附加"了"则末位动词后也必须附加"了"。

第五节 语气

句子都有语气和语调,根据语气,句子可以分为四种类型:陈述句、疑问句、祈使句和感叹句。汉语连动结构作为一个单句,各VP共享语气范畴。例如:

(27) a. 妈妈坐汽车上街买回了江生喜欢的各种食品。(陈述)

b. 贵宾们乘飞机离开北京去西安参观了。(陈述)①

c. 上车买票!(祈使)

d. 对号入座!(祈使)②

(28) a. 他是流着眼泪上车的?(语调上升)

b. 他上街买菜了吗?(吗:表疑问语气,用于是非问句)

c. 他进去看画展啦?(啦=了+啊)

d. 他站在门口看热闹吧?(吧:表半信半疑语气)

e. 他去菜市场买肉馅儿做了几个红烧狮子头,是吗?③

(27a—b)是陈述句,其中(27a)没有语气词,是陈述语气的无标记形式;(27b)句尾用了语气词"了"④。不管是无标记形式,还是有标记形式,各VP都共享陈述语气这一语法范畴。(27c—d)是祈使句,句尾都使用了感叹号,表达祈使的语气,各VP也都共享祈使语气范畴。(28a—e)都是疑问句,分别使用了上升语调、吗、啦、吧、是吗等语法手段来表达疑问语气,是对连动结构所表达的整体事件进行疑问。

---

① 邢福义. 现代汉语 [M]. 北京:高等教育出版社,2015:217.

② 邢福义. 现代汉语 [M]. 北京:高等教育出版社,2015:217.

③ 刘丹青. 2015.汉语及亲邻语言连动式的句法地位和显赫度 [J]. 民族语文,(3):3-22.

④ 黄伯荣,廖序东. 现代汉语(增订五版)[M]. 北京:高等教育出版社,2011:100.

第六节 被动化

关于被动化，我们主要考查汉语连动结构各 VP 是否可以共享被动范畴以及哪个 VP 项内的宾语成分可以进行被动化移位操作。例如：

(29) a. 他推开门走了出去。

b. *那扇门被他推开走了出去。

(30) a. 他放下报纸打开了电视。

b. *电视被（他）放下报纸打开了。

c. *报纸被他放下打开了电视。

(29—30) 是现代汉语连动结构的典型句式，表达动作先后关系。对（29a）中的 V1 的受事宾语"门"进行被动化操作，得到（29b），句子不成立。对（30a）中 V1 的宾语"报纸"和 V2 的宾语"电视"分别提宾的被动化操作，得到的句子（30b—c）也不成立。但是在单动词的简单句里，受事宾语都可以进行被动化，如"那扇门被他推开了""报纸被他放下了"" 电视被他打开了"。由此可见，汉语典型连动结构是一种特殊的并列结构，不允许对任何一项 VP 内的宾语进行提宾被动化操作，否则会因违反 Ross 并列结构限制条件（Coordination Structure Constraint，CSC）① 而不合法。

状核类连动结构修饰语 VP 内的宾语不能进行提宾被动化操作，否则不合法，见（31b）；但是主要动词的宾语可以进行提宾进行被动化操作，见（32b）。从被动化测试，也能说明状核类连动结构的句法中心为 VP2，VP1 为修饰 VP2 的附加语（状语）成分，因此从附加语中提取成分，因违反附加语孤岛条件（Adjunct Island）而不合法。

(31) a. 张三拖着一只大箱子走在大街上。

b. *一只大箱子被张三拖着走在大街上。

(32) a. 张三总是上课打李四。

b. *李四总是被张三上课打。

下面来看一下核补类连动结构的情况，（33）为结果类连动结构，（34）为受事宾语共享类连动结构，（35）为一般动作—目的类连动结构，（36）为兼语结构，（37—38）为复杂连动结构。

---

① ROSS J R. Constraints on Variables in Syntax［D］. Cambridge，Mass：MIT，1967.

（33）a. 张三跑忘了这件事。

      b. 这件事被张三跑忘了。

（34）a. 张三杀了一只鸡吃。

      b. *那只鸡被张三杀了吃。

      c. 那只鸡被张三杀了红烧。

（35）a. 张三买了一把刀切肉。

      b. 那把刀被张三买了切肉。

      c. *那块肉被张三买了一把刀切。

      d. 那块肉被张三买了一把刀切碎了。

（36）a. 张三派李四打扫教室。

      b. *李四被张三派打扫教室。

      c. *教室被张三派李四打扫。

      d. 李四被张三派去打扫教室。

（33）结果类连动句中 V1+V2 复合动词所带的宾语可以提宾被动化，如（33b）。（34）为受事宾语共享类连动结构，V1 后所共享的宾语可以进行提宾被动化操作，但 V2 若是简单动词形式，所得到的句子接受度不是很高，见（34b）；若 V2 为复杂动词形式，接受度要高很多，见（34c）。（35）为一般动作—目的类连动结构，V1 的宾语同时也是 V2 的工具宾语，这类连动结构中 VP1 和 VP2 的宾语都能进行提宾被动化操作，见（35b—c），同（34）一样，V2 的宾语进行被动化操作时，V2 也要求是复杂动词结构形式，才能确保句子的可接受度，如（35c—d）。（36）为支使类兼语结构，V1 和 V2 后的宾语都能进行提宾被动化移位，但是 V1 后宾语移位至句首后，要求在 V1 后插入其连接作用、表达目的意义的"来"或"去"，句子才成立，对比（36b—d）。

（37）和（38）都是兼语连动混合的复杂连动句，（37）是一个由"吩咐""派""骑""去""取"五个动词连用的复杂连动句。而（38）是一个由"派""去""找""打扫"四个动词连用的复杂连动句。比照（34—36）例句的句法表现，（37）和（38）句中各 VP 域内的宾语都可以进行被动化移位操作，但是常常需要在被动句的提宾动词后插入"来"或"去"来帮助提高句子的接受度，如（37c）在动词"派"后插入"去"，为避免重复，原句动词"去"改为趋向动词"到"；（37d）在动词"取"后插入趋向动词"来"；（38c）在提宾动词"找"后插入"去"。这类连动句的被动句式需要通过在提宾动词后插入"来"或"去"提高句子接受度的句法表现跟英语 make 句的句法表现相似，见例（39）。英语 make 句的被动句式比主动句多了一个"to"，位于提宾动词后。

我们可以推测汉语连动句中表达连接作用的"来"和"去"大致相当于英语 make 句中的"to"。

（37）a. 她吩咐坤宁宫管事太监明日一早派人骑马去西郊玉泉山取新鲜泉水。

　　　b. 坤宁宫管事太监被（她）吩咐明日一早派人骑马去西郊玉泉山取新鲜泉水。

　　　c. 那个人被她吩咐坤宁宫管事太监明日一早<u>派</u>去骑马<u>到</u>西郊玉泉山取新鲜泉水了。

　　　d. 这桶新鲜泉水是被她吩咐坤宁宫管事太监昨日一早<u>派人骑马去西郊玉泉山取来的</u>。

（38）a. 张三派李四去找王五打扫教室了。

　　　b. 李四被张三派去找王五打扫教室了。

　　　c. 王五被张三派李四<u>找</u>去打扫教室了。

　　　d. 教室被张三派李四去找王五打扫了。

（39）a. John made me smile.

　　　b. I was made <u>to</u> smile.

被动化测试再次证明了现代汉语受事宾语共享类 SVC、一般动作—目的类 SVC、兼语结构高度的句法平行性，这类连动结构中 V1 和 V2 的宾语都能进行被动化操作，说明这类连动句在句法结构上只有一个 Spec-TP 位置，谓语为几个 VP 并列的复杂形式，而不可能为 TP 并列。除此之外，VP2 域内的名词成分能够移位至句首，至少说明 VP2 不是附加语，而是 V1 的补语成分（目的事件论元），这样才不会违反附加语孤岛条件。

例句（29—30）说明现代汉语表达动作先后关系的典型连动句的 VP 域内的宾语不能进行提宾被动化操作，否则因违反 CSC 而导致句子不合法；（31—32）说明汉语状核类连动结构主要动词的宾语可以进行提宾被动化操作，而修饰语动词语内的宾语不能提宾进行被动化移位，否则因违反附加语孤岛条件而导致句子不合法。

周国光[①]和沈开木[②]根据连动结构的主语与动词之间的施受关系，描写了三类特殊连动结构：受事主语连动结构、施受同体连动结构和换体传动连动结构。

---

① 周国光. 1985. 现代汉语里几种特殊的连动句式［J］.《安徽师大学报》（哲学社会科学版），(3)：93-103.

② 沈开木. 1986. 连动及其归属［J］. 汉语学习，(5)：19-21.

例如：

（40）受事主语连动结构

　　a. 下面的话"何况宰的是亲老子"，<u>压在舌头底下没说出来</u>。①

　　b. 主动句：＊压下面的话"何况宰的是亲老子"在舌头底下没说出来。

　　c. 主动句：把下面的话"何况宰的是亲老子"压在舌头底下没说出来。

（41）a. 他<u>被捕判了无期徒刑</u>。②

　　b. 主动句：（警察）逮捕了他判无期徒刑。

　　c. 主动句：（警察）逮捕了他并判他无期徒刑。

（40a）句子的主语是"下面的话"，与"压在舌头底下"和"没说出来"都存在动宾关系，意思是"压下面的话在舌头底下""没说出来下面的话"。据此，这类连动结构应归类为受事宾语共享类连动结构，在动词"压"前加上"被"字，使其转换为有标记的被动句"下面的话'何况宰的是亲老子'，被压在舌头底下没说出来。"但是（40a）不同于上文提到的受事宾语连动句，其受事主语"下面的话"无法直接还原到 V1 的后面，见（40b）。此句的前置的宾语是一个同位语结构，是一个复杂结构，因此只能借助"把"还原为主动句，见（40c）。

（41a）意思相当于"警察逮捕了他并判他无期徒刑"，代词"他"为 VP1 和 VP2 共享的宾语成分。这一点也佐证了我们前面对汉语连动结构动词的及物性组配可能项，单宾及物动词可以和双宾及物动词连用只能构成"方式—动作"类和"动作—目的"类连动结构，（41a）也是一个宾语共享的动作—目的类连动结构，因此共享的宾语成分可以提宾进行被动化移位。但（40b）同（40a）一样，被前置的宾语"他"很难直接还原为主动句，见（41b），比较自然的主动句需要在两个 VP 之间插入连词"并"，见（41c）。

（40—41）都属于宾语共享类连动结构，相连的 VP 之间表达动作—目的语义关系，共享的宾语也都能进行提宾被动化移位，而且"被"是对［V1+V2］整体的操作，其辖域范围为［V1+V2］。但是（40—41）这两例又不同于前文所提到的宾语共享类连动句，（40—41）很难直接还原为主动句，或者还原后就不

----

① 周国光. 1985. 现代汉语里几种特殊的连动句式［J］.《安徽师大学报》（哲学社会科学版），（3）：93-103.

② 沈开木. 1986. 连动及其归属［J］. 汉语学习，（5）：19-21.

再是单句结构如（41c）。所以，像（40—41）这样的宾语共享连动句只能用被动句式或受事主语句式。

下面来看一下周国光和沈开木提到的施受同体连动结构，如（42）所示：

（42）施受同体连动结构

　　a. 他犯了法被逮捕。

　　b. 我从大学新闻系毕业，<u>分到省报当记者</u>。

　　c. 高中毕业，我没有考上大学，开始帮我妈卖冰棍，后来招工，<u>分配到一家镇办小厂糊纸盒</u>。

　　d. 张立中学毕业后参军，当了四年汽车兵，<u>复员回来分配在水产公司当小车司机</u>。

除（42a）[1] 外，（42b—d）[2] 都含有一个分配义动词，句法表现类似例（38），所以施受同体连动句其实是兼语结构的被动句式。Aikhenvald 和 Dixon 称兼语句为功能切换连动式（switch-function SVC）[3]，功能切换和兼语的说法都是针对 V1 后的宾语成分来说的，它既是 V1 的宾语，又是 V2 的主语。兼语结构和受事宾语共享类连动结构虽同属广义动作—目的关系的核补连动结构，VP 域内的宾语也能提宾进行移位，但是"被"字的语义辖语取窄域，只管辖被提宾的 VP。

（42a）句中的"被"也只管辖 VP2"逮捕"，且"被"不能位于 VP1 前，即"*他被犯法逮捕了"，据此可以判定（42a）是 TP 并列复句，不再是单句连动结构。（44d）是一个四项动词连用的连动结构，分别为"复员""回来""分配在水产公司"和"当小车司机"。若使其变为有标记的被动句的话，"被"字只能插入在"分配"前，不能位于"复员"前，所以"复员回来"和"分配在水产公司当小车司机"之间是两个 TP 构成的连贯复句，其中"复员回来"是一个连动结构，"分配在水产公司当小车司机"是兼语结构，如（43）所示：

（43）张立　复员回来　　分配在水产公司当小车司机。

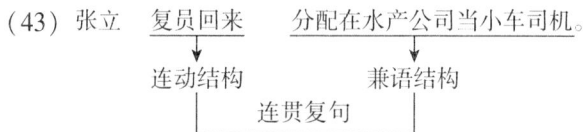

---

[1]　沈开木. 1986. 连动及其归属［J］. 汉语学习，(5)：19-21.

[2]　周国光. 1985. 现代汉语里几种特殊的连动句式［J］.《安徽师大学报》（哲学社会科学版），(3)：93-103.

[3]　Aikhenvald A. Y. & Dixon R. M. W. Serial Verb Construction—A Cross-linguistic Typology［M］. New York：Oxford University Press，2006：14.

(44) 换体传动连动结构

  a. 大孩子初中毕业，<u>他把他从村里领到这儿借读</u>。

  a'. 大孩子初中毕业，他从村里领他到这儿借读。

  <u>b. 我把刘钊同志叫来陪你</u>。

  b'. 我叫刘钊同志来陪你。

  c. 他还把春元楼会做淮扬菜的掌灶师傅找来教我。

  c'. 他还找春元楼会做淮扬菜的掌灶师傅来教我。

  从（44a—c）的例句①中可以看出，所谓换体连动结构其实就是动作—目的类连动结构的把字句式，其原句分别为（44a'—c'）。吕书湘在《把字用法研究》中就提到"使用把字句是因为动词的后面紧接着一些成分呢，不容许宾语插在中间，或是动词前头有特殊性质的副词，它们非放在宾语之后不可"②。（44a）动词 V1 后有补语成分"到这儿"，且动词前有状语成分"从村里"，（25a）用把字句比（44a'）更自然；（44c）动词 V1 的宾语"春园楼会做淮扬菜的掌灶师傅"是一个带定语从句的复杂名词短语，也就是张伯江③提到的"数量原则"因素，因此（44c）的"把"字句较（44c'）更自然。(44b) 把字句和非把字句（44b'）在接受度上没有显著差异。

  通过对周国光和沈开木提出的受事同体连动结构、施受同体连动结构以及施受换体连动结构例句的分析，受事同体连动结构基本对应的是受事宾语共享类连动结构的被动句式；施受同体连动结构对应的是兼语结构的被动句式；施受换体连动结构对应的是动作—目的类连动结构的"把"字句式。

  不同于一般的动作—目的类连动结构的被动句和把字句，周国光和沈开木所提到的大多数例句无法直接还原为正常的"主动宾"句式，或还原后句子不自然，更倾向于提宾的被动句或把字句，这样句子才更自然④。这里所摆出的语言现象与连动结构的"把""被"字句式选择有关，涉及信息结构、把被字句的使用条件等方面的因素，在此不赘述。

---

① 周国光. 1985. 现代汉语里几种特殊的连动句式［J］.《安徽师大学报》（哲学社会科学版），（3）：93-103.

② 吕书湘. 汉语语法论文集（增订本）［C］. 北京：商务印书馆，1984：175.

③ 张伯江. 论"把"字句的句式语义［J］. 语言研究，2000（1）：28-40.

④ 周国光. 现代汉语里几种特殊的连动句式［J］.《安徽师大学报》（哲学社会科学版），1985（3）：93-103.

  沈开木. 连动及其归属［J］. 汉语学习，1986（5）：19-21.

第七节　否定

汉语有两个否定词，"不"和"没（有）"。王欣指出作为事件否定词，"不"是未然事件否定词，"没（有）"是已然事件否定词；作为状态否定词，"不"是内部状态否定词，"没（有）"是外部状态否定词①。下面主要考查汉语各类连动结构否定添加的位置以及其语义辖域。

袁毓林指出并列结构的整体不能实施否定，各并列项只能被分别否定②。例如：

（45）a. 吃饭喝水→＊不/没有吃饭喝水→不/没有吃饭（也）不/没有喝水

　　b. 愁吃愁穿→＊不愁吃愁穿→不愁吃（也）不愁穿

　　c. 征服自然和改造自然→＊没有征服自然和改造自然→没有征服和改造自然→没有征服自然也没有改造自然

　　d. 美丽健康→＊不美丽健康→不美丽（也）不健康

　　e. 机智而勇敢→＊不机制而勇敢→不机智（也）不勇敢

　　f. 又痛又痒→＊不又痛又痒→又不痛又不痒→既不痛又不痒

赵旭指出在否定这一点上，"动作先后"类汉语典型连动结构在否定上的句法表现类似于并列结构，通常也只允许分别否定，不允许整体否定③。例如：

（46）a. 穿上衣服起了床→＊没穿上衣服起床→没穿上衣服（也）没起床

　　b. 站起来走了出去→＊没站起来走出去→没站起来（也）没走出去

　　c. 合上书点了根烟→＊没合上书点根烟→没合上书（也）没点根烟

　　d. 穿上鞋走出了房间→＊没穿上鞋走出房间→没穿上鞋（也）没走出房间

　　e. 放下报纸打开电视→＊没放下报纸打开电视→没放下报纸（也）没打开电视

也就是说动作先后类连动结构否定词的语义辖域总是取窄域解，以（47）为例，否定词"没"位于VP1前时，"没"只管辖［VP1推开门］见（47a）。当否定词"没"位于VP2前时，"没"只管辖［VP2走出教室］。

① 王欣."不"和"没（有）"的认知语义分析［J］. 语言教学与研究，2007（4）：26-33.

② 袁毓林. 并列结构的否定表达［J］. 语言文字应用，1999（3）：42-46.

③ 赵旭. 汉语连动式研究［D］. 北京：北京大学，2014.

(47) a. 张三<u>没</u>推开门走出教室。

　　语义辖域：没>［VP1 推开门］

　　意思是：张三没有推开门，但张三走出了教室。

　　b. 张三推开门（但）<u>没</u>走出教室。

　　语义辖域：没>［VP2 走出教室］

　　意思是：张三推开了门，但张三没有走出教室。

（47a）例句与肯定句"张三推开门走出了教室"相比，（47a）中 VP1"推开门"具有方式义，也就是说否定词"没"插入在时间先后类连动结构的 V1 前会打破两个动词短语之间句法地位的平衡，表现为降低 VP1 的句法地位，VP1 转换为 VP2 的从属成分，即方式状语。

下面来看一下状核类连动结构中否定词句法位置及其语义解读情况，例如：

(48) a. 张三昨天中午蒙着头睡觉。

　　b. 张三昨天中午<u>没</u>蒙着头睡觉。（没>［VP1］或没>［VP2］）

　　c. 张三昨天中午蒙着头<u>不</u>睡觉。（没>［VP2］）

(49) a. 张三常常用这把刀切牛肉。

　　b. 张三<u>从不</u>用这把刀切牛肉。（没>［VP1］或没>［VP2］）

　　c. 张三用这把刀<u>不</u>（去）切牛肉。（没>［VP2］）

刘永华认为否定词"不"位于 V1 前的状核连动结构，即"不 VP1VP2"形式，因重音、语境可以有不同的语义解读[1]。如（48-49b）所示，否定词的语义辖域可以只管辖 VP1，也可以只管辖 VP2，但是更倾向于指向方式状语 VP1，这种偏指解读是因为"人们的优势选择、优势理解而导致的"[2]。当否定词位于 V2 前时，否定词的辖域为［VP2］，而且 VP1 的句法地位也从从属性方式状语升格为主要动词，VP2 降格为 V1 的目的成分，见（49c）。最后，我们来看看核补类连动结构否定词的句法位置选择以及语义解读情况。

（50—52）分别是一般动作—目的连动结构、受事宾语共享连动结构以及兼语结构。文贞惠指出包含数量成分的连动结构与否定词"不"和"没有"不相容，所以（50—52）b 句不成立，删除数量成分之后所得到（50—52）c 句却成立[3]。否定词也可以位于 V2 前，只针对 VP2 进行否定，见（50-52d）；但是否定词位于 V1 前的连动句有歧义，否定词的语义倾向取宽域解，即对 VP1 和 VP2

---

① 刘永华. 连动结构否定表达的语义指向考察［J］. 语言与翻译，2006（1）：19-22.

② 刘永华. 连动结构否定表达的语义指向考察［J］. 语言与翻译，2006（1）：19-22.

③ 文贞惠. 现代汉语否定范畴研究［D］. 上海：复旦大学，2003.

的整体否定，在重音或特定语境下也可以取窄域解，即对 VP1 或 VP2 单独否定。

（50）a. 他飞去香港找一些资料。

b. *他没有/不飞去香港找一些资料。

c. 他没有飞去香港找资料。

d. 他飞去香港没有找资料。（没有>［找资料］）

（51）a. 他倒了一杯水喝。

b. *他没有倒一杯水喝。

c. 他没有倒水喝。

d. 他倒了一杯水没有喝。（没有>［喝］）

（52）a. 张三劝李四吸一根烟。

b. *张三没有劝李四吸一根烟。

c. 张三没有劝李四吸烟。

d. 张三劝李四不要吸烟。（不要>［吸烟］）

结果类连动句的否定式最为简单，语义最透明，否定词只有一个句法位置，即在 V1 前；否定词的语义解读总是取宽域，是对 V1 和 V2 的整体否定，如（53a—b）。

（53）a. 张三跑忘了这件事。

b. 张三没有跑忘这件事。

Haspelmath 指出连动结构的单小句特征可以通过否定测试来判断，即连动结构的否定是对相继发生的微事件所构成的概念事件的否定，否定标记常常位于连用动词之前或之后，并且取宽域①。而汉语连动结构的实际情况是，结果类连动结构的否定式要求否定词只能位于连用动词之前且总是取宽域解。目的类连动结构的否定式允许否定词在连用动词之前或 V2 之前，在连用动词前否定词倾向于取宽域解，但在重音或特定语境下也可以取窄域解；否定词位于 V2 前时，只否定 VP2。状核类连动结构的否定式同样允许否定词位于连用动词前或 V2 前，位于连用的动词前时，具有否定词偏指方式状语 VP1 的倾向；当否定词位于 V2 前时，VP1 的句法地位升格为句子的谓语中心。时间先后类连动结构的否定词同样可以位于连用的动词前或 V2 前，位于连用动词前，否定词总是取窄域，只否定 VP1，这时 VP1 的句法地位降格为方式状语；当否定词位于 V2 前

---

① Haspelmath, M. 2016. The Serial Verb Construction: Comparative Concepts and Cross - linguistic Generalizations［J］. *Language and linguistics*, 17（3）: 291-319.

时，只否定 VP2。最后，汉语典型连动句只能通过各项否定来实现整体否定。

第八节　关系化

Pan 指出汉语 A 杠依存关系结构包括关系化结构（relativization）、话题化结构（topicalization）、外置分裂焦点结构（ex-situ cleft-focus structure）、wh 疑问句（wh-dependency）①。本节主要考察汉语各类连动结构的关系化结构的句法表现。

（54）—（60）分别是非对称并列类连动结构（动作先后类）、时间先后类、方式—动作类、规约目的类和动作目的类连动结构。

（54）a. 李四推开门走进了张三的房间。

　　b. 推开门走进张三房间的那个人

　　c. 李四推开 *（它）走进张三房间的那扇门

　　d. 李四推开门所走进的那个房间

动作先后类连动结构只有最末项动词的宾语可以构成所字关系小句结构，如（54d），前项动词的宾语无法构成关系从句结构，除非在关系从句空位处被复指代词"它"填充才成立，见（54c）。（54a—d）关系化测试显示，汉语连动结构关系化呈现明显的主宾不对称，以及前后项宾语的不对称现象。主宾不对称体现在主宾语关系化难易程度上，主语较宾语更容易形成关系化结构；前后项宾语的不对称表现在关系化的难易程度，与前项宾语相比，后项宾语更容易进行关系化操作，前项宾语的关系化结构需要通过借助复指代词才成立。

（55）a. 他听着音乐写作业。

　　b. 听着曲子写作业的那个人

　　c. 他听着曲子所写的那份作业

　　d. *听着写作业的那首曲子

（56）a. 张三用刀切肉。

　　b. 用刀切肉的人

　　c. 张三用刀切的肉

　　d. *张三用切肉的刀

（55—56）分别为核补连动结构中的伴随—动作类 SVC 和工具—动作类

---

① PAN, V J. Resumptivity in Mandarin Chinese［M］. Berlin: De Gruyter Mouton, 2016: 27.

SVC。这类连动结构的主语和主要动词短语的宾语都能进行关系化移位，见（55—56）b 和 c 例句。但是修饰语 VP1 内的宾语不能进行关系化移位，见（55—56）中 d 例句。

下面来看下核补类连动结构的关系化测试情况。

（57）a. 他倒了杯水喝。

　　　b. 倒了杯水喝的那个人

　　　c. *他倒了喝的那杯水

（58）a. 他买了把刀切肉。

　　　b. 买了把刀切肉的那个人

　　　c. 他买了来切肉的那把刀

　　　d. 他买了把刀要切的那块肉

（59）a. 张三派李四去打扫教室了。

　　　b. 派李四去打扫教室的那个人

　　　c. 张三派去打扫教室的那个人

　　　d. 张三派李四去打扫的教室

（60）a. 张三跑忘了这件事。

　　　b. 跑忘了这件事的人

　　　c. 张三跑忘的事

（57）是规约目的类连动句，也是受事宾语共享连动句，这类连动句只有一个显性宾语，且这个显性的宾语不可关系化，见（57c）。共享的主语可以关系化，见（57b）。（58）是动作目的类连动结构，V1 的宾语同时也是 V2 的工具宾语。这类连动结构 V1 的宾语可以关系化，关系化后的句子在 V2 前要加"来"，见（58b），但是 V2 的宾语也可以关系化，但是需要在进行关系化操作的 V2 前插入"要"或"来/去"提高句子的接受度，见（58d）。（59）是兼语结构，V1 和 V2 的宾语以及主语都可以发生关系化移位，为了提高句子的接受度，同样需要在被关系化的动词后插入"来/去"。（60）是结果类连动结构，共享的主语和宾语都能进行关系化移位。

以上六类连动结构共享的主语都可以被关系化，成为关系化结构中的中心语，见（54-59a），它的构成方式是在相连的几个动词短语末尾加汉语关系化标记"的"，中心语位于"的"后，构成了主语论元关系从句结构（subject-argument relative clause）。而宾语能否关系化，表现不同，下面用表 4-2 来总结一下汉语 SVC 结构关系测试结果。

表 4-2 汉语 SVC 关系化测试结果

	主语关系从句	宾语 1 关系从句	宾语 2 关系从句
动作先后类 SVC	√	×	√
方式—动作类 SVC	√	×	√
动作目的类 SVC	√	√	√！
兼语结构 SVC	√	√	√！
结果类 SVC	√	√	
受事宾语共享类 SVC	√	×	

汉语各类连动结构关系化测试结果基本与 Francis 和 Matthews 的研究吻合。Francis 和 Matthews 实验结果表明：（1）将经常被解读为附加语的动词短语里的宾语关系化后，句子接受度低。（2）经常被解读为主要谓词或句法中心的动词也可以作附加语，即在表达动作目的关系时，是句法中心词；在修饰语—动词时，是作附加语①。

不仅是关系化，被动化、否定等句法测试手段都在一定程度上改变连动结构中主要动词和次动词之间的句法平衡。Francis 和 Matthews 提出了多模块分析方法，将语义和句法结构看成是平行而独立的两个结构，将中心语（head）与附加语（adjunct）的解读的区别转换为是主要谓词（main predicate）和语义修饰语（semantic modifier）之分，提出了语义限制条件：任何成分都不能从主要谓词的语义上的修饰语中移出。（Semantic constraint：no extraction is allowed from a constituent that semantically modifies the main predicate of a proposition.）

第九节　话题化

话题化的测试主要考察汉语各类连动结构中各 VP 内部能否进行提宾话题化移位。（61）是时间先后 SVC；（62—63）是状核 SVC，其中（62）是情态—动作类 SVC，（63）是工具—动作类 SVC；（64）是结果 SVC；（65—67）属于目

---

① Francis, E. J. & Matthews, S. 2003. Categoriality and Object Extraction in Cantonese Serial Verb Construction. Atlanta, Georgia：LSA Annual Meating, January 4.

的 SVC。

(61) a. 张三穿上衣服跳下地跑到车间了。

　　　b. *那件衣服啊，张三穿上跳下地跑到车间了。

　　　c. *那个车间啊，张三穿上衣服跳下地跑到了。

(62) a. 张三正趴在桌上读故事书。

　　　b. *那张桌子啊，张三正趴在读故事书。

　　　c. 那本故事书啊，张三正趴在桌子上读。

(63) a. 张三用刀切肉了。

　　　b. *那把刀啊，张三用切肉了。

　　　c. 那块肉啊，张三用刀切了。

(64) a. 张三跑忘了这件事。

　　　b. 这件事啊，张三跑忘了。

(65) a. 张三亲手制作了一盒巧克力给我吃。

　　　b. 那盒巧克力啊，张三亲手制作了给我吃。

(66) a. 张三买了把刀切肉。

　　　b. 那把刀啊，张三买了（来）切肉。

　　　c. 那块肉啊，张三买了把刀切（碎）了。

(67) a. 张三派人找李四打扫教室了。

　　　b. 那个人啊，张三派（他）去找李四打扫教室了。

　　　c. 李四啊，张三派人找（他）去打扫教室了。

　　　d. 那间教室啊，张三派人找李四去打扫了。

(61) 中将 V1 的宾语"衣服"和 V3 的宾语"车间"分别移位至句首作话题，所得到的句子都不成立，见（61b—c）。将状核 SVC（62—63）中的方式状语 VP1 域内的宾语"桌子"和"刀"分别移位至句首作话题，所得到的句子不合法，见（62—63b），但是将主要动词短语域内的宾语"故事书"和"肉"进行话题化移位，所得到的句子成立，见（62—63c）。（64）结果 SVC 中 V2 后的名词短语也可以进行话题化移位。（65—67）目的 SVC 中所有宾语都可以进行话题化移位，但是（66—67）受事宾语共享类 SVC 和兼语结构需要插入"来/去"以保证句子的合法和自然。

第十节 本章小结

Haspelmath 在对比概念视角下曾提出连动结构的十条共性特征①，本章通过对汉语各类连动结构论元结构、动词的及物特征组配、时、体、语气、被动式、否定式、关系结构以及话题结构，我们得出汉语连动结构九条共性和个性特征。

第一，汉语 SVC 至少共享一个核心论元，共享的论元成分只能出现一次，且只能出现在高位 VP 域内。

第二，汉语不存在双宾及物动词与不及物动词不能相连以及双宾及物动词与双宾及物动词相连构成的连动结构。

第三，除动作目的连动结构意外的其他类连动句式只能有一个时间限定语，动作目的类连动结构能带不同时间限定语是有条件的，必须保证 V1 和 V2 时间上的先后语义关系。

第四，现代汉语伴随—动作类 SVC 中的 V1 若带持续体标记"着"，V2 可以是任意体标记；非对称并列类 SVC 中非末位 VP 必须是有界的，因此在保证语义兼容的条件下，末位动词可以附加任意体标记，而非末位动词后可以附加完成体标记"了"。若末位动词后附完成体标记"了"，非末位动词后要么保持平行也附加"了"，要么不加；若非末位动词已经是述补的复杂形式实现了有界要求，则不需要再附加"了"，若附加"了"则末位动词后也必须附加"了"。

第五，共享一个语气值。

第六，非对称并列类 SVC 中的任意一项 VP 域内的宾语都不能进行提宾被动化移位；状核 SVC 只有主要动词短语 VP2 域内的宾语可以进行被动化移位；目的 SVC 中 VP1 和 VP2 域内宾语都能进行被动化移位，但常常需要在被提宾的动词后插入"来/去"来提高句子的可接受度，大致相当于英语 make 句被动式中的"to"。

第七，非对称并列类 SVC 只能通过各项否定来实现整体否定，结果 SVC、目的类 SVC 以及状核 SVC 需要将否定词位于连动短语的左缘位置来实现整体否定解读，当然，状核 SVC 更倾向于对 VP1 方式状语的否定解读。除此之外，当否定词位于非对称并列类 SVC 的左缘位置，目的类 SVC 和状核类 SVC 的 V2 前

---

① Haspelmath, M. 2016. The Serial Verb Construction: Comparative Concepts and Cross‑linguistic Generalizations [J]. *Language and linguistics*, 17（3）: 291–319.

时，VP1 和 VP2 之间的主次地位平衡会被逆转，即主要谓词地位降格为从属性成分，从属性方式成分升格为主要谓词。

　　第八，汉语各类 SVC 的主语都可以发生关系化移位，非对称并列 SVC 只有末位 VP 域内的宾语可以进行关系化移位；状核 SVC 只有主要动词短语域内的宾语能进行关系化移位；结果 SVC、目的 SVC（除受事宾语共享 SVC 以外）的 VP1 和 VP2 域内宾语都能进行关系化移位；受事宾语共享类 SVC 中共享的受事宾语不能进行关系化移位。

　　第九，非对称并列类 SVC 各项 VP 域内的宾语都不能进行话题化移位；状核 SVC 中只有主要动词短语内的宾语可以进行话题化移位；结果和目的类 SVC 中各项 VP 域内的宾语都能进行话题化移位，但是受事宾语共享类 SVC 和兼语结构的话题化结构中需要插入"来/去"来提高句子的可接受度。

第五章

汉语连动结构形成的动因

国内已有著作总是强调汉语连动结构与动结式结构、兼语结构、紧缩句和并列结构等结构的差异，侧重研究结构之间的不同点；以Stewart①、Aikhenvald和Dixon②为代表的国外学者则将动结式结构和兼语结构以及并列结构纳入连动结构的范围来研究。

本章主要通过考查汉语连动结构与动结式结构、兼语结构、紧缩句以及并列结构之间的共性特征和个性差异，揭示汉语连动结构形成的原因是语言经济性这一普遍原则，具体表现为句法上的S节点删除规则的限制以及语义上话题允准条件的约束。

第一节　连动结构及其相关句式的同和异

一、连动结构与动结式复合词

首先，现代汉语的动结式结构的来源与古汉语"而"字并列结构和连动结构有关系。程工和杨大然提到动结式结构有两个源头③：一个是并列结构的减缩，即意义关联但结构独立的短语由于连词脱落等原因而最终凝固而成的表达式。一个是来自分离式连动结构，该结构中表结果的成分是不及物的，传统上

---

① STEWARD O T. The Serial Verb Construction Parameter ［D］. Montreal：Mc Gill University，1998.

② Aikhenvald A. Y. & Dixon R. M. W. 2006. Serial Verb Construction——A Cross-linguistic Typology ［M］. New York：Oxford University Press，2006：1-10.

③ 程工，杨大然. 现代汉语动结式复合词的语序及相关问题 ［J］. 中国语文，2016（5）：526-540.

分为自动词和形容词两类，语义上一般也仅指向宾语①。梅广更是说出了动结式复合词和连动结构之间的历史演变关系，"而"字功能退化标示着汉语句法并列结构优势特征的逐渐衰落。动结式起初是一种 A 类连动（从属在前，核心在后的一类连动②的减缩形式，例如"刺杀之"（《战国策·燕策三》）就是"刺而杀之"（《战国策·齐策六》）的减缩；"化为"（臭腐复化为神奇）（《子·知北游》）是"化而为"（"化而为鸟"）（《子·逍遥游》）的减缩。经过合并而成的 V1V2 动结式，V1 表达方式或工具，V2 表达行为的结果。中古以后，动结式数量暴增，都属于新组合或经过重新分析的复合词，而不是句法层次的结构。

其次，连动结构和动结式复合词在形式上都是多个动词相连，动词之间没有表达句法依存关系的连接标记，共享至少一个核心论元，也存在像例（1）那样主语共享的动结式结构，而且只有一个时间限定语，例如：

（1）a. 张三昨天追累了李四。

　　b. *张三昨天追今天累了李四。

　　c. *张三昨天追了累李四。

最后，动结式结构前后动词成分的顺序不可任意调整颠倒，即遵守时间顺序性原则③。程工以及 Li 也指出汉语动结式复合词严格遵循时间象似性条件（Temporal Iconicity Condition，TIC）④。如（2a—d）不管是在 SVO 句、宾语前置句、被动句以及句子性主语句中，谓语"哭醒"总是致使事件"哭"在前，结果事件"醒"在后的顺序。

（2）a. SVO 句：孩子哭醒了张三。

　　b. 宾语前置句：孩子把张三哭醒了。

　　c. 被动句：张三被孩子哭醒了。

　　d. 句子性主语句：［孩子哭］哭醒了张三。

高增霞更是指出时序原则是连动式的结构原则，汉语连动结构就是对概念、逻辑、认知方式等先后顺序的临摹⑤。在这一点上，动结式结构也同样遵守时序

---

① 何元建. 现代汉语生成语法［M］. 北京：北京大学出版社，2011：280-289.

② 梅广. 上古汉语语法纲要［M］. 台北：三民书局，2015：199-203.

③ 戴浩一，黄河. 时间顺序和汉语的语序［J］. 国外语言学，1988（1）：10-20.

④ 程工 杨大然. 2016. 汉语动结式复合词的语序及相关问题［J］. 中国语文，（5）：526-540.

　　LI Y F. Structural case and aspectuality［J］. Language，1993（69）：480-504.

⑤ 高增霞. 现代汉语连动式的语法化视角［D］. 北京：中国社会科学院研究生院，2003.

原则这一结构规则。正如 Collins 所说 "动词性复合词与连动结构总体上的平行性是确定无误的"①。

通过以上三点，动结式结构纳入广义连动结构范围也是有道理的，因为动结式结构具有连动结构 "共享至少一个核心论元、只有一个时间限定语、前后动词的顺序不可重新调整" 等共性特征。

在第三章我们指出表达 "时间先后、动作相继发生" 的连动句为汉语连动结构的典型句式。下面以汉语连动结构的典型句式做参照，考查动结式结构与汉语连动结构的典型句式之间的差异表现。

第一，共享的核心论元。在第四章第十节我们也提到了汉语连动结构的共性特征之一是至少共享一个核心论元②。汉语典型连动式要求相连的几个 VP 短语共享施事主语，而构成动结式结构的 V1 和 V2 的主语不一定同指，也可以异指。施春宏穷尽性列举了汉语动结式结构的 19 种类型③，其中主语同指的见 (3)，主语异指的见 (4)。

(3) a. 张三站累了。

　　b. 张三睡醒了。

　　c. 张三听懂了这首诗。

　　d. 两项相减，我还倒赔了 1100 多元。

　　e. 他跑忘了一切。

(4) a. 张三哭湿了手绢。

　　b. 爸爸点亮了煤油灯。

　　c. 张三砍钝了这把刀。

　　d. 老师教会我唱歌。

Li 指出汉语 V-V 动结式结构的整体论元结构受到以下三个方面的限制④：

---

① COLLINS C. Multiple verb movement in Hoan ［J］. Linguistic Inquiry, 2002 (33)：1-29.

② Aikhenvald A. Y. & Dixon R. M. W. 2006. Serial Verb Construction—A Cross-linguistic Typology ［M］. New York：Oxford University Press, 2006：1-15.
Haspelmath, M. 2016. The Serial Verb Construction：Comparative Concepts and Cross-linguistic Generalizations ［J］. *Language and linguistics*, 17 (3)：291-319.

③ 施春宏. 2005. 动结式论元结构的整合过程及相关问题 ［J］. 世界汉语教学, (1)：5-21.

④ LI Y F. 1990. On V-V compounds in Chinese ［J］. *Natural Language and Linguistic Theory* 1990 (8)：177-207.

题元认同（theta identification）①、题元等级②和中心语特征渗透（head percola-tion）。其中，题元认同就是通过认同操作将 P（y）&Q（x）转化为 P（x）&Q（x）格式（其中 P 和 Q 代表谓词，x 和 y 代表变量），即将一个谓词中的变量与两个谓词的变量等同起来。题元认同其实是一个减少论元的过程，语义上是通过谓词修饰规则（predicate modification rule）来进行计算的。连动结构整体论元结构并没有像动结式结构那么复杂，它的价等于 V1 和 V2 动词的价之和减去共价和消价数③。

第二，动结式结构中两个动词之间一定存在致使关系，V1 一定为一个事件动词（event verb），V2 却常常为一个状态动词（state verb），例如：点亮、砍钝、唱哑等。除此之外，Stewart 以 Edo 语为研究对象，认为动结式结构中的 V2 只能是非宾格动词④。而汉语典型连动句中相连的动词之间不要求有致使关系，而且 V1 和 V2 常常都为动作动词，VP1 和 VP2 之间只有时间先后关系，V2 一般不能为非宾格动词，而是及物动词。

第三，汉语典型连动结构要求非末位动词短语必须是有界的，常常通过在动词附加趋向动词补语或完成体标记"了"的方式来实现有界要求，以便保证后续动词的发生。而动结式结构中的 V1 常常为过程动词，V2 为 V1 的结果补语，V1 因后附 V2 这个结果补语才具有有界特征。

第四，动结式结构的 V1 和 V2 之间可以插入"得"或"不"等补语标记，而汉语典型 SVC 的 VP1 和 VP2 之间不能插入"得"或"不"，如例（5—6）。（5a—b）"听懂"和"砍钝"为动结式结构，V1 和 V2 之间可以插入"得"或"不"；但是汉语典型连动句中 VP 之间不能插入"得"或"不"，否则句子不成立，见（6a'）和（6b'）

（5）a. 听懂→听得懂→听不懂

　　　b. 砍钝→砍得钝→砍不钝

（6）a. 张三推开门走出了教室。

　　　a'. *张三推开门得/不走出了教室。

---

① HIGGINBOTHAM J. On Semantics［J］. Linguistic Inquiry，1985（19）：547-593.

② GRIMSHAW J，MESTER A. Light Verbs andθ - Marking［J］. Linguistic Inquiry，1988（19）：182-205.
　　GRIMSHAW J. Psych Verbs and the Structure of Argument Structure［D］. Waltham：Brandeis University，1987.

③ 袁毓林. 述结式配价的控制——还原分析［J］. 中国语文，2001（5）：399-411.

④ STEWARD O T. The Serial Verb Construction Parameter［D］. Montreal：Mc Gill University，1998.

　　b. 张三穿上衣服跳下地跑到了车间。

　　b'. *张三穿上衣服得/不跳下地得/不跑到了车间。

　　第五，按照程工等人的分析，动结式结构属于词法层面的操作，而连动结构属于句法层面上的操作①。

　　程工对汉语动结式复合词的句法分析如下：动结式复合词是一个复杂谓语，表结果的成分具有词根性质，且含有一个没有语音实现的轻动词核心"BEC"，BEC 以表结果的词根为补足语，其指示语位置由一个内论元填充，如（7）所示：

（7）

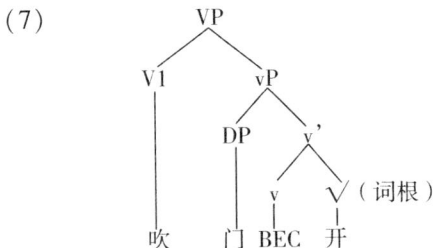

　　V1 表示活动动词，vP 指示语位置的 DP 承担客事的语义角色，轻动词 v 与表结果的词根合并。程工和杨大然指出分布形态学理论的分析很好地体现了动结式复合词与分离式动结结构之间的关系。动结式复合词的底层结构来自分离式动结结构，如上图所示，然后通过后句法操作，即在句法向音系式推导过程中通过形态合并（morphological merger）② 而生成的。如此一来，如果没有发生句法后的形态合并操作，我们就可以得到分离式动结结构或动结式的分析结构；如果句法后发生形态合并操作，我们就得到了动结式复合词结构。

　　第六，从跨语言的角度来看，不是所有分离式连动结构的语言都允许动结式复合词的存在，也就是说动结式复合词形成的条件要比连动结构更加严格。Williams 研究发现：VO 型语言的结果结构中，如果表结果的成分"尺寸"（size）很小，其基本语序是"动作—结果—宾语"（即动结式复合词+宾语）。与此同时，"动作—宾语—结果"（即分离式动结结构）作为非基本语序也可以存在。反之，如果表结果的成分尺寸很大，动结式复合词就不可能存在。判断成分尺寸的标准是看它能否受副词修饰：不能接受副词修饰的是小尺寸，能接

---

① 程工，杨大然. 2016. 汉语动结式复合词的语序及相关问题［J］. 中国语文，（5）：526-540.

② MARANTZ A. On the Nature of Grammatical Relation［M］Cambridge，Mass：MIT Press，1984：211-151.

受副词修饰的则是大尺寸①。

程工和杨大然②通过古汉语语料③、宁波话④、上海话⑤以及温州话分别例证了William⑥的观点：动结式复合词要求其表结果的成分尺寸很小（不受副词修饰、不能重叠等）。赵旭同样指出动结式整合高度最高，不能再在两个动词之间插入除"得、不"之外的其他成分，而动作目的类连动结构、规约目的类连动结构和兼语结构都可以⑦，例如：

（8）a. 他洗干净了衣服。

　　a'. *他洗很快干净了衣服。

　　b. 他买了本小说看。

　　b'. 他买了本小说兴致勃勃地看。

　　c. 他打了个电话报警。

　　c'. 他打了个电话吞吞吐吐地报警。

　　d. 我们请他参加舞会。

　　d'. 我们请他放心地参加舞会。

以上就是动结式结构与汉语连动结构之间的共性特征和个性差异。首先，现在汉语动结式来源于古汉语"而"字相连的连动结构；其次，二者都共享至少一个核心论元，共享的论元只能显性出现一次，而且只有一个时间限定语。最后，二者都严格遵守时间象似性原则，前后动词的顺序不可任意调整，否则不合法或改变语义。但是两者的差异主要体现在：第一，动结式结构的动词之间表达强致使关系，而汉语典型连动结构动词之间表达时间先后关系；第二，动结式的V1动词一般为过程动词，V2常常为非宾格动词，常常为形容词，表达V1动作行为的结果状态；而汉语典型连动结构的动词一般为动作动词，不能为形容词，而且非末位动词短语必须有界，才能保证后续动作的发生。第三，动结式结构动词之间的句法语义关系比汉语典型连动结构和分离式连动结构紧

---

① WILLIAMS A. Word Order in Resultatives［D］. Maryland：University of Maryland，2008.

② 程工，杨大然. 2016. 汉语动结式复合词的语序及相关问题［J］. 中国语文，(5)：526-540.

③ 徐丹. 从动补结构的形成看语义对句法结构的影响——兼谈汉语动词语义及功能的分化［J］. 语文研究，2001（2）：5-12.

④ 张琼. 宁波话动结式谓语句中主谓间的前置受事［D］. 上海：上海师范大学，2007.

⑤ 许宝华，汤珍珠.《上海市区方言志》［M］. 上海：上海教育出版社，1988.

⑥ WILLIAMS A. Word Order in Resultatives［D］. Maryland：University of Maryland，2008.

⑦ 赵旭. 汉语连动式研究［D］. 北京：，北京大学，2014.

密、整合程度更高①，因此很难在动结式结构的动词之间插入除了"不"或"得"以外的其他成分。第四，按照程工和杨大然的分析，动结式结构中 V1 和 V2 的结合是词汇层面的合并，而汉语典型连动结构中的 VP1 和 VP2 是句法层面的合并。当然，如果从合并的角度来说，动结式结构和连动结构都是合并操作的结果。因此，很多学者都将动结式结构划入连动结构的范畴②，我们也同意汉语动结式结构是广义汉语连动结构的一个子类，称其为结果类连动结构。

二、连动结构与兼语结构

黄伯荣和廖序东认为兼语短语就是由前一动语的宾语兼作后一谓语的主语，即动宾短语的宾语和主谓短语的主语套叠，合二为一，形成有宾语兼主语双重身份的一个"兼语"③。而兼语句就是由兼语短语处于句子核心位置的句子，根据兼语前一动词的语义，兼语句分为使令类、爱恨类、选定类和有字式。

朱德熙指出不少语法著作"V1+N+V2"结构中 N 指施事的一类称为递系式（或称兼语式），凡是 N 不指施事的统称为连动式，并且认为递系式的特点是其中的 N 具有双重身份，既是前边 V1 的宾语，同时又是后边 V2 的主语。连动式的特点则是 V1 和 V2 的主语相同④。这种看法恐怕不一定妥当。

朱德熙指出"V1+N+V2"的一类连动结构里，N 和 V2 之间的隐性语法关系是多种多样的，例如：

(9) a. 请客人吃饭

　　b. 派他当代表

　　c. 买一份报看

　　d. 给我一杯水喝

　　e. 买把刀切菜

　　f. 倒杯水吃药

　　g. 帮他洗碗

　　h. 找人聊天儿

　　i. 躺在床上看书

---

① 赵旭. 汉语连动式研究 [D]. 北京：，北京大学，2014.

② HWANG H. Serial Verb Construction in Chinese [D]. Honolulu：University of Hawaii，2008. Baker, Mark C. &Stewart, Osamuyimen T. 1999. "On double-headedness and the anatomy of the clause," manuscript, Rutgers University.

③ 黄伯荣，廖序东.《现代汉语》（增订五版）[M]. 北京：高等教育出版社，2011：48.

④ 朱德熙. 语法讲义 [M]. 北京：商务印书馆，1982：162.

　　j. 上北京开会

　　（9a—b）的 N 是施事，（9c—d）的 N 是受事，（9e—f）的 N 是工具，（9g—h）的 N 是与事，（9i-j）的 N 是处所。

　　不管（9a—j）的 N 与 V2 有什么语义关系，这些句子的共同点是：VP1 和 VP2 共享至少一个核心论元，这符合 Haspelmath 提出的连动结构共性特征①之一，所以以朱德熙为代表的学者将兼语结构纳入连动结构的范围，这与 Aikhenvald 和 Dixon 的处理方式一致。Aikhenvald 和 Dixon 将兼语结构称作功能切换连动式（switch-function SVC）②，但汉语学界常以主语是否共享标准强调连动结构和兼语结构是不同的独立句式，而忽略了两个结构之间的共性特征。

　　熊仲儒认同吴竞存和梁伯枢的观点，将使令义分为支使类和致使类。熊仲儒认为支使类兼语句表示使什么做什么③。主动词有"请、叫、派、催、逼、求、托、命令、吩咐、动员、促使、组织、鼓励、号召"等。致使类兼语句主要是由"使、令、让"等强致使义动词充当主动词的句子。选定类兼语句的前一动词有"选聘、称、说"等意义，兼语后的动词常为"为、作、是"等动作。

　　熊仲儒认为不存在身兼二职的兼语，否则会违反题元准则，第二个动词的逻辑主语为 Pro，且受到第一个动词宾语的控制。支使类兼语句受到致使范畴（Caus）、达成范畴（Bec）和目的范畴（Purs）的扩展；致使类兼语句是动词受转移范畴（Trans）扩展，该范畴选择两个论元，一个是致事情，一个是结果，前者表示活动子事件，后者表示状态子事件；选定类兼语句受到致使范畴、达成范畴和等同范畴（Iden）的扩展。

　　熊仲儒分析了能在第二个动词前插入"来、去"的兼语句，他认为这类兼语句跟目的连谓句在话题化、被动化和把字句等三个方面表现出高度的句法平行性④。

　　（10）a. 他买了份报纸看。

　　　　　b. 他买了把刀切肉。

　　　　　c. 人们用这种漆布铺桌面。

---

①　Haspelmath, M. 2016. The Serial Verb Construction：Comparative Concepts and Cross - linguistic Generalizations［J］. *Language and linguistics*, 17（3）：291-319.

②　Aikhenvald A. Y. & Dixon R. M. W. Serial Verb Construction—A Cross-linguistic Typology ［M］. New York：Oxford University Press，2006：14.

③　熊仲儒. 当代语法学教程［M］. 北京：北京大学出版社，2013：142-152.

④　熊仲儒. 英汉致使句论元结构的对比研究［M］. 上海：上海外语教育出版社，2015：213-222.

      d. 中国人用儒家的"仁、义、礼"评判社会的是非。

      e. 我们派他当代表。

      f. 我们请客人吃饭。

（11）话题化

      a. *报纸，他买看了。

      b. *刀，他买切肉了。

      c. *这种漆布，人们用铺桌面。

      d. *儒家的"仁、义、礼"，中国人用评判社会的是非。

      e. *他，我们派当代表。

      f. *客人，我们请吃饭。

（12）插入"来"

      a. 报纸，他买来看了。

      b. 刀，他买来切肉了。

      c. 这种漆布，人们用来铺桌面。

      d. 儒家的"仁、义、礼"，中国人用来评判社会的是非。

      e. 他，我们派去当代表。

      f. 客人，我们请来吃饭。

（13）被动化

      a. *报纸，被他买看了。

      b. *刀被他买切肉了。

      c. *这种漆布被人们用铺桌面。

      d. *儒家的"仁、义、礼"被中国人用评判社会的是非。

      e. *他被我们派当代表。

      f. *客人被我们请吃饭。

（14）插入"来"

      a. 报纸，被他买来看了。

      b. 刀被他买来切肉了。

      c. 这种漆布被人们用来铺桌面。

      d. 儒家的"仁、义、礼"被中国人用来评判社会的是非。

      e. 他被我们派去当代表。

      f. 客人被我们请来吃饭。

（15）把字句

      a. *他把报纸买看了。

　　　　b. *他把刀买切肉了。

　　　　c. *人们把这种漆布用铺桌面。

　　　　d. *中国把儒家的"仁、义、礼"用评判社会的是非。

　　　　e. *我们把他派当代表。

　　　　f. *我们把客人请吃饭。

（16）插入"来"

　　　　a. 他把报纸买来看了。

　　　　b. 他把刀买来切肉了。

　　　　c. 人们把这种漆布用来铺桌面。

　　　　d. 中国把儒家的"仁、义、礼"用来评判社会的是非。

　　　　e. 我们把他派去当代表。

　　　　f. 我们把客人请来吃饭。

　　（10a—b）是受事宾语共享类 SVC 或规约目的类 SVC，（10c—d）是一般动作目的类 SVC，（10e—f）是兼语结构。这六个例句分别进行话题化、被动化和把字句转换，所得到的（11a—f）、（13a—f）以及（15a—f）都不合法。但是这些不合法的句子可以通过在 V2 动词前插入表达"连接作用"的"来、去"使句子成活，见（12a—f）、（14a—f）以及（16a—f）。

　　熊仲儒认为（12a—f）、（14a—f）以及（16a—f）中的"来、去"不再是表达实在意义的趋向动词，而是已经虚化的、表达目的意义的连接词，大致等同于英语的"to"，（见第四章第七节），因此熊仲儒将这类表目的意义的"来、去"处理为目的范畴（PurP）的核心，并认为支使类兼语句和目的连谓句的句法构造是一致的，都是受到致使范畴、达成范畴和目的范畴的扩展。因此熊仲儒对兼语结构、目的类连动结构的分析如下①：

_____

　　① 熊仲儒. 当代语法学教程［M］. 北京：北京大学出版社，2013：142-152.

（17）a. 支使类兼语结构的句法结构

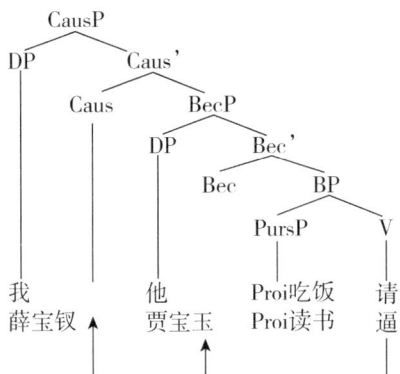

```
                CausP
          ┌───────┴───────┐
         DP             Caus'
          │         ┌─────┴──────┐
          │        Caus        BecP
          │         │      ┌─────┴─────┐
          │         │     DP         Bec'
          │         │      │      ┌────┴────┐
          │         │      │     Bec       BP
          │         │      │      │    ┌────┴────┐
          │         │      │      │  PursP      V
          │         │      │      │    │         │
          我        │      他     │  Proi吃饭    请
         薛宝钗  ↑        贾宝玉      Proi读书    逼
```

b. 致使类兼语结构的句法结构

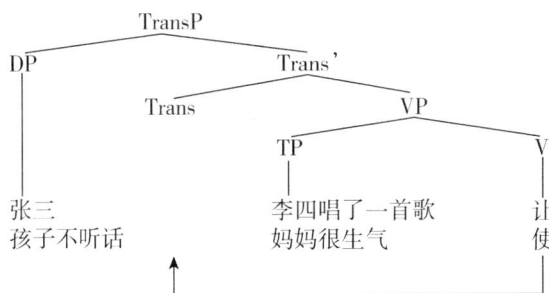

```
               TransP
          ┌──────┴───────┐
         DP           Trans'
          │        ┌──────┴──────┐
          │      Trans           VP
          │        │        ┌─────┴─────┐
          │        │       TP           V
          │        │        │           │
         张三               李四唱了一首歌        让
        孩子不听话           妈妈很生气          使
```

c. 选定类兼语结构的句法结构

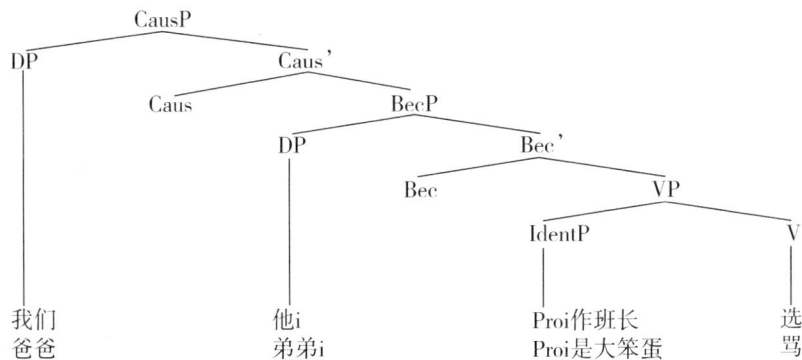

```
                CausP
          ┌───────┴────────┐
         DP              Caus'
          │         ┌──────┴───────┐
          │        Caus          BecP
          │         │       ┌──────┴───────┐
          │         │      DP           Bec'
          │         │       │       ┌─────┴──────┐
          │         │       │      Bec          VP
          │         │       │       │       ┌────┴────┐
          │         │       │       │    IdentP      V
          │         │       │       │       │         │
         我们               他i            Proi作班长       选
         爸爸               弟弟i          Proi是大笨蛋      骂
```

（18）a. 目的类连动结构的句法结构

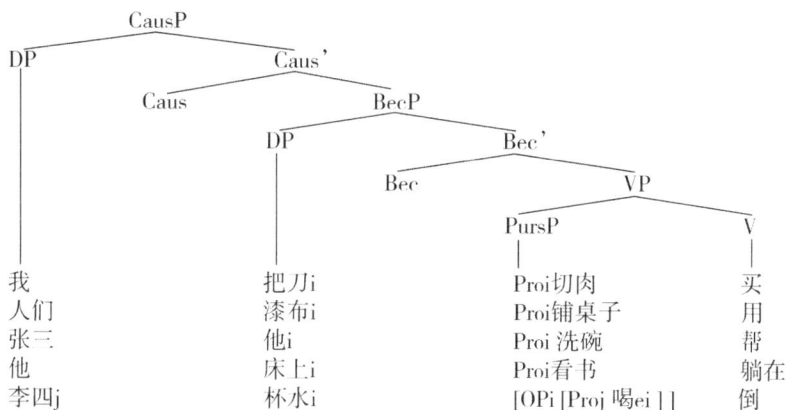

```
                    CausP
         DP                   Caus'
                    Caus            BecP
                              DP          Bec'
                                    Bec        VP
                                         PursP        V

    我            把刀i          Proi切肉           买
    人们          漆布i          Proi铺桌子         用
    张三          他i            Proi洗碗           帮
    他            床上i          Proi看书           躺在
    李四j         杯水i          [OPi [Proj 喝ei ] ]   倒
```

赵旭也指出动作目的连动式、规约目的连动式、兼语式、动结式形成一个整合程度不断提高的连续统。随着整合程度的提高，V2 的补充性功能越来越强，V1 的中心身份也越来越稳固，至动结式，V2 大多数由形容词充任，已很难与 V1 争夺中心的资格；从语义类型上来看，是一个 VP2 由表"目的"向表"结果"过渡的过程；从结构类型来看，是一个不断接近动补结构的过程，VP2 越来越接近于典型的补语①。

（19）补语化连续统

动作目的类连动式	规约目的类连动式	兼语式	动结式

→

语义类型：目的			结果
整合程度：低			高
结构类型：连动			动补

结合熊仲儒和赵旭的分析，第三章将动作—目的类 SVC、规约目的类 SVC、兼语结构以及动结式结构归类为核补类连动结构是合理的；而且动作—目的类 SVC、规约目的 SVC 和兼语结构三者之间有高度的句法相似性，可以统称为广义目的类 SVC。

杨大然根据兼语句 V1 的致使义特征的强弱，将 V1 动词分为二价 ECM 动词、三价 ECM 动词、二价控制动词和三价控制动词②。例如：

---

① 赵旭. 汉语连动式研究［D］. 北京：北京大学，2014.
② 杨大然. 兼语句的语义分类及其空语类的句法分布［J］. 解放军外国语学院学报，2006（1）：23-28.

（20）a. 逮几只蝴蝶做标本。

b. 捡起鸡毛当令箭。

c. 团长命令战士们冲锋。

d. 别强迫他做那件事。

e. 他们叫林黛玉作"潇湘妃子"。

f. 就命他为赤霞宫神瑛侍者。

g. 这件事使我很难堪。

h. 这个问题叫人摸不着头脑。

（20a—b）中的 V1 为二价控制动词，指派施事和受事题元，VP2 属于附加语成分；（20c—d）中的 V1 是三价控制动词，分别指派施事、受事和目标三个题元角色，VP2 是动词 V1 的目标论元成分；（20e—f）中的 V1 是三价 ECM 动词，分别指派施事、受事和结果三个题元角色，VP2 是 V1 的结果论元；（20g—h）中的 V1 是二价 ECM 动词，指派施事和述题题元角色，N+VP2 为小小句结构，整体被指派述题角色。根据杨大然对汉语兼语结构 V1 的动词的分类，可以看出：（1）兼语结构的 V1 动词一定是及物动词；（2）兼语结构可以分析为控制结构或提升结构两类。但在第四章第二节表 4-1 的汉语连动结构动词及物性特征的可能组合中，V1 也可以是不及物动词，而且汉语典型连动结构是一种非对称并列结构，不是控制结构也不是提升结构。

汉语连动结构和兼语结构有共性特征但也存在个性差异。

第一，兼语结构的典型句式中的 V1 动词常常含有致使或使令义，V2 表示结果，这一点跟动结式结构相似，但兼语结构中 V1 和 V2 之间一定有共享的名词性成分，动结式结构 V1 和 V2 之间没有其他成分阻隔。依照 Haspelmath 提出的连动结构的十条共性特征①，连动结构并没有要求 V1 一定是含有致使语义的要求。

第二，兼语结构和连动结构中相连的前后动词的顺序都不能任意调整，汉语典型连动结构的语序不可调整是因为遵守时间顺序性原则，而兼语结构的语序不可调整是遵守动作—目的/结果的语序原则②。

第三，兼语结构中的 V1 和 V2 无法独立成句，V1 是 V2 成句的必有条件，是 V1 的一个必有论元成分，而不是附加语。而汉语典型连动结构中 V1 和 V2

---

① Haspelmath, M. 2016. *The serial verb construction: comparative concepts and cross-linguistic generalizations* [J]. Language and Linguistics, 17 (3): 291-319.

② GREENBERG J H, 陆丙甫, 陆致极. 某些主要跟语序有关的语法普遍现象 [J]. 国外语言学, 1984 (2): 45-60.

都可以独立成句，二者之间没有谓词—论元关系。

第四，致使类兼语结构 V1 的主语可以是 V1 的施事、原因、方式、工具、时间等，V1 的宾语是其受事宾语，V1 的主语和宾语都必须显性体现。V2 的主语是空语类 Pro，它与 V1 的宾语同指，而且有多种语义关系。而汉语典型连动结构 V1 动词前的主语必须是 V1 和 V2 的施事主语，VP2 前的空主语必须指向 V1 的主语。

基于以上兼语结构和连动结构的同和异，我们认为兼语结构可以归为广义汉语连动结构的范围，具体来说，是一种核补类连动结构。

三、连动结构与紧缩句

黄伯荣和廖序东认为，"紧缩句由复句紧缩而成。紧，是紧凑，指语气上紧，隔开分句的语音停顿没有了；缩，是缩减，指结构上有些词语被压缩了。它是分句间没有语音停顿的特殊复句，又叫紧缩复句"①。只存在一重关系的复句可以紧缩成紧缩句，例如：

（21）a. 只要天一亮，就出去锻炼。（复句）

b. 天一亮就出去锻炼。（紧缩句）

紧缩句与单句连动句的差别仅在于有无关联词，例如：

（22）a. 他一坐下来就看书。（紧缩句）

b. 他坐下来看书。（连动句）

（22a）有关联词"一……就……"是紧缩句；而（22b）没有关联词，属于连动句。也就是说，紧缩句和连动句之间有时仅一副词之差，紧缩句去掉关联副词就成了连动句，而连动句如果加上连接动词性成分的关联词如"就""才""也"等，就成了紧缩句。

其次，紧缩句常常使用成对或单个关联词语标示分句间的关系，这些关联词大多是起连接作用的副词，如例（23—25）。

（23）a. 不问不开口。（假设：不……不）

b. 非去不可。（条件：非……不）

c. 不看也会。（假设：不……也）

d. 再说也没用。（假设：再……也）

e. 一学就会。（顺承或条件：一……就）

---

① 黄伯荣，廖序东.《现代汉语》（增订五版）［M］. 北京：高等教育出版社，2011：141 –142.

f. 越说越激动。（越……越）①

（24）a. 做了一个再做一个。（顺承：再）

b. 无私才能无畏。（条件：才）

c. 在哪儿你都要好好工作。（条件：都）

d. 说了又说。（并列：又）

e. 想笑又不敢笑。（转折：又）

f. 说了又怎么样。（假设：又）

g. 看看就长见识。（条件：就）

h. 你请我就来。（假设或条件：就）

i. 有手你就要工作。（条件或因果：就）

j. 想想也有几分高兴。（顺承：也）

k. 不睡觉也要做完作业。（假设：也）

l. 想起他也会感动。（假设或条件：也）

m. 条件不好也干出了成绩。（转折：也）

n. 他因为下雨不能来。（因果：因为）

（25）a. 人勤地不懒。（假设）

b. 争气不争财。（转折）

c. 面善心不善。（转折）

d. 雨过天晴。（顺承）

e. 爱信不信。（假设+并列）

从（24—25）可以看出，紧缩句的主语可以相同，也可以不同；可以承前省略或承后省略；可以全省或全不省。但连动句的主语要求必须相同，通常不能省略。

赵梅还指出紧缩句常常以对举的形式出现，前后两件十分的匀称；它常常借用谚语、格言、警句等，造成韵律和美的效果②，如（26）。

（26）打是心疼骂是爱。（谚语）

不当家不知柴米贵。（谚语）

人老心不老。（谚语）

雨过天晴。（成语）

赵梅所提出的这类对举形式的紧缩句，可以分析为词汇化的并列结构（lex-

---

① 沈阳，郭锐编. 现代汉语 [M]. 北京：高等教育出版社，2014：255.

② 赵梅. 现代汉语连动句和紧缩句的比较研究 [D]. 南昌：江西师范大学，2008.

icalized coordination)，凝固为表达特定意义的谚语和格言。

紧缩句和连动句可以独立成句，也可以充当复句的一个分句，见例句（27—28）。

(27) a. 他一坐下来就看书。

　　b. 虽然我一见便知道是闰土，但又不是我记忆上的闰土了。

(28) a. 他推开门走了出去。

　　b. 如果他推开门走了出去，那么他就是做贼心虚。

连动结构和紧缩句在语法功能上表现也非常相似。赵梅指出紧缩句可以作主语、谓语、宾语、定语、状语、补语、中心语，最主要的是谓语和宾语。

(29) a. 我一挨到床就呼呼地睡去。（谓语）

　　b. 我爹在床上一趟就是三天。（谓语）

　　c. 大量事实证明有理走遍天下。（宾语）

　　d. 他认为只要努力就一定有收获。（宾语）

　　e. "多行不义必自毙"是至理名言。（主语）

　　f. 他是个不见棺材不掉泪的主儿。（定语）

　　g. 他刚才还难过要命，现在又一脸雨过天晴地笑，真是翻脸比翻书还快。（状语）

　　h. 她委屈得一见妈妈就哭了。（补语）

　　i. 六月的天就像孩子的脸，一会儿是阴云密布，一会又是飞一般的雨过天晴。（中心语）

连动结构主要是作谓语，也可以作定语、状语、补语，在一定的条件下，还可以作主语和宾语。

(30) a. 他伸舌头舔舔嘴唇。（谓语）

　　b. 去图书馆看书的他回来了。（定语）

　　c. 我制定了一个去云南旅游的计划。（定语）

　　d. 他就这样坐着不动过了足足三个小时。（状语）

　　e. 他累得坐在地上爬不起来。（补语）

　　f. 躺着看书对眼睛不好。（主语）

　　g. 抓住不放不应该。（主语）①

　　h. 他喜欢开着灯睡觉。（宾语）

---

① 沈阳，郭锐.《现代汉语》［M］.北京：高等教育出版社，2014：255.

    i. 他同意出去买菜。（宾语）①

    紧缩句和连动句都可以独立成句，或成为复句的一个子句，而且在语法功能上也表现相似。

    根据 Haspelmath②、Aikhenvald 和 Dixon③ 对连动结构的界定，连动句必须是单句结构，且动词之间没有表达句法依存关系的连接成分。那么现在的关键问题在于界定紧缩句的句法性质：是带有连接副词的紧缩句单句还是复句？这个关键问题还牵涉到另外一个重要理论问题，如何判定汉语的单句和复句结构？

    赵梅指出紧缩句既不是单句，也不是复句，是以单句的形式表达复句的内容，是复句向单句的过渡④。沈阳和郭锐称紧缩复句为连环结构，他们认为"既然紧缩复句看作复句的紧缩形式，不是复句，那还是应该将其归入单句中的复谓结构"⑤。也就是说紧缩句相对于复句来说中间没有停顿，书面上表现为没有逗号，语流连贯，相对于连动句来说又多了连接两个动词性成分的关联副词。

    如果以是否有连词的标准来界定复句的话，连接副词看作是连词，那么紧缩句就是复句；连接副词不看作是连词的话，那么紧缩句就是单句。如果依据是否存在假设、条件、因果等逻辑语义关系来界定复句的话，则有连接副词的紧缩句就是复句。典型连动句的几个谓词性成分之间没有这些逻辑语义关系，也没有关联词语⑥。汉语的紧缩句虽有复句的关联副词，但又具有单句的语调连贯特征，书面语表现为一个句号，中间没有停顿或逗号。一个比较可能的分析就是紧缩句是从连贯复句紧缩而来，紧缩操作的句法规则为 S 节点删除规则⑦，使得两个独立的句子融合为一个单句。

    紧缩句的单复句难题一方面涉及汉语语法理论体系对单复句两个句法单位的界定标准问题，另一方面也反映了语言经济性原则驱动下汉语实际语言表达的丰富和多变性。坦白说，目前无法回答紧缩句单复句难题，但紧缩句这一句式的存在恰恰能帮助我们理解连动句产生和形成的动因和内在句法机制，这一点在后文详细说明。

---

① 沈阳，郭锐.《现代汉语》[M].北京：高等教育出版社，2014：255.

② Haspelmath, M. 2016. *The serial verb construction：comparative concepts and cross-linguistic generalizations* [J]. Language and Linguistics, 17（3）：291-319.

③ Aikhenvald A. Y. & Dixon R. M. W. Serial Verb Construction—A Cross-linguistic Typology [M]. New York：Oxford University Press, 2006：1-15.

④ 赵梅. 现代汉语连动句和紧缩句的比较研究 [D]. 南昌：江西师范大学，2008.

⑤ 沈阳，郭锐.《现代汉语》[M].北京：高等教育出版社，2014：255.

⑥ 邵敬敏.现代汉语通论 [M].上海：上海教育出版社，2001：254.

⑦ Ross, J. R. Constraints on Variables in Syntax [D]. Cambridge, Mass：MIT, 1967.

四、连动结构与并列结构

梅广指出连动（单句）和连谓（复句）都是就"而"字的叙事使用而论，因此都强调事件的时间关系①。他认为同主语"而"字句有两类不同的句法结构，一是单句，一是复句。上古汉语"而"字可以连接两个述语，构成连动（单句）；也可以连接两个谓语（predicate phrase），构成连谓（复句）。因汉语缺语法形态标记，实际分析起来难度很大。文中从叙事的角度出发，认为两件事合并为一件事的聚合为连动，两件事前后相承的承接为连谓（复句）。

英语的并列结构限制（Coordination Structure Constraint）② 规定并列复句的论元不能关系化（relativized），因此可以用来区分连动单句还是连贯复句。下面以英语为例来进一步阐释并列结构限制条件。（31a）单句内的论元成分"madrigals"可以关系化为（31b）；但（32a）并列复句中的论元成分"madrigals"不能关系化为（32b）。

（31）a. Mary sings the madrigals.

　　　b. the madrigals that Mary sings

（32）a. John plays the flute and Mary sings the madrigals.

　　　b. * the madrigals that John plays the flute and Mary sings

但是 Comrie 指出并列结构限制也有例外③，如例（33a—b）。

（33）a. I went to the store and bought a book.

　　　b. the book that I went to the store and bought.

按照并列结构限制条件，并列结构的特殊疑问句只能是（34b）形式，即两个并列支中的 Wh 成分都要进行移位，但是 Lakoff 指出并列结构也可以仅对一个并列支的某个成分进行提问，即一个并列支的 Wh 成分移位④，如（34c）所示。

（34）a. You can eat herbs and not get cancer.

　　　b. What can you eat and not get?

　　　c. What can you eat herbs and not get?

---

① 梅广. 上古汉语语法纲要 [M]. 台北：三民书局，2015：206-207.

② Ross, J. R. Constraints on Variables in Syntax [D]. Cambridge, Mass：MIT, 1967.

③ COMRIE B. Subordination, coordination：from semantics, pragmatics [M] // VAJDA E J (ed.). Subordination and Coordination Strategies in North Asian Languages. Amsterdam：John Benjamins, 2008：1-16.

④ ZHANG N N. Coordination in Syntax [M]. Cambridge：Cambridge University Press, 2009：17.

梅广认为上述例外可以解释为承接和聚合之分，也就是连动和连谓之分①。"went to the store and bought a book"是一个连动结构，表达一个事件，相当于一个述语结构，因此可以关系化；连谓结构是两个谓语结合而成，表达相承或相关的两件事，则不可以关系化。如果把"went to the store"和"bought the book"看成两件事，如"I went to the store and immediately bought the book"，这个句子的宾语就不可以关系化：＊the book that I went to the store and immediately bought。

Comrie 以及 Zhang 所举的 CSC 条件的反例都是同主语的并列结构，而且前后 VP 不仅有时间先后关系，而且 V1 的宾语也与 V2 存在语义关联，在我们第三章的图 2 的连动结构地图中当属于表目的意义的核补类连动结构。而目的类连动结构的宾语确实能够进行提宾移位（见第四章）。

梅广对反例的分析也是非常有道理的，所提出的"一个事件"和"两个事件"的区别，其实是在说两个 VP 之间的语义关联强度、整合程度、松紧关系，不插入副词成分的两个 VP 之间的关系要比插入副词"immediately"的两个 VP 之间的关系更紧密，更容易解读为一个事件，句法上表现为能否进行提宾移位，有条件的违反 CSC 限制。

也就是说表达单一事件的连动单句和表达两个事件的连贯复句之间有时是可以转换的，两者之间的差别可能仅在于说话者对两个 VP 的认知视角的不同，形式上表现为两个 VP 之间的距离，即两个 VP 之间没有任何成分阻隔，语义上越紧密，两个动作行为之间的时间间隔越短，那么越容易编码为一件事。下面通过不同语言的具体事例进一步说明。

赵旭指出"没有停顿"不代表不能停顿，"先后动作"类和"时间限定"类中间很容易插入停顿，书面表达以逗号的方式表示，就变成了连贯复句，编码为两个独立事件②。例如：

(35) a. 穿上鞋，走出了房间

　　　b. 穿上鞋走出了房间

(36) a. 放下手里的报纸，打开了电视

　　　b. 放下手里的报纸打开了电视

(37) a. 合上书，点了根烟

　　　b. 合上书点了根烟

(38) a. 低下头，叹了口气

---

① 梅广. 上古汉语语法纲要［M］. 台北：三民书局，2015：207.

② 赵旭. 2014. 汉语连动式研究［D］. 北京：北京大学，2014.

  b. 低下头叹了口气

（39）a. 吃了饭，看电影

   b. 吃了饭看电影

（35—39）中的 a 句都是连贯复句，b 句是连动单句。除汉语之外，其他语言同样存在类似情况，下面以粤语为例：

（40）a. Keoi^{5}dei^6 seng^{4}jat^6 hang^4- gaai^1 tai^2-hei^3.

   3pl   always   walk-street   see-movie

"They are always going out shopping and going to movies."

"他们总是出去购物看电影。"

  b. Keoi^{5}dei^6 seng^{4}jat^6 hang^4- gaai^1 tung^4 tai^2-hei^3.

   3pl   always walk-street and-also see-movie

"They are always going shopping and going to movies too"

"他们总是去购物，也总去看电影"

  c. Keoi^{5}dei^6 hang^4-gaai^1 laa^1, tai^2-hei^3 laa^1.

   3pl   walk-street PART see-movie PART

"They are always going out shopping and going to movies"

"他们购物，看电影"①

（40a）为连动单句，（40b）动词之间插入连接词 tung4，（40c）动词之间用逗号表停顿，（39b-c）因动词之间的连接词和逗号停顿而解读为复句结构。

  以上分析了连动单句和并列结构中的异主语并列复句和同主语的连贯复句之间的同和异，但是广义的并列结构不仅包括并列复句和连贯复句。

  广义并列结构可以是词的并列、短语并列、小句并列甚至复句并列，并列后可以是复合词、短语、单句和复句。并列结构也可以是不同语类成分的并列，包括名词性成分并列、动词性成分并列等。典型连动结构是动词短语并列，并列后为单句，因此典型连动结构只是广义并列结构中的一种形式。具体阐述如下：

  第一，并列结构允许非词合并，允许词和语素的合并、允许非结构体的合并，见（41—46）。连动结构必须是动词或动词短语的连用。

---

① MATTHEWS S. On serial verb constructions in Cantonese ［M］//AIKHENVALD A Y, DIXON R M W（eds.）. Serial Verb Construction—A Cross-linguistic Typology. New York：Oxford University Press，2006：69-87.

(41) a. to study psycho- and socio-linguistics

　　　b. postmen and-women

　　　c. intelligent yprofunda-mente（西班牙语）

　　　'intelligent and profoundly'

　　　d. Please list all the publications of which you were the sole or co -author①

(42) 非结构体（constituent）的合并

　　　a. Ken talked［quietly yesterday morning but loudly this afternoon］.

　　　b.［Jack might but Jill will］sue the pharmaceutical company.

　　　c. 嫌疑人去过［银行两次、邮局一次］。

　　　d.［小陈昨天、老赵今儿早上］都去探望过病人了。②

(43) a. 李四送了［张三一本书，王五一支笔］。

　　　b. Sarah sent［me a letter and her sister a package］.

(44) 把字句③

　　　a. 急得我把［帽子也摘了，马褂也脱了］。

　　　b. 这一趟把［往日没见过的世面也见着了，没吃过的东西也吃着了］。

　　　c. 把［小脖颈儿一梗梗，眼珠儿一转］，心里说道，"这话不错。"

　　　d. 孩子在外面同小伙伴打架，把［新帽子扯破了一块，新鞋也弄丢了一只］。

(45) 被字句④

　　　a. 他被［张三骂了两声，李四踢了一脚］。

　　　b. 所以有些人虽幸免于枪弹，仍是被［木棍、枪柄打伤，大刀砍伤］。

　　　c. 庄稼被［人踏马踩炮轰］。

　　　d. 他被［亲人怀疑外人指责］。

---

① ZHANG N N. Coordination in Syntax［M］. Cambridge：Cambridge University Press, 2009：17.

② 李亚非. 从并列结构的句法条件看边缘语料的理论意义［J］. 当代语言学，2019，11（4）：289-298.

③ 熊仲儒.《英汉致使句法论元结构的对比研究》［M］. 上海：上海外语教育出版社，2015：225.

④ 熊仲儒.《英汉致使句法论元结构的对比研究》［M］. 上海：上海外语教育出版社，2015：226.

(46)"的"字句①

　　a.［真的 e、善的 e、美的 e］东西

　　b.［白的 e 或黑的 e］裤子

(47)其他②

　　a.［我经常 e 而他很少 e］抽烟。

　　b.［所有的男孩儿都喜欢 e 而所有的女孩儿都讨厌 e］那个歌手。

　　c.［我喜欢 e 而他不喜欢 e］喝啤酒。

第二，并列结构可以是复合词、短语、复句和群组，并列成分可以是名词性、形容词性或动词性的等。此外，汉语还大量存在不同词类的并列。(48)是词和词并列形成的并列复合词，复合词可以是名词性的、形容词性的，也可以是动词性的成分的合并，两个名词性成分合并所组成的复合词可以是名词性的，如灯火、车马，也可以是形容词性的，如矛盾、势利、江湖、窝囊等。两个形容词性成分并列所形成的复合词可以是名词性结构，如烦恼、尊严，也可以是形容词性结构，如贵重、懒惰、新鲜、奇怪等。两个动词性成分合并所构成的并列复合词可以是名词性结构，如教授、编辑、呼吸等，也可以是形容词性结构，如踊跃、保守等，也可以是动词性结构，如依靠、失败等。

(48)词+词＝复合词③

　　a. 名词+名词：弩弓 、湖泽、晦朔、原委、矛盾、势利

　　b. 形容词+形容词：肥胖、高大、快乐、痛苦、烦恼、尊严

　　c. 动词+动词：替代、恼恨、弃取、婚嫁、长进、呼吸、开关

　　d. 量词+量词：行列、条件

　　e. 副词+动词：广告、广播、先生

　　f. 副词+副词：刚才、互相、全都

除此之外，并列复合词的两个成分可以是同义的也可以是反义的，同义词复合的有多余、艰难、告示、声音、意思、明白、摩擦、打击、想象、分析等；反义词复合的有大小、长短、高矮、粗细、冷热、咸淡等。并列复合词中还包括"一串原子构成一个分子的聚合体"④，例如：春夏秋冬、鸡鸭鱼肉、亭台楼

---

① 熊仲儒.《英汉致使句法论元结构的对比研究》［M］.上海：上海外语教育出版社，2015：226.

② 熊仲儒. 当代语法学教程［M］. 北京：北京大学出版社，2013：226.

③ 邢福义.《现代汉语》［M］. 北京：高等教育出版社，2015：103.
　　赵元任. 汉语口语语法［M］. 北京：商务印书馆，1979：186-189.

④ 赵元任. 汉语口语语法［M］. 北京：商务印书馆，1979：186-189.

阁、加减乘除、金木水火土等，这类聚合体并列复合词比一串自由词关系紧密，语音上无停顿，中间不能插入别的字且次序固定；但是它比复合词关系松散，体现在聚合体的意义就是字面意义，它的构成成分的本义不变，而复合词"薪水"的意思是"发的钞票"，不是"薪"和"水"的组合义。

词和词复合不仅可以构成复合词，还可以构成并列短语，如（49）是词和词并列后形成并列短语的例子，词类包括名词性短语、数量短语、动词性短语和连动短语。动词性短语区别于连动短语在于前者有连接词"而"。

（49）词+词＝短语

　　　　a. 名词性短语：工业和农业；我和你；今天和明天；小张或者你；柴米油盐

　　　　b. 数量短语：一个或两个

　　　　c. 动词性短语：辱骂和恐吓；讨论并通过；继承并发展

　　　　d. 形容词性短语：伟大而质朴①

　　　　e. 连动短语：上山采药；出去闲逛；看了心烦；听了很高兴②

并列结构不仅包括同语类并列，也可以是不同语类的并列，例如（50a—c）属于名词与动词的合并；（50d—g）属于名词和形容词并列。（51a）是 AP 与 DP 并列，（51b）是 AP 与 PP 并列；（51c）是 AdvP 与 PP 并列。

（50）不同词类的并列③

　　　　a. 上海人与吃（名+动）

　　　　b. 早期教育与看电视

　　　　c. 梦见蛇和被抓

　　　　d. 裤与酷（名+形）

　　　　e. 女人的大度与不安全感

　　　　f. 人与贪

　　　　g. 傲慢与偏见

（51）a. I consider John〔crazy and a fool〕.

　　　　b. Billl is〔unhappy and in trouble〕.

　　　　c. John walked〔slowly and with great care〕.④

---

① 黄伯荣，廖序东.《现代汉语》（增订五版）〔M〕. 北京：高等教育出版社，2011：47-48.

② 黄伯荣，廖序东.《现代汉语》（增订五版）〔M〕. 北京：高等教育出版社，2011：48.

③ 沈家煊. 如何解决"补语"问题〔J〕. 世界汉语教学，2010，24（4）：435-445.

④ 熊仲儒. 当代语法学教程〔M〕. 北京：北京大学出版社，2013：226.

句子和句子的并列构成并列复句。黄伯荣和廖序东指出并列复句，分句之间或者是平行关系，或者是对举关系；连接两个分句可以用连接词（连接词可以是成对使用的，也可以是单用的），也可以不用连接词。并列复句包括并列关系、顺承关系、选择关系和递进关系四种类型①。

并列关系复句，前后分句顺序颠倒也不影响语义，如（52a'—f'），但是汉语连动结构前后 VP 不能任意调整顺序，否则不合法或改变语义。

（52）并列关系

    a. 他一边收拾行李，一边认真思考刚才谈的问题。

    a'. 他一边认真思考刚才谈的问题，一边收拾行李。

    b. 绿既是美的标志，又是科学、富足的标志。

    b'. 绿既是科学、富足的标志，又是美的标志。

    c. 国家推广普通话，推行规范汉字。

    c'. 国家推行规范汉字，推广普通话。

    d. 人的明智并非同经验成正比，而是同经验的吸引力成正比。

    d'. 人的明智同经验的吸引力成正比，并非同经验成正比。

    e. 我不是要人装傻，而是要人保留一份纯真。

    e'. 我要人保留一份纯真，不是要人装傻。

    f. 感情的短处在于会使人迷失方向，科学的长处在于它是不动感情的。

    f'. 科学的长处在于它是不动感情的，感情的短处在于会使人迷失方向。

顺承复句的前后分句按时间、空间或逻辑事理上的顺序说出连续的动作或相关的情况，分句之间有先后相承的关系②。顺承复句又称连贯复句、承接复句，常用的关联词语有：首先（起先、先）……然后（后来、随后、再、又）、刚……就、一……就、便、就、又、再、于是、然后、后来、接着、跟着、继而、终于。例如：

（53）顺承关系

    a. 她先开了柜子上的锁，拿出了衣服，又开了首饰匣子上的锁，取出了项链戴好。

    b. 她进入这个世界，便奉献给这个世界以真诚。

---

① 黄伯荣，廖序东.《现代汉语》（增订五版）[M]. 北京：高等教育出版社，2011：129.

② 黄伯荣 廖序东.《现代汉语》（增订五版）[M]. 北京：高等教育出版社，2011：129.

c. 金山取了笔记本走了。

有少数顺承复句，如果分句之间的停顿取消了，书面上没有逗号，就变成了连动单句了；反之，有少数连动单句，几个连续动作中间加上停顿，书面上加上逗号，就变成顺承复句①。这一点，与紧缩句和连动句的转换关系很像，只不过顺承复句和连动句之间转换是靠停顿或逗号；而紧缩句和连动句的转换靠的是连接副词。

顺承关系分句的次序是按逻辑顺序相继而下，做鱼贯式排列，一般不能变换次序，跟连动句相似，但跟并列关系不同，并列关系的分句是雁行式排列，往往可以变换次序②。

并列复句还包括选择复句和递进复句，如（54—55）③。

（54）选择复句

a. 或者你去上海，或者你去南京，或者你哪里都不去。

b. 在晴朗的月夜里，海横在天边就像一根发亮的白带，或者像一片发亮的浅色云彩。

c. 他是忘了，还是故意不来？

d. 不是鱼死，就是网破。

e. 要么被困难吓倒，要么把困难克服。

f. 我宁可自己多做些，决不愿意把工作推给别人。

（55）递进复句

a. 哥白尼的地动学说不但带来了天文学上的革命，而且开辟了各门学科向前迈进的新时代。

b. 我们不仅要学习他的学术著作，更要学习他崇尚科学、严谨治学、淡泊名利、甘于奉献的崇高品格。

c. 他认识我，甚至连我的小名都知道。

d. 现在年近四十的教授尚且考博士，何况他刚刚过了30岁，更何况他仅仅是个副教授。

将连动句与并列复句中的四个类型的复句对比，与连动句最相似的就是同主语顺承复句，连动句中若两个VP之间有停顿或逗号或插入关联副词时，连动句就转换成了顺承复句；反之，顺承复句中如果两个VP紧缩，去掉停顿或逗

---

① 黄伯荣 廖序东.《现代汉语》（增订五版）［M］. 北京：高等教育出版社，2011：130.
② 黄伯荣 廖序东.《现代汉语》（增订五版）［M］. 北京：高等教育出版社，2011：130.
③ 黄伯荣，廖序东.《现代汉语》（增订五版）［M］. 北京：高等教育出版社，2011：131 –133.

号，或关联副词，编码为一个整体事件，就变成连动单句。也就是说，连动结构和顺承复句之间是单句和复句之间的区别，单一事件还是多个独立事件的区别，也是语义关系亲疏的区别。

汉语还存在一种复句形式，叫连锁复句，也就是 Li 和 Thompson 所列出的第四类汉语连动结构类型①。邢公畹将这类结构形式化表示为 N1+V1+N2，Φ+V2+（N3）②。例如：

（56）a. 张三买了一辆新车，Φ 闪闪发光。

　　　b. 我是个念书的，Φ 不懂得用兵的事。

　　　c. 张三写了一本书，大家都看不懂 Φ。

李建波和苏立昌指出汉语连锁复句是有内包子句的复杂句，不是依靠关联或逻辑关系联结的复合句，内包子句是为了实现主要子句内论元的语义要求，通过空算子移位来实现谓语化的附加子句，与主要子句呈非对称分布；而内包子句的空主语是基础生成的主语，强语段中心 C 携带的不可解读的 EPP 特征吸引内包子句主语所携带的与之相匹配的特征至 Spec-CP③。根据 Ochi 匹配特征被吸引后，词项在音系层面是"不完整"的④。"不完整"的词项有两种方式可以通过音系层面：一是显性的短语移位，让匹配特征与残留特征一起并移（pied-piping）；二是删除表达式中的"不完整"词项，使"残留"特征在音系层面不可见。

（56）张三买了［一辆新车］ᵢ，［CP OPᵢ　C［TP［DP 这辆新车］ᵢ 闪闪发光］］。

连锁复句两个 VP 之间通常有逗号停顿，主语不一定相同，常常是前一个 VP 的宾语为后一个分句的主语，但常常后一分句主语是空语类形式，受到前一个 VP 宾语的成分统治。连锁复句和并列复句不同于连动句，它们不要求分句的主语相同，而且两个分句之间常常使用逗号来停顿或界标两个 CP 小句结构，而连动句是一个语流连贯的无停顿的单句结构。

① Li, Charles and Sandra A. Thompson. Mandarin Chinese：A Functional Reference Grammar [M].Berkeley：University of California Press，1981：611.

② 邢公畹. 论汉语的"连锁复句"——对《官话类编》一书连锁复句的分析 [J]. 世界汉语教学，1990（3）：129-134.
邢公畹. 论汉语的"连锁复句"（续）——对《官话类编》一书连锁复句的分析 [J].世界汉语教学，1990（4）：224-236.

③ 李建波，苏立昌. 连锁复句的结构与推导——基于最简方案的分析 [J].外国语（上海外国语大学学报），2015，38（5）：14-22.

④ OCHI M. Some consequences of attract [J].Lingua，1999，109：81-107.

　　胡裕树对连动句与并列关系复句以及顺承或连贯复句之间的差别总结如下：连贯关系复句不同于并列关系复句，并列关系的分句是互相对待的，成平行的雁行式排列；连贯关系的分句是连续而下，成相继的鱼贯式排列。连贯复句也不同于连动式，连贯复句的分句之间有停顿（书面上用逗号表示），连动式谓语中间没有停顿；连贯复句的分句之间可以加上关联词语，连动式谓语中间不能加上关联词语；连贯复句的分句可以有不同的主语，连动式谓语只有一个主语①。

　　最后，并列结构还包括由复句和复句并列而成的并列群组。黄伯荣和廖序东认为句群也叫句组，由前后连贯共同表示一个中心意思的几个句子组成②。

　　句群和复句有根本区别，首先是构成单位不同：句群的构成单位是句子，复句的构成单位是分句。其次是二者关联词语的使用情况略有不同：在复句中经常成对使用的关联词语，在句群中大都不能成对运用，例如"又……又""尚且……何况""不是……就是""与其……不如""之所以……是因为""既然……那么""只有……才"等。只有表选择的"或者……或者……"，表并列的"一方面……一方面……"，表连贯的"首先……其次……"等可以成对使用。此外，句群的句间关系类型和复句的类型绝大多数相同。因此在一定语境中有些句群可以变换成复句，有些复句可以变换成句群。不过，采用句群的形式，还是采用复句的形式，都要根据语境和表达的需要来定。

　　（58）并列句群

　　　　a. 不要变成事实的保管人。要洞悉事实发生的奥秘。

　　　　b. 五香瓜子，要吗？盐炒葵花籽，要吗？油炸花生米，要吗？

　　（59）顺承句群

　　　　a. 叶芳压不住火气，突然用拳头发疯似打着刘思佳的肩膀头。然后，又把脸趴在他的肩上，哭了起来。

　　　　b. 听说在很远很远的地方有一座云梯山。山上住着个种树的老爹，白发白眉白胡子。他的胡子很长，从下巴一直拖到地上③。

　　在书面语中，句群和复句最大的区别在于，句群中至少含有两个句号，而复句只有一个句号。且句群中每个复句的主语都不尽相同，这一点也很容易用来区分连动单句结构和句群结构。

①　胡裕树. 现代汉语（增订本）（下册）［M］. 北京：高等教育出版社，1987：360.

②　黄伯荣，廖序东.《现代汉语》（增订五版）［M］. 北京：高等教育出版社，2011：147.

③　黄伯荣，廖序东.《现代汉语》（增订五版）［M］. 北京：高等教育出版社，2011：149.

五、小结

前面我们分别讨论了动结式结构、兼语结构、紧缩句以及并列结构与连动结构之间的共性特征和个性差异，现总结如下：

第一，基于"共享至少一个核心论元、前后动词不可任意调整顺序"这两个共性特征，动结式结构和兼语结构可以归入广义连动结构范围内，同归为核补类连动结构，动结式结构为结果类连动结构，兼语结构为目的类连动结构。但是同典型汉语连动结构相比，动结式结构和兼语结构也存在自己的独特的句法语义特征。

首先，连动结构与动结式复合词，前者是句法层面两个 VP 的合并，后者是两个 V 在词法层面上合并操作；其次，分离式动结式结构是连动结构的一种，且大多数动结式结构来源于上古汉语 A 类"而"字相连的连动结构中"而"字的脱落。再次，连动结构强制要求主语论元共享，动结式复合词的论元结构不一定强制要求两个动词的主语论元相同。从次，连动结构要求动词与动词相连，而动结式复合词中表结果的部分常为形容词。最后，动结式复合词受到的限制条件要比连动结构更严格，不是所有动词都可以紧缩成动结式复合词。

第二，很多学者都认为兼语结构是一种连动结构，从 V1 的宾语 N 与 V2 之间的语义关系看，没有必要把 N 是 V2 的主语这一类单独列出来称为兼语结构。事实上也不存在兼语，表面上的兼语成分实则为 V1 的宾语，V2 前存在一个空代词，受到 V1 宾语的控制。张孝荣和张庆文认为兼语和连动都是控制结构，前者为宾语控制结构，后者为主语控制结构。除此之外，兼语结构和连动结构相连的 VP1 和 VP2 之间，VP2 总存在一个变量受到 VP1 里某个成分的约束或允准，这个约束 VP2 的算子可能是 VP1 的主语，也可能是宾语①。熊仲儒更是指出兼语结构和目的类连动结构的句法结构的相似性②。

但是与典型连动结构相比，兼语结构 VP2 是强制出现，否则不成句，且 V1 常常含有致使意义；而连动结构 VP1 和 VP2 各自可以独立成句，没有对 V1 的致使义有强制要求，或者说 VP1 常常不是含有致使义的动词。

第三，紧缩句和连动句的差别在于，连动句是单句，各 VP 之间没有任何显性关联词；而紧缩句是复句的紧缩，当然也有学者认为紧缩句是单句，或介于

① 张孝荣，张庆文. 现代汉语兼语句中的控制再研究［J］. 外语教学与研究，2014，46（5）：643-655.
② 熊仲儒. 当代语法学教程［M］. 北京：北京大学出版社，2013：213-222.

复句和单句之间的句法结构，但无论紧缩句是单句还是复句，它区别于连动结构在于关联副词的使用。Huddleston 和 Pullum 根据连接词是否有语音实现，将有连接词的并列结构称作显性并列（syndetic coordination），没有连接词的并列结构称作隐性并列（asyndetic coordination）①。据此，紧缩句属于显性并列，连动句属于隐性并列。除此之外，还有一部分紧缩句发生词汇化或语法化为固定搭配的谚语或习语。

　　紧缩句是不是连动句，取决于紧缩句是否是单句的问题，这个问题涉及汉语语法理论如何界定单句和复句的问题，在这里暂不作回答，留待以后继续深入探讨。事实上，对于本文的分析来说，紧缩句是不是连动句并不重要，关键在于紧缩句是如何产生的，其背后的句法机制是什么？

　　并列这种语法手段可以应用于语法层面，包括语素、词、短语、句子、复句等，也可以是结构体和非结构体的并列，也可以是不同语类的并列。而汉语典型连动结构是一种非对称的 VP 并列结构，要求前后 VP 不可任意调整顺序的并列结构。并列复句包括并列关系复句、顺承关系复句、递进关系复句和选择关系复句，而连动结构与顺承关系复句最相似，但是连动结构是单句，句末只有一个句号，各 VP 之间没有停顿，没有顿号或逗号，也没有关联词；顺承或连贯复句，前后 VP 之间通常有逗号停顿，常常带有关联词。在语义表达上，连动结构倾向于将两个 VP 事件编码为一个单一概念事件，语义关系较顺承复句更紧密；顺承复句将两个 VP 事件编码为两个独立事件，语义关系较连动结构更松。

　　总而言之连动结构与动结式复合词、兼语结构、紧缩句、顺承（或连贯）复句之间的共同特征在于形式上两个或两个以上动词连用，且后 VP 中总是存在一个句法空位或语义变量，受到前 VP 的主语或宾语的约束。差别可以归结为：单句和复句的差异，核心论元是否共享的差异，动词之间是否有停顿的差异，动词之间是否有关联成分的差异，而上述差异也都可以归结为 VP 之间的语义关系松紧的差异，语义松紧关系的差异会促发编码为一个事件还是多个独立事件的差异。

第二节　汉语连动结构形成的动因及其句法语义机制

　　以汉语典型连动结构为基准，通过与动结式结构、紧缩句以及主语同指复

①　HUDDLESTON R，GEOFFREY P. The Cambridge Grammar of the English Language ［M］. Cambridge：Cambridge University Press，2002：1276.

句（主要是连贯句）的对比，这四者之间在一定条件下是可以转换的，动结式结构来源于古汉语"而"字连动结构，且现代汉语部分分离开式连动结构可以通过融合（incorporation）的方式形成动结式结构；部分紧缩句去掉连接副词就可以转换为连动句，部分连动句动词之间插入连接副词就转换为紧缩句；部分顺承或条件复句删除前后 VP 之间的停顿或逗号，就可能转换为连动句，部分连动句前后 VP 加上停顿或逗号也能转换为连贯复句。动结式结构、连动结构、紧缩句、顺承复句以及顺承句群之间的转换关系可以用（60）来表示。

（60）VV（复合词）←VPVP（连动）←VPVP（紧缩）←VP，VP。（主语同指复句）←VP。VP。（主语同指句群）

（60）中的箭头的方向表示紧缩的方向，从右向左句法单位由大到小逐步紧缩。具体来说，顺承句群从多句号标记，通过删除，可以紧缩为只有一个句末句号标记的顺承复句，见（61a—b）；顺承复句 VP 之间有停顿，常以逗号标记，若删除两者之间的停顿，但保留连接副词，则顺承复句紧缩为紧缩句，见（62a—b）；删除紧缩句中的连接副词，紧缩句可以紧缩为连动句，见（63a—b）；部分连动句前后动词融合紧缩，可以转换为动结式复合词结构，见（64a—b）。

（61）a. 叶芳压不住火气，突然用拳头发疯似打着刘思佳的肩膀头。然后，又把脸趴在他的肩上，哭了起来。（顺承句群）

　　　b. 叶芳压不住火突然用拳头发疯似打着刘思佳的肩膀头，然后又把脸趴在他的肩上哭了起来。（顺承复句）

（62）a. 张三穿上衣服，接着就走出了教室。（条件复句）

　　　b. 张三穿上衣服就走出了教室。（紧缩句）

（63）a. 他一坐下来就看书。（紧缩句）

　　　b. 他坐下来看书。（连动句）

（64）a. 他喝酒喝醉了。（连动句/动词拷贝句）

　　　b. 他喝醉了。（动结式复合词结构）

（60）反映了汉语连动句从复句逐步紧缩为单句的演变过程与汉藏语是非问句的演变链是一致的。汉藏语是非问句的演变链也是一个从复句到单句，从单句到复合词组逐步紧缩的过程[①]。逐步紧缩的演变链体现了 Berwick 和 Chomsky

---

① 戴庆厦. 再论汉语和非汉语结合研究的方法论问题［J］. 民族语文，2013（6）：3-11.

提出的"less is more"① 的普遍经济性原则。

相对紧缩句、连贯句和连贯句群来说，连动句是用最少的词项传递相同或更多的语义信息，这是语言经济性这指导方针实例化的体现。乔姆斯基为代表的普遍语法理论就认为经济性原则是普遍语法和语言运算的指导纲领，因此汉语连动句的大量存在就是语言经济性原则的具体体现，反过来说，语言经济性原则是汉语连动结构形成的根本原因和动力。

高增霞②和赵旭③等学者认为汉语连动句是语法化的结果，不管是从语法化视角还是普遍语法理论的视角，汉语连动句都是在语言经济性指导方针的驱动下形成的，有了经济性原则这个总的普遍原则，还需要合适的句法语义环境，才最终形成了连动结构。受 Ross 的研究启发，我们认为汉语连动句形成的句法条件是 S 节点删除规则，语义条件是相连 VP 之间语义关系紧密，紧密表现为共享核心论元，共享一个时间限定语，时间上表现为动词紧邻发生、相继发生、伴随发生等；除此之外，前后动词之间表达时间先后关系、方式—动作关系、动作—目的/结果关系等。从事件的角度来说，就是几个编码为独立事件的结构通过 S 节点删除规则紧缩或融合为一个完整的概念事件。上述语义上的要求和表现，通过句法上的 S 节点删除规则，最终生成单句连动结构。比如，通过句号删除规则，顺承句群可以转换生成顺承复句；通过 S 节点删除规则，顺承复句可以转换生成紧缩句；通过连接副词删除规则，紧缩句转换生成连动句；通过 VP 节点删除规则，紧缩句可以转换生成动结式复合词。Ross 特别强调 S 节点删除规则是普遍规则，也可能涉及 T 节点或 V 节点删除规则等④。因此汉语连动句形成的句法机制就是 S 节点删除规则，S 节点删除规则实现了两个独立分句融合为一个独立单句的可能，语义上实现了两个独立事件融合为一个完整概念事件的条件。

语义上，动结式结构、连动结构、兼语结构、紧缩句、连贯句、连贯句群之间之所以相似且有转换或包含关系，是因为它们受到共同语义条件的限制。汉语是一门话题显著的语言，Pan 和 Hu 认为，汉语话题的允准既可在句法层面，也可以在语义和语用层面。由句法层面所允准的话题须与述语部分中的某个句法结构位置相关，该位置可体现为句法空位或复指代词（resumptive pro-

---

① BERWICK R, CHOMSKY N. Why Only Us: Language and Evolution［M］. Cambridge, Mass: MIT Press, 2016: 1-53.

② 高增霞. 现代汉语连动式的语法化视角［D］. 北京：中国社会科学院研究生院，2003.

③ 赵旭. 汉语连动式研究［D］. 北京：北京大学，2014.

④ Ross, J. R. Constraints on Variables in Syntax［D］. Cambridge, Mass: MIT, 1967.

noun）。由语义和语用接口所允准的话题结构，述语部分中存在一个语义变量。因此，如果从主题—述题的角度来看，连动结构及其相似结构的共同点在于其述题部分都能写成一个含有一个拉姆达变量的逻辑语义表达式，也就是它们共同遵守的语义允准条件。Pan 和 Hu 认为汉语悬垂话题的允准条件是："一个（悬垂）话题可以被允准，当且仅当（i）存在集合 Z 被述语中的变量引出；（ii）所生成的集合 Z 与话题所指称（denote）的集合 T 相交时不产生空集。"①

那么汉语连动句式及其相关句式共同遵守的语义允准条件就为：（65）当且仅当（i）存在集合 Z 被述题句"VP1+VP2"中的变量引出；（ii）所生成的集合 Z 与话题所指称的集合 T 相交时不产生空集。下面通过比较连动结构及其相似结构述题句的逻辑语义表达式来说明。

（66）张三推开门走出了教室。（连动句）

设 x＝张三'，则（66）述题句的逻辑语义表达式为"λx［［推开'（门'）（x）］＆［走出'（教室'）（x）］］"，这是一个含有一个拉姆达变量的语义表达式，意思是"推开门"和"走出教室"的施事者变量 x 所指相同。

（67）我派他去上海。（兼语句）

设 x＝他，则（67）述题句的逻辑语义表达式为 λx［［派'（x）（我'）］＆［去'（上海'）（x）］］，也是一个含有一个拉姆达变量的语义表达式，只不过这里受相同拉姆达算子约束的变量是动词"派"的宾语，但却是动词"去"的主语。

（68）张三倒了一杯水喝。（受事宾语共享类连动结构）

设 x＝张三，y＝一杯水，则（68）述题句的逻辑语义表达式为 λyλx［［倒'（y）（x）］＆［喝'（y）（x）］］，将 y＝一杯水带入上述逻辑语义表达式，就可以消掉 λy，变成只含有一个变量 λx 的逻辑语义表达式。（68）述题句的逻辑语义表达式恰恰反映了前后两个动词"倒"和"喝"共享主语和宾语两个核心论元。

（69）张三买了把刀切肉。（一般动作—目的连动结构）

设 x＝张三，则（69）述题句的逻辑语义表达式为 λx［［买'（一把刀）（x）］＆［切'（肉'）（x）］］，动词"买"和"切"共享主语，语义上"买"和"切"还共享工具宾语"刀"，但在句法上没有句法空位，只存在语义空位。

---

① PAN H H HU J H. A Semantic-Pragmatic Interface Account of（Dangling）Topic in Mandarin Chinese［J］. Journal of Pragmatics，2008（40）：1966-1981.

（70）a. 张三穿上衣服，接着走出了教室。（连贯复句）

　　　b. 张三如果穿上衣服，就会走出教室。（条件复句）

　　　c. 张三因为穿上衣服，所以走出了教室。（因果复句）

　　　d. 张三穿上衣服就走出了教室。（紧缩句）

（70a—d）分别为连贯复句、条件复句、因果复句和紧缩句，这四个例句的述题部分的逻辑语义表达式同连动句（66）述题部分的逻辑语义表达式相同，即 λx［［推开'（门'）（x）］&［走出'（教室'）（x）］］。

例句（66—70）述题部分的逻辑表达式都只含有一个相同的由拉姆达算子约束的变量，然后通过话题名词成分与述题逻辑语义表达式做泛涵贴合运算（FA），达到 E 封合，完成逻辑语义运算。

以上分析表示连动结构与其相关句式所遵守的语义允准条件，其实在说这些结构中几个 VP 都联系着一个相同的话题，符合汉语话题—述题结构的特点。

重述一下，本节主要认为汉语连动结构形成的动因是语言经济性原则，连动结构形成的句法机制是 S 节点删除规则；语义限制条件是：述题句变量所引出的集合与话题所指称的集合相交不为空，即（65）当且仅当（i）存在集合 Z 被述题句"VP1+VP2"中的变量引出；（ii）所生成的集合 Z 与话题所指称的集合 T 相交时不产生空集。

第三节　本章小结

本章通过连动结构与动结式复合词、兼语结构、紧缩句、并列结构（尤其是顺承（或连贯）复句）的同和异的分析，揭示了连动结构及其相关句式之间的转换关系。这种转换关系更深层次的原因是人类语言共同遵守的经济性普遍原则，它们都遵守着汉语话题语义允准条件，句法上是通过 S 节点删除规则转换生成的。如果从语法化的视角来看，连动结构语法化发展路径也不是没有规律可寻，S 节点删除的句法规则限制着连动结构的演变路径。连动结构与其相关句式的差异则表现为不同语法单位（词、单句和复句）之间的转换；VP 之间有停顿还是没有停顿；几个相连 VP 编码为单个概念事件还是几个独立事件等方面，这些说到底归于几个 VP 之间的语义聚合程度。

第六章

汉语连动结构的跨语言对比研究

汉语是缺乏语法形态的语言，因此汉语连动结构表现为几个动词成分的连接，动词成分之间没有彰显语法关系的形态标记，在脱离上下文语境的前提下，汉语连动句式中动词成分之间的语义关系常常是多样的。形态标记的缺乏，对分析连动结构的句法中心造成很大挑战，甚至有些学者认为汉语连动结构是不可再分的构式，这对生成语法的中心语理论提出了挑战，也对乔姆斯基为代表的普遍语法研究者提出了挑战。本章旨在通过跨语言连动结构语料来佐证第三章句法核心视角下对汉语连动结构的分类和句法核心的认定。

戴庆厦指出汉语语法研究的经验证明：只研究汉语不可能深入认识汉语的特点，必须要有非汉语的参照①。因此，本章尝试通过非汉语连动结构与汉语连动结构的对比分析，重新审视汉语连动结构的本质。黄伯荣和廖旭东指出汉语短语的五个基础结构类型：主谓短语、动宾短语、偏正短语、中补短语和联合短语，而连动短语是没有上述五种基本结构关系的剩余类②。从这一个意义上讲，连动短语与上述五种基本结构关系是同一层面上的，属于同一个系统内的平行关系。但是戴庆厦和邱月指出连动结构与五种基本结构关系不在一个层次，连动结构更偏重于语义，包括并列、修饰、补充和支配等多种句法关系，因此两者是交叉和嵌套关系，即连动包含了各种句法关系，这是藏缅语大多数语言的共性③。以戴庆厦和邱月为代表的少数民族语言研究者将"连动结构"看成是"并列""主从"这样基本结构关系的上位概念，相当于第三章提出的广义连动结构。

根据第三章汉语连动结构的广义分类，大致可以分为并列型 SVC 和主从型 SVC。下面就针对这两大类型 SVC 进行跨语言对比分析。非汉语的语料主要包

① 戴庆厦. 再论汉语和非汉语结合研究的方法论问题［J］. 民族语文，2013（6）：3-11.
② 黄伯荣，廖序东.《现代汉语》（增订五版）［M］. 北京：高等教育出版社，2011：44-48.
③ 戴庆厦，邱月. OV 型藏缅语连动结构的类型学特征［J］. 汉语学报，2008（2）：2-10.

括与汉语同属汉藏语系的亲属语言，即藏缅语族北部语群的嘉戎语、独龙语、羌语、普米语、藏语、景颇语、阿侬语，以及南部语群的浪速语、哈尼语、拉祜语、白语和土家语；苗瑶语族的白语、布努语、苗语、炯奈语；壮侗语族的布依语、壮语、毛南语、标话、侗语、仫佬语、水语、黎语、村语、仡佬语、木佬语等。除汉语亲属语言外，还包括阿尔泰语系的满通古斯语族的满语、蒙古语族的蒙古语以及维吾尔语族的维吾尔语。

第一节　并列型连动结构

戴庆厦和邱月没有明确说明并列关系的外延和内涵，但根据所给语例，他们所说的并列型 SVC 主要是指相连的动词成分所表达语义具有独立性，没有修饰、支配和补充关系的连动结构①。除语义独立性之外，前后动词性成分是按照动作发生的先后顺序进行排列，也就是语序和时序对应。

戴庆厦指出藏缅语的语法类型属于"分析型—形态型"的语言，语法意义既借助分析式的语序和虚词又靠形态手段，如词缀和音变等来实现②。按照戴庆厦等对藏缅语族的系属分类③，北部语群语言的语法形态标记比南部语法形态标记丰富。在表达动作先后关系的连动结构中，藏缅语大多数语言常常使用连接成分来连接相继发生的两个动作，如嘉戎语 mok、普米语 nəuŋ^{24}、仓洛门巴语 ŋ̩i/ çin、景颇语 n^{31}na^{55}、浪速语 muŋ^{35}、哈尼语 a^{33}nɛ^{33}/ nɔ^{55}xhɔ^{33}、拉祜语 lɛ^{33}。而苗瑶语族和侗台语族语言的并列型连动结构更像汉语并列型连动结构，先后发生的动词直接并置形成，动词间一般不需要连接成分相连。下面分别举例说明。

藏缅语族—北部语群—景颇语支—景颇语 ④

（1）kă^{33} kjiŋ^{33}　ko^{31}　phum^{55}　tiŋ^{31}ʃan^{33} thaʔ^{31}　phuŋ^{31}jot^{31}　kap^{55}　ŋa^{31}　ai^{33}.
　　　蚂蚁　TOP　树　枯枝　里　游　贴　（貌）（句尾）
　　　蚂蚁向枯树枝游去贴上。

---

① 邱月. OV 型藏缅连动结构研究［D］. 北京：中央民族大学，2008.
　　戴庆厦，邱月. 藏缅语与汉语连动结构比较研究［J］. 世界汉语教学，2008（2）：72-82.
② 戴庆厦. 景颇语参考语法［M］. 北京：中国社会科学出版社，2012：24.
③ 戴庆厦. 藏缅语语言研究（二）［M］. 昆明：云南民族出版社，1998：89.
④ 戴庆厦. 景颇语参考语法［M］. 北京：中国社会科学出版社，2012：350.

例（1）是景颇语并列型/时间先后类连动句，句中相连的动词之间通常不需要有连接成分，但为了强调动作的先后，动词之间可以加上表达动作发生先后的连词"ni^{31}na^{55}"（之后），因此景颇语连动结构中的"ni^{31}na^{55}"（之后）是非强制性的。

（2）naŋ^{33}　　ʃat^{31}　　wan^{33}　　mi^{33}　　ʃap^{31}ni$^{·31}$na^{55}　　ʃa^{55}　　u^{ʔ31}

　　　你　　饭　　碗　　一　　盛　连（之后）　吃　（句尾）

　　　你盛碗饭吃吧！

藏缅语族—北部语群—藏语支—门巴语（仓洛）①

张济川指出门巴语连动短语作谓语有两种类型，一是两个动词之间用连词ŋi 或 ɕin 连接，一是不用连词连接。不用连词连接的两个动词连用时，后一个动词主要是趋向动词 u^{55}"来"、te^{13}"去"、pha^{55}"拿来"、pu^{13}"拿走、pi^{13}"给别人"、tha^{55}"放下"、kot^{13}"看"、tɕho^{55}"生活、住、在、有"、tɕhum^{55}"完"、ŋoŋ^{13}"曾经"。 lok^{55}"回"常常出现在第一个动词的位置上。例如：

（3）roʔ^{13}　　ki^{13}　　roʔ^{13}　　ka　　na^{13}　　ka^{13}　　top^{13}　ŋi　kau^{55}ko^{55}jek^{13}tɕi^{55}.

　　　他　AGT　她　的　耳　ACC　贴（连）话　说

　　　他贴着她的耳朵说了。

（4）u^{55}ŋu^{13}　　wun^{13}pa^{13}　ki^{13}　　ko^{13}wa^{13}　thor^{555}tsop^{55}　ɕin　　phen^{55}　ten^{13}ɕi.

　　　那　鹰　AGT　鸡　一　抓（连）飞　走

　　　那鹰抓起一只鸡就飞走了。

（5）u^{55}ŋu^{13}　　pha^{55}pa^{55}　tik^{55}taŋ^{55}　　siŋ^{55}　ŋi ɕen^{55}　　ŋam^{13} khe^{55}.

　　　那　猪　　稍　　养（连）杀　吃

　　　那头猪喂一喂再杀了吃吧。

（6）tɕaŋ^{13}　　lok^{55}　　tin^{13}　　ŋi　　kot^{13}pa.

　　　我　　回　　去　（连）看

　　　我回去看了。

除此之外，仓洛门巴语连动句的祈使式只用于最后一个动词，否定性前缀 ma^{13}- 也只能加在后一个动词上。

藏缅语族—北部语群—嘉戎—独龙语组—独龙语②

孙宏开指出独龙语非对称并列型连动结构，表达两个动作行为有先有后，即在完成了第一个行为动作以后再进行第二个行为动作，形式上要求表示第一

①　张济川. 仓洛门巴语简志［M］. 北京：民族出版社，1986：140-143.

②　孙宏开. 独龙语简志［M］. 北京：民族出版社，1982：124.

个行为动作的动词需要重叠。例如：

(7) kɑi⁵⁵   kɑi⁵⁵   ɑ³¹ gɯ̌i⁵⁵

吃   吃   走

吃了走

(8) ŋɑ̌i⁵⁵   ŋɑ̌i⁵⁵   ɹɑŋ⁵³

剖开   剖开   看

剖开了看

(9) plɑ̌ŋ⁵³   plɑ̌ŋ⁵³   kɑi⁵⁵

炒   炒   吃

炒了吃①

独龙语动词重叠后仍可以有人称、数等语法形态的变化，且重叠后的动词后也可以加副词，例如：

(10) nɑ⁵³   nɯ³¹- kɑi⁵⁵   kɑi⁵⁵   tɕe⁵³   pɑ⁵⁵- gɯi⁵⁵.

你   2sg-吃   吃   才   命令式—走

你吃了再走。

景颇语非对称并列型 SVC 或表达时间先后类 SVC 中表达相继发生的几个动词之间不强制使用连接成分标记 "ni³¹na⁵⁵"（之后），门巴仓洛语强制要求使用连词 ŋi 或 çin，而独龙语采用的是动词重叠来实现第一个 VP 的有界性要求。

藏缅语族—北部语群—嘉戎—独龙语组—羌语组—大羊普米语②

蒋颖指出并列关系连动句中两个动词（短语）是并列的，无主从关系，动词之间常常用连词 nəuŋ³¹ 连接。

(11) tə⁵⁵gɯ⁵⁵   tʰəuŋ⁵⁵   ʃɿ⁵⁵   nɑŋ⁵⁵   ʒɿ²⁴.

他   早   去   迟   回来

他早出晚归。

(12) tə⁵⁵gɯ⁵⁵   ŋuen⁵⁵   stʰʉ²⁴/⁵⁵   nəuŋ³¹   tʂɕn⁵⁵   tʰiəŋ⁵⁵-ʐə̩u³¹.

他   钱   借   （连）   房子   盖 -3SG：进行体

他借钱盖房子。

(13) ni²⁴   tə⁵⁵-ʃtʃhin⁵⁵   nə³¹-ʃtʃɿ⁵⁵   nəuŋ³¹   ko⁵⁵tʂɿ⁵⁵   ti²⁴/³¹!

你   DIR- 起来   DIR-站   （连）   话   说

---

① 孙宏开. 独龙语简志［M］. 北京：民族出版社，1982：124.

邱月. OV 型藏缅语连动结构研究［D］. 北京：中央民族大学，2008.

② 蒋颖. 大羊普米语参考语法［M］. 北京：中国社会科学出版社，2015：465-466.

你站起来说话。

（14）y³¹ jin⁵⁵ to⁵⁵ z̩əu⁵⁵ khə³¹‑sy²⁴ᐟ³¹ nəuŋ⁵⁵ khə³¹‑ phz̩ən⁵⁵ ʃtʃiɛ⁵⁵.
磨刀石 上 刀 DIR‑磨 （连） DIR‑亮 使
在磨刀石上把刀磨亮。

（15）tə⁴⁴ gɯ⁵⁵ tshuɛ²⁴ ʂɹ̩⁵⁵ nəuŋ³¹ dzi⁵⁵ dzu²⁴ᐟ⁵⁵‑si³¹.
他 米 买 （连）饭 做‑3SG：已行体
他买米做饭。

（16）tə⁵⁵ gɯ⁵⁵ khə³¹‑dzɹ̩⁵⁵ nəuŋ³¹ nə³¹‑ ʒɹ²⁴ᐟ³¹ ʃɹ⁵⁵‑si³¹.
他 DIR‑吃 （连） DIR‑睡 去‑3SG：已行体
他吃完去睡了。

（17）ni³¹z̩ɹ⁵⁵ dzu²⁴ thəuŋ⁵⁵ pin⁵⁵ nəuŋ⁵⁵ tsɤ⁵⁵ mie⁵⁵ ʃən⁵⁵.
你们 做 完 （自助）（连） 家里 去
你们做完再回家。

（18）tə⁵⁵ gɯ⁵⁵ dʑu²⁴ thə³¹‑thəuŋ⁵⁵ nəuŋ⁵⁵ sto⁵⁵ ʃɹ⁵⁵ᐟ³¹‑si³¹.
他 写 DIR‑完 （连） 看 去‑已行体
他写完之后去看。

（19）tə⁵⁵ gɯ⁵⁵ tʃɹ²⁴ thə³¹‑thəuŋ⁵⁵ nəuŋ⁵⁵ ji⁵⁵tʃɹ²⁴ thə³¹‑lo³¹‑si⁵⁵.
他 说 DIR‑ 完 （连）马上 DIR‑走‑已行体
他说完就走了。

（20）tə⁵⁵ gɯ⁵⁵ tʂhuaŋ⁵⁵ xu⁵⁵ thə³¹‑tʂhuŋ⁵⁵ nəuŋ³¹
他 窗户 DIR‑打开 （连）
vbəuŋ³¹ xuŋ⁵⁵‑z̩əu³¹.
透气‑3SG：进行体
他打开窗户透气。

（11）"thəuŋ⁵⁵ ʃɹ⁵⁵ ngŋ⁵⁵ ʒɹ²⁴"（早出晚归）可以看作是词汇化为一个四字成语；（12—20）例句前后动词都是表达时间先后关系，动作相继发生，而且动词之间有连接成分 nəuŋ⁵⁵，这个连接成分同景颇语 n³¹na⁵⁵ 一样是可选的。

大羊普米语还有一类和动词 kui⁵⁵"有"连用构成的连动结构，例如：

（21）ni²⁴ ti⁵⁵ tʂhuɛ²⁴ᐟ³¹ naŋ⁵⁵xan⁵⁵ tə⁵⁵‑tʃɹ⁵⁵ ti²⁴ᐟ³¹ pu³¹,
你 这 米 袋 DIR‑称 一 （自主）
tʃhɹ³¹ tʃɹ⁵⁵ kui⁵⁵ᐟ³¹ stu⁵⁵.
几 斤 有 看
你把这袋米称一下，看有多少斤。

（22）naŋ⁵⁵ fpi⁵⁵ wu⁵⁵ ŋəuŋ⁵⁵ tʃɪ⁵⁵tshɛ²⁴/³¹ <u>kui⁵⁵ khə³¹ suɑ²⁴/³¹</u> nə⁵⁵sti³¹.

　　　你的　兜　里　钱　多少　　　有　DIR-数　　（命令）

　　　数数你的兜里还有多少钱。

藏缅语族—北部语群—嘉戎—独龙语组—嘉戎语组—嘉戎语①

嘉戎语表达两个相继发生的动作的连动词组中间常用副词 mok 连接。例如：

（23）ka- za　mok　ka- tʃhə

　　　吃　　再　　走

　　　吃了再走

（24）ka-ndzʐət　mok　ka- po

　　　拿　　　再　　来

　　　拿了再来

（25）ka- ta　mok　ka- rma

　　　脱　　再　　睡

　　　脱了再睡

（26）ka- rtʃhi　mok　ka- za

　　　洗　　再　　吃

　　　洗了再吃

藏缅语族—南部语群—缅彝语支—缅语组—浪速语②

浪速语中有些连动结构之间要用连词 muŋ³⁵（之后）或 ɛʔ⁵⁵（和）来连接。
ɛʔ⁵⁵不仅可以连接两个并列成分，还可以连接两个一前一后两个动作。

（27）tu ŋ⁵⁵　muŋ³⁵/³¹　jɛ³⁵/³¹　vu⁵⁵　nɛ⁵⁵.

　　　写　　之后　　去　　看　（助）

　　　写后去看。

（28）pəŋ³¹　tsɔ³⁵　ɛʔ⁵⁵（aʔ³¹）　jap³¹　tɔ̱³⁵/³¹.

　　　完　吃　和　　睡　（助）

　　　吃完就睡。

（29）pəŋ³¹　ta̱⁵⁵　ɛʔ⁵⁵ tuk⁵⁵ lɔ⁵⁵ va⁵⁵.

　　　完　说　和　回　去　（已行体）

　　　说完就去了。

---

①　林向荣.嘉戎语研究［M］.成都：四川民族出版社，1993：357.

②　戴庆厦.浪速语研究［M］.北京：民族出版社，2005：132.

藏缅语族—南部语群—缅彝语支—缅语组—遮放载瓦语①

遮放载瓦语除共宾连动结构外，其他类型连动结构都需要通过表达顺承关系的连词 mu⁵¹、mai³¹ 或 lui⁵⁵ 来连接。其中 mu⁵¹ 只用于相同施事相继发出两个或两个以上动作的连动句中，mai³¹ 还可以用于非相同施事主语的句子中。

（30）ŋɔ⁵¹　　mu⁵⁵kjɔ⁵⁵　thaŋ⁵¹　ma⁵⁵　mɔʔ³¹thɔ³¹　tʃ1³¹　　mu⁵¹　　a⁵⁵na̠⁵⁵
　　　我　　下班　　　后　　　LOC　摩托　　　骑　　（连）　姐姐

　　　ju̠m⁵¹　jɛ⁵¹　lɛ⁵¹.
　　　家　　　去　　（非实然）
　　　我下了班骑摩托车去姐姐家。

（31）ja̠ŋ⁵⁵/mɔʔ³¹　tsaŋ³¹　pan⁵¹　tsɔ³¹　mu⁵¹　thɔʔ⁵⁵　lɔ⁵⁵　pə⁵¹.
　　　他们　　　　　饭　　　完　　　吃（连）　出　　去　　（变化）
　　　他们吃完饭出去了。

藏缅语族—南部语群—缅彝语支—彝语组—绿村哈尼语

李泽然指出绿村哈尼语时间先后类连动结构常使用表达相承关系的连接词 a³³nɛ³³ 或 nɔ⁵⁵xhɔ³³②。

（32）a³¹da³³　sha³¹ȵi⁵⁵　tshi³¹　a³³nɛ³³　jɛ³¹.
　　　爸爸　　肉　　　　洗　　　之后　　切
　　　爸爸洗肉后切。

（33）no⁵⁵　dzo⁵⁵　çha³¹　a⁵⁵nɛ³³　guɯ³³　nɔ³¹.
　　　你　　坐　　　下　　　之后　　说　　吧
　　　你坐下之后说吧。

（34）a³¹jo³¹　mɛ³¹lo³¹　lo³¹　a⁵⁵nɛ³³　mja̠³³　tçhi³¹.
　　　他　　　牙　　　　刷　　　之后　　脸　　　洗
　　　他刷牙之后洗脸。

（35）a³¹jo³³ma̠³³　ɯ⁵⁵lɔ⁵⁵　do⁵⁵　a⁵⁵nɛ³³　do³¹lo̠³¹lo̠³¹.
　　　他们　　　　开水　　　喝　　　之后　　聊　天
　　　他们喝了水聊天。

（36）no⁵⁵ja³¹　thu⁵⁵la⁵⁵　nɔ⁵⁵xhɔ³³　zu³¹.
　　　你们　　　起　来　　　之后　　　走
　　　你们起来走。

---

① 朱艳华. 载瓦语参考语法［D］. 北京：中央民族大学，2011.
② 李泽然. 哈尼语的连动结构［J］. 民族语文，2013（3）：37-43.

(37) shŋ³¹bo³³ xho³¹ dza³¹ nɔ⁵⁵xhɔ³³ sho³¹ɣa³¹ dzo⁵⁵.

石波　　饭　吃　之后　　书　　　读

石波吃饭后读书。

(38) a³¹ɣø³³ xho³¹ dza³¹ a⁵⁵nɛ³³ xhɔ⁵⁵dɔ⁵⁵a³³ li³³ a⁵⁵.

舅舅　　饭　吃　之后　　山（方助）去　了

舅舅吃饭后上山了。

(39) bo³³tshɛ³¹ sho³¹ɣa³¹ ɣ³¹ a⁵⁵nɛ³³ çɔ²⁴çɔ³³ a³³ la⁵⁵ a⁵⁵.

波才　书　　　背　之后　　学校（方助）来　了

波才背着书来学校了。

(40) a³¹jo³¹dø⁵⁵ xho³¹ dza³¹ dʑiø⁵⁵ba³¹ do⁵⁵.

他们　　　饭　吃　酒　　　喝

他们在吃饭喝酒。

(41) dʐo³¹dza³¹ dza³¹ zo⁵⁵, a³¹ɣa̠³¹ sɛ̠³¹ a³¹xha³³ sɛ̠³¹.

春节　　过（助）猪　杀　鸡　杀

过春节了，又杀猪又杀鸡①。

李泽然指出，由于哈尼语是 OV 型语言，谓语动词都在主语和宾语之后，所以连动结构以窄式为主，即连动结构中间没有其他成分插入。但在口语中，宽式连动结构经常使用，动词间插入的成分一般是连词，主要有 zo⁵⁵nɛ³³（和）、a⁵⁵nɛ³³（之后）和 thɔ³¹ŋɔ³³（就所以）等。不过口语里经常将 zo⁵⁵nɛ³³ 简化为 zo⁵⁵，将 a⁵⁵nɛ³³ 简化为 nɛ³³，将 thɔ³¹ŋɔ³³ 简化为 thɔ³¹②。

(42) ŋa⁵⁵ no⁵⁵ jo⁵⁵ ga³¹ zo⁵⁵（nɛ³³） la⁵⁵.

我　你　ACC　爱　和　　　来

我爱你才来的。

(43) no⁵⁵ thu⁵⁵（a⁵⁵） nɛ³³ gɯ⁵⁵.

你　起　之后　讲

你起来讲。

(44) no⁵⁵ja³¹ khø⁵⁵mi³¹ li³³ thɔ³¹（ŋɔ³³） xhu³³.

你们　昆明　　去　就　　　看

你们去昆明看。

当 V1 和 V2 各自带宾语的时候，连动句的语序为 S+O1+O2+V1+V2。

---

① 李泽然. 哈尼语的连动结构［J］. 民族语文，2013（3）：37-43.

② 李泽然. 哈尼语的连动结构［J］. 民族语文，2013（3）：37-43.

(45) ŋa⁵⁵　no³¹　jo⁵⁵　phi⁵⁵tshɛ³¹　la³¹xhø⁵⁵　a³³　shɣ³¹　xhɛ⁵⁵.

　　　我　你　ACC　批才　　　家　　LOC　领　去

　　　我把你领去批才家。

藏缅语族—南部语群—缅彝语支—彝语组—邦朵拉祜语①

拉祜语有一部分连用的动词构成一个表达新的意义的动词复合词，如
(46—47)。

(46) ŋa³¹xɯ³³　n̠e⁵³khɔ⁵³　tha̠³¹　qha³³dɛ³¹　ju³¹　ba³¹.

　　　我们　　迷信　　ACC　必须　　拿　扔

　　　我们必须反对迷信。

(47) ŋa³¹　tha̠³¹　jɔ⁵³　xɔ̠³¹lo¹¹de⁵³ma¹¹　la⁵³　ve³³.

　　　我　ACC　他　骂　　教　　给　（语）

　　　我被他教育了一通。

拉祜语在表达动作先后发生的连动句中，动词之间常用连接成分 lɛ³³ 或
qo³³，例如：

(48) nɔ³¹　tɕa⁵³　ɕɛ³¹　qo³³　qe³³.

　　　你　吃　了　（连）走

　　　你吃了再走。

(49) jɔ⁵³　ja⁵³　pu⁵³　lɛ³³　ka³⁵　te³³　qe³³.

　　　她　孩子　背　（连）工　做　去

　　　她背着孩子去出工。

(50) phɯ⁵³　a³³khɛ³³　ga̠⁵³qe³³　lɛ³³　phɔ⁵³　ɕe³¹.

　　　狗　绳子　挣脱　（连）跑　了

　　　狗挣脱绳子跑了。

(51) jɔ⁵³　qo̠⁵³　pɣ³¹　lɛ³³　qɔ̠³¹e³³　ɕe³¹o³¹.

　　　他　说　完（连）回去　了

　　　他说完就回去了。

(52) ŋa³¹　tɕi³⁵qo⁵³　ta⁵³　ta³¹　lɛ³³　a³⁵khɔ³³　te³³lɛ³³　xɛ³³　qhɔ³³

　　　我　锄头　扛　着　（连）家　　从　　地　里

　　　phɔ³³　ga³¹.

　　　跑　　到

　　　我扛上锄头从家跑到地里。

_____

① 李春风. 邦朵拉祜语参考语法［M］. 北京：中国社会科学出版社，2014：411—412.

拉祜语和哈尼语同属于彝语组，这两种语言中并列关系的连动结构的第一个 VP 常常通过在动词后附加表达完成义的体貌词或表结果的补语成分来保证第一个 VP 事件的有界性。

藏缅语族—南部语群—缅彝语支—彝语组—纳苏彝语①

(53) thi³³　sɔ²¹me̠²¹si̠²¹　tha⁵⁵　　da²¹　　sɔ²¹　me̠²¹　χa⁵⁵.

　　 他　核桃树 LOC　　爬　核桃　摘

　　 他爬上核桃树摘核桃。

(54) thi³³　to²¹kɔ³³　fie̠⁵⁵　ze³³　tɕhu³³.

　　 他　起　站　烟　抽

　　 他站起来抽烟。

(55) ʂa³³ma²¹　a²¹ŋgho³³　　phu²¹tɕe²¹　　gu³³　tɕɔ⁵⁵　ʂɯ²¹　kɯ⁵⁵　di³³.

　　 沙马　门　　打开　（完成体）教室　处所　去

　　 沙马打开门进了教室。

藏缅语族—南部语群—白语支—鹤庆白语②

(56) pe³³　jɯ̠⁴⁴　xhɯ⁵⁵　pe̠⁴⁴　ua⁵⁵.

　　 晚饭　吃　了　走　（语气词）

　　 晚饭吃了走吧。

(57) ji⁵⁵　khau³³　jæ̠⁴²　xu³³　xhɯ⁵⁵　ŋə̠r²¹　tɕhi̠⁴⁴.

　　 衣　件　穿　好　了　去　出

　　 穿好衣服出门。

苗瑶语族—布努语③

(58) kau¹³　ŋi²³²/⁴⁵⁴　ŋi²³²　ŋkɔŋ⁴¹.

　　 你　想　想　看

　　 你想想看。

(59) e⁴³　lo²³²　hɔ⁴³　tɕuŋ⁴³.

　　 姐　来　看　我

　　 姐姐来看我。

苗瑶语族—炯奈语④

① 普忠良. 纳苏彝语语法研究［D］. 上海：上海师范大学，2016.

② 赵金灿. 云南鹤庆白语研究［D］. 北京：中央民族大学，2010.

③ 蒙朝吉. 布努语［M］// 孙宏，胡增益，黄行. 中国的语言. 北京：商务印书馆，2007：1507-1530.

④ 毛宗武，李云兵. 炯奈语研究［M］. 北京：中央民族大学出版社，2002：53，305.

（60）maŋ³³ kjɔ⁵³ lou³¹ leŋ³⁵ leŋ³⁵.
你 拿 来 看 看
你拿来看一看。

（61）naŋ³¹ kjɔ⁵³ au⁵³ ntʃhu³⁵ θei⁴⁴ le³¹.
他 拿 衣服 洗 干净 了
他把衣服洗干净了。

（62）taŋ³¹kloŋ⁵³ maŋ³⁵ maŋ³⁵ ŋouŋ³⁵ ŋ⁵³ ŋouŋ³⁵.
咱们 听 听 好 不 好
咱们听一听好不好听。

（63）maŋ³³ nen³⁵ nen³⁵ ʃei²²le³⁵ θjəu⁵³.
你 想 想 是 月 哪
你想一想是哪个月。

（64）maŋ³³ ku⁴⁴ va³¹ mpla³³ mpla³³ ta²²mɔ²² ŋ⁵³ ta²²mɔ²².
你 给 我 摸 摸 软 不 软
你给我摸一摸软不软。

（65）naŋ³¹ pe²²kj⁵³ ŋŋ³¹ mpja³³ ntʃe³⁵ ŋkau³⁵, ku⁵³ ntʃe³⁵ ku⁵³ ka³³ ŋoŋ⁵³,
他 就 拿 回家 梳 头 越 梳 越 蓬乱
naŋ³¹ pe²²kjɔ³⁵ pɔ²² tau³¹ va³⁵. naŋ³¹ ʃ²² zou²² nɔ²²: " maŋ³³
他 就 拿 进 火 烧 他 老同 又 问 你
kjɔ⁵³ va³¹
拿 我
vi³³ kwa³⁵ θjəu⁵³ ? pan⁴⁴ ku⁴⁴ va³¹ kjɔ⁵³ ŋŋ³¹ mpja³³ ntʃe³⁵
梳子 过 哪里 给 给 我 拿 回家 梳
ŋkau⁵³. "
头

他把梳子拿回家梳头，头发越梳越蓬乱，他又扔进火里烧了。他老同来问他："你把我的梳子放在哪里？让我拿回家梳头。"

相比于（60）中实义动词 kjɔ⁵³ "拿"（61）中的 kjɔ⁵³ 已经虚化为动介词，对应汉语的"把"。

苗瑶语族—苗语①

（66）moŋ⁵⁵ lo¹¹ ŋi⁴⁴!

你　来　看

你来看！

（67）vi⁴⁴ moŋ¹² ɤu³⁵ ɬhei⁵³ zaŋ⁵⁵.

我　去　原野　割　草

我上山割草。

（68）moŋ⁵⁵ ta⁵⁵moŋ¹¹ mɛ¹¹ phaŋ³³ sho³³ lo¹¹.

你　去　买　件　蓑衣　来

你去买件蓑衣来。

布努语、炯奈语以及苗语属于苗瑶语族，这三种语言都存在"V+（V）+看"形式的连动结构，其中动词"看"在此结构中已经虚化，表达尝试或短暂发生的意义。

侗台语族—台语支—布依语②

（69）te¹ tot⁷ ha：i² ðɔŋ² na².

他　脱　鞋　下　田

他脱鞋下田。

（70）ðau² ʔau¹ toi⁴tɯ⁶ kɯn¹ hau⁴.

我们　拿　碗筷　吃　饭

我们拿碗筷吃饭。

V1之后还可以加体标记kwa⁵或ʔiə⁵，说明该动词所表示的动作（或某·件事）已经完成。例如：

（71）te¹ kɯn¹ ʔiə⁵ hau³ ðuk⁸ pai⁰.

他　吃　了　进　房间　了

他吃了进房间了。

侗台语族—台语支—壮语③

王均指出壮语部分动词可以重叠与动词jaɯ⁵⁵（看）连用，表示动作的短暂或尝试意义。

---

① 王辅世．苗语简志［M］．北京：民族出版社，1985：77．

② 周国炎，朱德康．布依语连动式研究［J］．民族语文，2015（4）：60-67．

③ 王均．仫佬语［A］//孙宏开，胡增益，黄行．中国的语言［C］．北京：商务印书馆，2007：1231-1254．

（72）oːk³⁵ pai²⁴　　pjaːi⁵⁵　　pjaːi⁵⁵.

　　　出去　　　　走　　　走

　　　出去走走。

（73）muɯŋ³¹　　ɕiɯ³¹　　ɕiɯ³¹　　jɑɯ⁵⁵.

　　　你　　　尝尝　　　　看

　　　你尝尝看。

（74）muɯŋ³¹　　ɕaːm²⁴　　vun³³laːi²⁴　　jɑɯ⁵⁵.

　　　你　　　问　　　群众　　　看

　　　你问问群众看。

侗台语族—侗水语支—毛南语①

（75）paːi⁴²　　ma⁴²　　nuːn²³¹.

　　　去　　　回　　睡

　　　回去睡觉。

（76）paːi⁴²　　kaːt⁴⁴　　caŋ⁴²　　sa⁴²　　kwi²³¹.

　　　去　　　割　　草　　喂　　水牛

　　　去割草喂牛。

侗台语族—侗水语支—标话②

张均如指出标话几个动作连用，表示先后发生的行为、动作的连动词组中，各动词都可以带或不带宾语或补语。例如：

（77）loi¹³²　　puŋ²to⁶　　tsau²　　maːi⁶

　　　下　　河　　捉　　鱼

　　　下河捉鱼。

（78）lan²¹⁴　　θyn³⁵　　man²¹⁴　　tɔŋ⁵⁴　　mu⁵⁴faːn³⁵.

　　　大家　　选　　他　　当　　模范

　　　大家选他当模范。

侗台语族—侗水语支—侗语③

梁敏指出受汉语的影响，有些侗语动词可以重叠表示尝试或短暂义，表示

① 梁敏. 毛南语［A］// 孙宏开，胡增益，黄行. 中国的语言［C］. 北京：商务印书馆，2007：1255-1273.
② 张均如. 标话［A］// 孙宏开，胡增益，黄行. 中国的语言［C］. 北京：商务印书馆，2007：1175-1193.
③ 梁敏. 毛南语［A］// 孙宏开，胡增益，黄行. 中国的语言［C］. 北京：商务印书馆，2007：1203.

尝试义时，同汉语一样，后面接一个虚化的动词 nu⁵³（看）。

(79) a：u⁵⁵　pən³³　le¹¹　ʈa⁵³　sa：i³⁵　ja：u¹¹　nu⁵³　nu⁵³.
　　　拿　　本　　书　　那　　给　　我　　看　　看
　　　拿那本书给我看看。

(80) ɳa¹¹　ʈhiŋ⁴⁵³　ʈhiŋ⁴⁵³　nu⁵³.
　　　你　　尝　　　尝　　　看
　　　你尝尝看。

仫佬语①

(81) həi¹²¹　tin⁵³　fa：i²⁴　sa：u⁴²　taŋ⁴²　tɔ²⁴　mai²⁴.
　　　我　　　喊　　　哥哥　　你们　　来　　种　　树
　　　我喊你们的哥哥来种树。

水语②

(82) pa：i²⁴　u²⁴　tsa⁴⁵　pju²⁴　ça³¹　taŋ²⁴　ha：i²⁴　ja⁴².
　　　爬　　上　　那　　摘　　枇杷　来　　给　　　祖母
　　　爬上去摘枇杷送给祖母。

韦庆稳认为 huŋ⁴⁵（让）是介词，与其后面的代词或名词构成介词短语，介词短语在动词前面作状语，见例（83）。huŋ⁴⁵ 后面的名词或代词有时也可以不说出来，见例（84）③。

(83) huŋ⁴⁵　kɑu³³　pɑi²⁴　ʔau²⁴.
　　　让　　高（姓）去　　要
　　　让小高去要。

(84) huŋ⁴⁵　ʔdɑi²⁴　he⁴²　qoŋ²⁴.
　　　让　　好　　　做　　工
　　　让（咱们）好好做工。

水语的 huŋ⁴⁵（让）的语法功能其实是引出一个动作行为的施事者。

_____

① 王均. 仫佬语［A］//孙宏开，胡增益，黄行. 中国的语言［C］. 北京：商务印书馆，2007：1231-1254.

② 张均如. 标话［A］// 孙宏开，胡增益，黄行. 中国的语言［C］. 北京：商务印书馆，2007：1175-1193.

③ 韦庆稳. 水语［A］// 孙宏开，胡增益，黄行. 中国的语言［C］. 北京：商务印书馆，2007：1211-1230.

黎语支—黎语①

（85） fa^{53}　bo：k^{55}　nom^{11}　pho：ŋ^{11}　tsɯlu：k^{53}.
　　　我们　汲　　水　　浇　　　玉米
　　　我们打水浇玉米。

（86） ɬau^{11}　pha^{11}　tsoŋ^{11}　dɯ^{11}　ŋa：i^{55}　ku：n^{53}　ri：n^{53}　thun^{55}.
　　　二　个　坐　在　边　路　说　话
　　　两人坐在路边说话。

村语②

（87） hon^{13}na^{21}　ki^{33}fon^{55}　kə^{21}　zai^{42}　lɯt̪^{13}　mɔ^{21}.
　　　今天　　晚上　我　去　找　你
　　　今天晚上我去找你。

村语有些动词重叠后要加 fɔ^{55}，表示尝试的意思。

（88） tsou^{55}　bən^{13}　tsɯəŋ^{21}　kə^{21}　iu^{55}iu^{55}　fɔ^{55}.
　　　拿　来　给　我　看看　一下
　　　拿来给我看一看。

（89） kə^{21}　zai^{42}　nam^{55}　na^{21}　lai^{21}　buən^{42}　sɔi$^{:55}$.
　　　我　去　跟　他　借　本　书
　　　我去跟他借本书。

仡央语支—仡佬语③

（90） lei^{31}　mɒ^{13}　man^{33}　mɒ^{13}　tai^{33}　vaŋ^{44}　mpau^{33}.
　　　小　姑娘　拿　根　树　打　狗
　　　小姑娘拿树棍打狗。

（91） su^{33}　mu^{31}　hau^{13}　sɑn^{33}　luŋ^{55}　ni^{23}　te^{33}　pə^{13}.
　　　你　拿　件　衣　这　放　下
　　　你把这件衣服放下。

（92） lei^{21}　lɛ^{55}　ni^{21}　hau^{13}　lɒ^{55}　væn^{53}　tshɿ^{13}　ŋkə^{42}.
　　　孩　子　这　把　碗　打　碎　了

---

① 欧阳觉亚，郑贻青.黎语简志［M］.北京：民族出版社，1980：66.
② 欧阳觉亚，符镇南.村语［A］//孙宏开，胡增益，黄行.中国的语言［C］.北京：商务
　印书馆，2007：1356-1372.
③ 张济川.仓洛门巴语简志［M］.北京：民族出版社，1986：163.
　贺嘉善.仡佬语［A］.孙宏开、胡增益、黄行.《中国的语言》［C］.北京：商务印书馆，
　2007：1373-1392.

这孩子把碗打碎了。

（90—92）例句可以看出仡佬语动词"拿"虚化的轨迹，（90）中的hau[13]"拿"动词义比较实，（92）句中的hau[13]已经虚化为汉语处置义介词"把"。

木佬语①

木仕华指出木佬语由于受到汉语的影响，单音节动词可以重叠表示"一次""一下"的意思。

（93）mo[31]　　mo[24]　　lə[24]　　lə[24].

你　　来　　看　　看

你来看看。

（94）ta[55]xo[55]　　mo[24] le[24]　ve[53]　fe[53]　kai[53].

大伙　　来　　城　赶　街

大家到城里来赶场。

木佬语趋向动词pi[24]（去）、mo[24]（来）可以置于其他动词成分之前作连动结构的第一个动词，而li[24]（上）、sə[33]（下）则不能。当趋向动词位于其他行为动词之后时，趋向动词表示行为动词的趋向性。例如：

（95）tsɯ[53]　zau[31]　a[55]　pi[24]　fe[53]　kai[53]　li[24].

我们　　　　不　去　赶　街　了

我们不去赶场了。

（96）mɑ[31]　　pi[24]　lə[24]　tsi[53]　lə[24].

你　去　看　一　看

你去看看。

（97）tsi[53]　xuŋ[24]　ɤo[5]3　na[31]　mo[24]　tau[31]　ti[53]na[31]？

一　群　人　这　来　作　什么

这帮人来干什么？

阿尔泰语系—满-通古斯语族—满语

江桥指出连动式是构成谓语的一种方式，所谓连动，即一个主语发出一系列动作，它们共同说明全句的主语；几个动词所表示的动作在意义上是独立的，互相没有修饰关系，只是以-fi结尾的几个动词所表示的动作在时间上是前后相承的，-me结尾的几个动词所表示的动作在时间上是同时进行的，如（98）②。

---

① 木仕华. 木佬语研究［M］. 北京：民族出版社，2003：76.

② 江桥. 论满语的复合谓语、副动词做状语及连动式［J］. 满语研究，1986（1）：45-48.

（98）laduhv　　urat　　be　　duri-he　　baita　　be　　baiqa-fi　wesimbu-he.

　　　latuχʊ　　uratʰ　　pə　　turi-xə　　paitʰɑ　　pə　　paitʃʰɑ-fi　wəçimpu-xə.

　　　拉都虎　乌拉特　ACC　抢劫-完成体　案件　ACC　调查—顺副

上奏—完成体

　　　拉都虎调查谁抢劫了乌拉特部落的事情，然后上奏（给皇上）①。

维吾尔语

许伊娜指出维吾尔语中副动词-p 表达行为的连续性，带-p 副动词行为要先于主要动词的行为完成，动词谓语行为随后进行，如（99）。由于-p 副动词行为只是在时间顺序上与第一级谓项成分的行为相关联，不表达其他性状语义色彩，因此，在突厥语传统语法中，一些突厥语专家把这种语义类型句子中的-p 副动词看作是谓语，或者与全句谓语作用作同等谓语，而不看作是状语②。

（99）dadam jotqanniŋ bir　tʃetini qɑjri-p girdɛ　nanni　oʃtu-p pɛtnus　bilɛn

　　　我父亲　被子的　一　边　卷　窝窝馕　掰开　托盘　用

　　　Omimizniŋ　ystigɛ　qojupqoju-p　bamdatqa　ketɛtti.

　　　我们床铺　上　　放下　　晨礼　去

父亲把铺盖掀起半边，把窝窝馕掰开用盘子放到我们面前就去做晨祷。

高莉琴和阿不都许库尔指出维吾尔语-P 构成的副动词+定式动词的形式有四种类型：复合动词、状中关系的偏正短语、分析形式的体、连动短语。其中-P 副动词所构成的连动结构，每一个动作都可以和主语构成一个主谓关系的独立的句子，因此-P 副动词和定式动词同是语义重心和语法重心，它们之间的关系时平等的，只不过有顺序的前后和因果的差异③。

这种分类基本与江桥对满语副动词和定式动词所构成的结构类型的分析一致，都旨在说明形态标记发达的黏着语阿尔泰语系也存在连动结构。

蒙古语

（100）tere　hʊbchasʊ ban　　ugiya-ju　bara-gad̲ bʊdaga ban　　ide-jei.

　　　她　衣服　总属格　洗-副动　完-副动　饭　总属格　吃-过去时

　　　她洗完衣服吃了饭。（蒙古语母语者香琴提供）

英语

（101）Mary went to the store and bought some whisky.

---

① 季永海，刘景宪，屈六生. 满语语法［M］. 北京：中央民族大学出版社，2011：144.

② 许伊娜. 维吾尔语多谓项结构中-p 副动词形式［J］. 民族语文，1999（2）：72-77.

③ 高莉琴，阿不都许库尔. 维吾尔语里｜P｜副动词+定式动词形式的分类与划分［J］.
语言与翻译，1994（1）：28-41.

下面，将以上所考察的表达时间先后的并列型连动结构中动词之间连接成分总结如下（表6-1）：

表6-1 并列型 SVC 的跨语言对比

语族	语言名称	语序类型	先后关系形式
藏缅语族	景颇语	OV	n^{31} na^{35}
	仓洛门巴语	OV	ŋɹi/ çin
	独龙语	OV	
	大羊普米语	OV	nəuŋ^{31}
	嘉戎语	OV	mok
	浪速语	OV	muŋ^{35}/ ɛ ʔ^{55}
	遮放载瓦语	OV	mu^{51}
	哈尼语	OV	a^{33} nɛ^{33}/ nɔ^{55} xhɔ^{33}
	邦朵拉祜语	OV	lɛ^{33}
	纳苏彝语	OV	gu^{33}
	鹤庆白语	OV	xhw^{55}
苗瑶语族	布努语	VO	
	炯奈语	VO	
	苗语	VO	
侗台语族	壮语	VO	
	布依语	VO	
	毛南语	VO	
	标话	VO	
	仫佬语	VO	
	水语	VO	
	黎语	VO	
	村语	VO	
	仡佬语	VO	
	木佬语	VO	
满-通古斯语族	满语	OV	–fi
蒙古语族	蒙古语	OV	–aad

续表

语族	语言名称	语序类型	先后关系形式
突厥语族	维吾尔语	OV	-p
日尔曼语族	英语	VO	and

从表 6-1 可以看出，第一，并列型连动结构动词之间有表达时间先后的连接成分的语言主要集中于形态标记相对比较丰富的藏缅语族以及阿尔泰语系。藏缅语族并列型连动结构依据前后动词之间语法和语义的紧密程度，选择性使用连接词。语义关系紧密的 SVC 结构，动词之间不需要连接词，常见于宾语共享连动，结构以及动结式复合词连动结构；如果语义关系不紧密或宾语非共享连动句中一般要在动词之间插入连接词。以景颇语为代表的语言，连接词的使用取决于说话者是否要强调动作发生的时间先后关系。

阿尔泰语系的满语、蒙古语以及维吾尔语都存在表达行为动作发生先后关系的语缀，依附于先发生的动词词干后，这类词叫副动词（converb），虽不能独立成句，但副动词具有半述谓性特征。以满语-fi 为例，前后动词语义独立，不存在依附和修饰关系。因此阿尔泰语系这些表达时间先后关系的副动词后缀同藏缅语族以及英语的 and 一样都统属于携带时序意义特征的功能范畴 F，只不过在诸语言并列型连动结构在实现时序意义特征的语音形式不一样而已，有的为独立的连词、有的为语缀，有的介于两者之间的助词，有的语言强制要求使用，有的语言不强制要求，有的语言有语音形式的形态标记，有的则为零标记。

基于此，我们提出了强势连动结构假设（SST，Strong SVC Thesis）。

（102）强式连动结构假设（SST）：

所有语言都存在非对称并列型连动结构。差别仅在于是否有语音形式的形态标记，通常形态标记丰富的语言有，形态标记匮乏的语言没有；表达时序意义特征的形态标记有的为连词，有的为助词，有的为语缀。基于形态标记使用与否及语法单位的特点，我们又提出了连动结构典型性等级（STH，SVC Typicality Hierarchy）。

（103）连动结构典型性等级（STH）：

Φ>语缀>助词>连词（典型性等级由右向左逐渐增强）

Payne 也认为所有语言都存在连动结构，但是连动结构在那些形态标记不丰富的孤立语中更显著①，这里所说的"显著"大致对应（103）连动结构的典型性等级。

第二，除了通过在动词之间插入连接成分之外，很多语言都采用在第一个动词后附加完成体标记来表达动作相继发生、动作相承的语义，进而保证第一个 VP 事件的有界性。比如独龙语的动词重叠、鹤庆白语的 xhɯ^{55}以及布依语的 kwa^5 或 ʔiə^5 等。

第三，黄行侗台语和苗瑶语同汉语一样缺乏语法形态标记，因此它们的连动结构句式和汉语基本一致。正如戴庆厦所指出的："藏缅语与汉语是貌异则源近；而侗台语与汉语，貌似则源远。而侗台语与汉语的相似是语言影响的结果，语言的影响导致语言的质变，但仍是语言亲属关系。"②

第四，汉语并列型连动结构很难通过形态标记直观判断形态标记匮乏语言的连动结构的中心动词，而有形态标记的藏缅语族以及阿尔泰语系语言，时序意义标记所附加的那个动词常常为非谓动词形式，即没有人称、数、时、语气等一致关系的语法表现。

根据 Chomsky 提出的同一性原则（uniformity principle）③ 和 Miyagawa 提出的强化的"同一性原则"④，汉语并列型 SVC 的句法核心为携带时序意义的功能范畴 F，先发生的 VP 事件位于其指示语位置，后发生的 VP 事件位于其补语位置。

第二节　主从型连动结构

根据核心在前还是在后，主从型连动结构可以分为核补类 SVC 和状核类 SVC。核补类 SVC 包括动作—结果和动作—目的两大类，状核类 SVC 包括伴随—动作、方式—动作、处所—动作等。先来考察核补类 SVC 的情况，主要考察

①　PAYNE T. Describing Morphosyntax：A Guide for Field Linguist［M］. Cambridge：Cambridge University Press，1997：307.

②　戴庆厦. 藏缅语族语言研究：二［M］. 昆明：云南民族出版社，1998：416.

③　Chomsky（2001）在最简方案框架下提出同一性原则，即在没有明显的反面证据时，可以假设所有的语言都是一致的，其差异仅限于能易于发现的输出话语的不同。
CHOMSKY N. Derivation by phase［M］//KENSTOWICZ M. Ken Hale：A Life in Language. Cambridge：MIT Pres，2001：1–53.

④　MIYAGAWA S. Why Agree？Why Move？Unifying Agreement-based and Discourse-configura-tional LANGUAGES［M］. Cambridge ：MIT Press，2010：2.

核补类 SVC 核心动词与补语动词成分的语序、补语标记以及补语为趋向动词的分布情况。

一、核补类 SVC

戴庆厦指出景颇语述补结构在藏缅语中比较发达，出现频率最高的两类是貌词和使动动词，原形动词和形容词作补语的相对比较少①。羌语支语言尚未产生述补结构，其他语言补语所表达的意义在羌语支里使用词缀或其他成分标示。藏语支述补结构简单，处于萌芽状态，有粘着、分析两种结构形式。彝缅语述补结构最丰富，补语的语法地位重要，粘着、分析两种结构形式都有。就述补结构的发达程度，藏缅语四个分支呈现如下等级：

羌语支<藏语支<景颇语<彝缅语

景颇语

（104）是动词和使动动词连用构成的述补关系连动结构，使动动词作补语表达核心动词的结果。（105）是同义动词相连构成的连动结构，居前的动词为主要动词，居后的动词起到对主要动词补充说明的作用，类似于汉语正反说明类连动结构，从正反两方面来表达相同意义，肯定动词为主要动词，否定动词为主要动词的补语成分。（106）和（107）都是形容词充当动词补语的例子，作补语的形容词也常常用其使动态形式。（108）是多补语结构，动词后的补语成分之间是并列关系，共同补充谓语②。

（104）ka‿³¹lo³³　ʃa‿³¹ʒai⁵⁵

　　　做　　使正

　　　纠正

　　　ka‿³¹jat³¹　tʃa‿³¹then³¹

　　　打　　使坏

　　　打坏

（105）khʒap³¹　a³¹ʃut³¹

　　　哭　　抽泣

　　　抽泣

　　　pu_k⁵⁵　ma‿³¹ʒon⁵⁵

　　　喊　　大喊

① 戴庆厦. 景颇语参考语法［M］. 北京：中国社会科学出版社，2012：323.

② 戴庆厦. 景颇语参考语法［M］. 北京：中国社会科学出版社，2012：318.

大喊

（106）　ʃa⁵⁵　khʒu⁵⁵

吃　　饱

吃饱

ka‿³³　ʃut⁵⁵

写　　错

写错

（107）　tʃa‿³³　tʃa̯³¹khje³³

染　　使红

染红

tsu‿n³³　ʃa̯³¹tan³¹

说　　使清楚

说清楚

（108）　ka̯³¹pjeʔ³¹　toʔ³¹tʃa̯³¹tan³¹

踩　　断　使掉

踩断

a³¹tʃo‿ʔ⁵⁵　sat³¹　ka‿u⁵⁵

戳　　死　掉

戳死

（109）　wan³¹　wut³¹　ʃa̯³¹tʃi‿ʔ⁵⁵　tat³¹　　　　　　　　　uʔ³¹！

火　生　使着　　放（动作行为对宾语有影响）2sg：命令式

你把火生着！

（110）　ʃat³¹　　ʃa̯³¹tu³³　tʃa̯³¹khut³¹　　sai³³.

饭　　煮　　　使熟　　3sg：陈述变化式

饭煮熟了。

但当主要动词为趋向动词时，趋向动词和行为动词之间不需要连接成分，直接相连即可，含趋向动词 sa³³（来、去）和 wa³¹（回）的连动句如下：

（111）　ʃi³³　ʃat³¹　wa³¹　phji⁵⁵　ʃa⁵⁵　ai³³.

他　饭　回　讨　　吃　（句尾）

他回来讨饭吃。

（112）　ma̯³¹kui³³　　lu³¹ʃa⁵⁵　ta‿m³³　ʃa⁵⁵　sa³³　wa³¹　maʔ³¹ai³³.

大象　　食物　找　吃　去　回　（句尾）

大象找食物吃去了。

(113) ʃi³³　pheʔ⁵⁵　sa³³　ʃaˇ³¹ka⁵⁵la⁵⁵　　　　　　uʔ³¹ai³³.

他　DAT　去　叫　拿（结果取得貌）3sg：陈述存在式

他去叫他来。

(114) ʃi³³　n⁵⁵ta_⁵¹　sa³³　kaˇ³¹lo³³　lom³¹　sai³³.

他　房　去　做　参加　3sg：陈述变化式

他去参加盖房了。

少数句子中 sa³³（来、去）可以放在另一动词之后，其条件是：sa³³ 带貌词①或另一个动词和宾语结合较紧。

(115) tʃaˇ³¹khʒai³³ma³¹　ŋa⁵⁵khan³³　sa³³　uʔ³¹ai³³.

孤儿　　　　　鱼捕　去　3sg：陈述存在式

孤儿去捕鱼。

(116) khʒu³³tu³¹pheʔ⁵⁵　kjam³³　sa³³　wa³¹　　　　ai³³mak³¹khju³¹ʒe⁵¹.

斑鸠　　　DAT　猎取　去　回（逐渐进行貌）的　猎人　是

是猎取斑鸠的猎人。

景颇语也含有宾语共享类连动句，共享的宾语也只出现一次，且位于主语之后，第一个动词之前，形成 O+V1+V2 式，如（117—118）。

(117) u³¹　tʃu³¹　ʃa⁵⁵　kaʔ³¹

鸡　烧　吃（句尾）

（我们）烧鸡吃吧！

(118) naŋ³³　ʃat³¹　wan³³　mi³³　ʃap³¹　ʃa⁵⁵　uʔ³¹

你　饭　碗　一　盛　吃（句尾）

你盛碗饭吃吧！

藏语支—仓洛门巴语

门巴的趋向动词可以位于核心动词后构成动补关系的连动结构，例如：

(119) kan¹³　ti¹³la　　　　　lok⁵⁵　u⁵⁵pha

逃　走　　　　　回　来

kot¹³　tɕhum⁵⁵ma　　　kum¹³　tɕho⁵⁵la

看　完　　　　藏　在

（120）u⁵⁵ɳu¹³　　mo¹³jak¹³tsa⁵⁵　　ko⁵⁵phek⁵⁵　un⁵⁵la.

那　　　女人　　　　　门　　开　　来（助动）

那女人开门进来了。

门巴语主要动词和其结果补语之间直接相连，没有补语助词等其他连接成分，如（121—122）。

（121）u⁵⁵ɳu¹³　so⁵⁵ŋo¹³　la　　çin⁵⁵　　tçoŋ¹³ma　la　　　mi.

那　　人　（停顿语气）死　　倒下　（进行体）（肯定语气）

那人死了过去。

（122）thi⁵⁵nɔŋ¹³　　sop⁵⁵　çi⁵⁵le¹³　　la.

今　　　　热　　死　　（进行体）

今天热得要死①。

嘉戎—独龙语支—普米语

蒋颖指出普米语的补语不太发达，汉语里的情态补语、趋向补语，在普米语常用趋向前缀来表示；汉语的结果补语在普米语里常以状语的方式出现②，例如：

（123）xɑ³¹-ʒʅ⁵⁵

DIR-学

学会

（124）xɑ³¹-ɖan²⁴　　　tə⁵⁵-ʃʅ⁵⁵/³¹　　　nə³¹-dzin⁵⁵

DIR-走　　　DIR-去　　　　DIR-坐

走进　　　上去　　　　坐下

（125）də³¹-zʅ⁵⁵-si⁵⁵　　thə³¹-tʃin⁵⁵-si⁵⁵.

DIR-抓-已行体　　DIR-见-已行体

抓住了　　　　见到了

（126）zʅ⁵⁵ʃtʃye²⁴　phji⁵⁵　　pɯ⁵⁵　nə³¹-ʃtʃye⁵⁵-si³¹.

锅盖　　好　　ADV　DIR-盖-已行体

锅盖盖好了。

（127）tʂən⁵⁵　　　wu⁵⁵　min⁵⁵　tə⁵⁵-sɯ⁵⁵　thə³¹-dzɛ³¹dziu²⁴-si⁵⁵.

房子　　里　人　DIR-满　DIR-挤-已行体

房子里挤满了人。

---

① 张济川. 仓洛门巴语简志［M］. 北京：民族出版社，1986：140-141.

② 蒋颖. 大羊普米语参考语法［M］. 北京：中国社会科学出版社，2015：417.

（128）tʂən⁵⁵　　wu⁵⁵　　min⁵⁵　　thə³¹-dzɛ³¹ dziu²⁴　　tə⁵⁵-sɨ⁵⁵-si⁵⁵.

　　　　房子　　里　　人　　DIR-挤　　　　DIR-满-已行体

　　　　房子里挤满了人。

（126—128）中汉语的动补关系结构在普米语中呈现为状中关系，（126）在形容词状语成分后有状语标记pɨ⁵⁵，（127）的状中关系靠语序来实现的。"现在的普米语补语成分处于逐渐萌芽和发展状态，出现了状中和动补结构两者并用的状态"①，见例句（127）和（128）的对比。

　　蒋颖指出普米语的补语助词nəuŋ⁵⁵位于中心语之后、补语之前，指明后面的成分是补语，对其前面的动词或形容词起到补充说明的作用，相当于汉语的"得"。但普米语的补语助词是多功能词，来自连词nəuŋ⁵⁵（和），兼有连词的功能②。例如：

（129）tə⁵⁵gɯ⁵⁵　　thə³¹- tʃhi⁵⁵　　nəuŋ³¹　　ɖui²⁴ᐟ³¹-ʐ̩əu⁵⁵.

　　　　他　　DIR-吓　　（连）　　发抖-进行体

　　　　他吓得发抖。

（130）tə⁵⁵gɯ⁵⁵　　xa³¹-xɯ⁵⁵　　thə³¹-ɬiəŋ⁵⁵ɬin⁵⁵ᐟ ³¹- si³¹.

　　　　他　　DIR-打　　DIR-倒-已行体

　　　　他被打倒了。

（131）tə⁵⁵gɯ⁵⁵　　niɑ²⁴　　thə²⁴-vbəuŋ²⁴ᐟ³¹　　nəuŋ⁵⁵　　khə³¹-tʂʰən²⁴

　　　　他　　菜　　DIR-摊　　　　（连）DIR -晒

　　　　tə⁵⁵-ɣgu⁵⁵-ʃtʃiɛ³¹.

　　　　DIR-干-CAUS

　　　　他把菜摊开晾干。

（132）ɑ⁵⁵ ʃtʃhiəŋ²⁴　　khə³¹-thɨ²⁴　　thə³¹- thə⁵⁵- si³¹.

　　　　我的衣服　　DIR-剐　　DIR-弄破-3sg：已行体

　　　　我的衣服被剐破了③。

（129）在补语成分ɖui²⁴ᐟ³¹前有虚词nəuŋ⁵⁵　连接，而（130）的补语成分前没有，说明（129）的补语成分与动词之间的关系比（130）中的紧密。换言之，（130）中动词ɬiəŋ⁵⁵ɬin⁵⁵ᐟ ³¹虚化程度高，与核心动词已经形成固定搭配，近似一个复合动词的结构。（131—132）都是动词与使动动词连用构成动结关系连动

---

①　蒋颖. 大羊普米语参考语法［M］. 北京：中国社会科学出版社，2015：417.

②　蒋颖. 大羊普米语参考语法［M］. 北京：中国社会科学出版社，2015：274.

③　蒋颖. 大羊普米语参考语法［M］. 北京：中国社会科学出版社，2015：464-467.

结构，使动动词表达对其核心动词的结果。不同在于（131）使动动词通过附加使动后缀形成，（132）中的使动动词是通过语音清化形成的。

当补语为形容词时，补语助词 nəuŋ^{55} 只能用于完成状态的中心语之后，即中心之前必须有表示完成的趋向前缀，其后才能加补语助词 nəuŋ^{55}，补语助词是可选的。例如，（133）动词"洗"带了趋向前缀，表完成体，因此后面可以带补语助词 nəuŋ^{55}；（134）中动词"吃"没有带趋向前缀，因此其后不能带补语助词，否则不合法，如（135）。

（133）ʃtʃhiəŋ^{24} thə^{31}-tsa^{55} （nəuŋ^{55}） thə^{31}-ʃəuŋ^{55}-qa^{55}.

衣服 DIR-洗 （连） DIR-干净-将行体

衣服将洗干净。

（134）ɑ^{55} dzaɪ^{55} tə^{55}-kui^{55}-si^{33}.

我 吃 DIR-饱-已行体

我吃饱了。

（135）＊ɑ^{55} dzaɪ^{55} nəuŋ^{55} tə^{55}-kui^{55}-si^{31}.

我 吃 （连）DIR-饱-已行体

我吃饱了①。

（134—135）表明普米语的补语助词 nəuŋ^{55} 是只能与具有终结点特征（telicity）的动词兼容的虚词，也就是要求其前面的 VP 是一个有界事件。

大羊普米语也有类似汉语的兼语结构，但不同于汉语兼语结构的是，大羊普米语动词之间动词之间需要 nəuŋ^{55} 相连，如（136）。

（136）ni^{24} də^{31} tʂhua^{55} nəuŋ^{55} ɛ^{31} tʃɪ^{55} syn^{55} nəuŋ^{55}

你 （趋）请 （连）我 （与）教 （连）

dzu$^{24/31}$ ʃtʃɪɛ^{55} qu^{55}!

做 使 请

请你教我做吧②!

普米语具有丰富的趋向范畴，因此大多数情况动词的趋向范畴主要通过附加前缀来表示。普米语有三对趋向前缀，包括 tə^{55} 和 nə^{31} 表示向上、向下的趋向，thə^{31} 和 də^{31} 表示对说话人而言离心、向心的趋向范畴，khə^{31} 和 xɑ^{31}／ɑ^{31} 表示离心、向心的趋向。但是该语言的趋向动词也可以与其他行为动词连用，如（137）。

---

① 蒋颖. 大羊普米语参考语法［M］. 北京：中国社会科学出版社，2015：275.

② 蒋颖. 大羊普米语参考语法［M］. 北京：中国社会科学出版社，2015：134.

（137）də³¹-yo²⁴　　　nəuŋ³¹　qua⁵⁵　łi⁵⁵　ʃ⁵⁵/³¹　　min⁵⁵　ʃən⁵⁵.

　　　　DIR-约　　　LINK　牛　　放去　没　　　去

　　约去放牛（我们却）没去①。

蒲溪羌语

黄成龙指出蒲溪羌语没有类似汉语的趋向补语和结果补语，只有两种补语：一种是没有显性名物化标记，另一种是带名物化后粘附成分的。一般来说，补语句的动词不带人称和体标记，从属于主句②。例如：

（138）tha- lke　zetsə　　te- syisyi　n̪i　　ʂa- tɕi　　zə- sa　ʂ̩,

　　　　那-CL　　日子　DIR-算　　ADV　谁-INDEF　在-NOM　好

　　　　ʂa- tɕi　　　zə- sa　　mi- ʂ̩.

　　　　谁-INDEF　在-NOM　NEG-好

　　那以后算日子（确定出殡的日期和时辰），了解（出殡时）谁可以在场

　　谁不能在场。

（139）ŋa　　　çtɕindzi　　te- tʂ̥ua　　　te- z̥m- si.

　　　　1sg：TP　钱　　　　DIR-带来　　DIR-忘记-CSM：1

　　我忘记［带钱来］。

（140）mepəi- lei　　ʂənta　　tɕaʁzu　　tsa- gu　taŋ　　dza- me　　tsi

　　　　老人-DEF　　后面　　儿媳　　这-CL　如何　聪明-QUES　看

　　　　kala.

　　　　想

　　老人想［看看［后来这个儿媳聪明不聪明］］。

嘉戎语

嘉戎语动词和趋向动词可以构成连动结构，但要求趋向动词前的动词变成名物化形式，即将动词构词前缀 ka-变成 kə，名物化的动词成为趋向动词的一个论元。

（141）kə- pa　ka- tʃhe　　　kə- za　ka- tʃhe

　　　　做　　去　　　　吃　　去

　　　　去做　　　　　　　去吃

---

① 蒋颖. 大羊普米语参考语法［M］. 北京：中国社会科学出版社，2015：468.

② 黄成龙. 蒲溪羌语研究［M］. 北京：民族出版社，2006：209-212.

kə- pja　　ka- tʃhe　　　　kə- ro　ka- tʃhe

拿　　　去　　　　　看　　　去

去拿　　　　　　　去看

tətha　　kə- pa　　ka- thɔ

书　　　读　　　上去

上去读书

tə- wa　　kə- ki　　ka- jə

衣服　　　买　　　下去

下去买衣服①

嘉戎语作为 OV 型语言，语法或句法中心落在末位动词上，非核心动词都以动名词的形式存在。这一点与满语一致，即多个动词连用，末位动词为句法核心，即末位动词附加人称、数、体、时等形态标记。

从蒲溪羌语和嘉绒语两种羌语支语言来看，该语支语言中没有类似汉语的补充关系连动结构，末位动词为核心动词有时、体和人称等形态变化。其之前的动词性成分要么是其语义选择的论元成分，该论元成分带有名物化标记或没有；要么是其状语成分，带状语标记如蒲溪的 ȵi，虚词 ȵi 也是并列（小句或名词）标记。

独龙语

孙宏开指出，当两个动词连用，第二个动词为"去""来""回""走"时，要在第一个动词后加方位助词 le¹³②，例如：

（142）aˇŋ⁵³　　ŋaŋ⁵⁵　　ɹi⁵⁵　　le³¹　　a³¹gɯˇi⁵⁵– di³¹.

他　　水　　背　LOC 去-DIR

他背水去了。

（143）iˇŋ⁵⁵ne⁵⁵　taˇn⁵⁵ni⁵³　a³¹mɹa⁵⁵　tuŋ⁵⁵　le³¹　　a³¹gɯˇi⁵⁵– çin³¹.

我俩　　今天　　火山地　砍　　LOC 去-祈求式

我们俩今天去砍火山地！

（144）aˇŋ⁵⁵niˇŋ⁵⁵　　taŋ⁵⁵bɔŋ⁵⁵　sɯ³¹dɯ⁵⁵　dɔ³¹　　di⁵³– di³¹.

他们　　玉米　　收　　LOC 去-DIR

他们去收玉米了。

孙宏开指出，dɔ³¹用在表处所时，和助词 le³¹有相似之处，两者的区别在于，

---

① 林向荣.嘉戎语研究［M］.成都：四川民族出版社，1993：533.

② 孙宏开.独龙语简志［M］.北京：民族出版社，1982：148-149.

le^{31}一般用于宾语部分居多，dɔ^{31}主要用于主语或状语部分居多，有时两者可以互换，（144）例句中的dɔ^{31}可以被换成 le^{31}，但（142—143）中的 le^{31}不能被dɔ^{31}替换①。

孙宏开指出，独龙语两个动词连用时，如果第一个动词是第二个动词行为动作的结果，需要在第一个动词后加结构助词 taˇʔ^{55}②。例如：

（145）naˇi^{53}　　ŋa^{53}　　ɔˇcɹ^{55}　　glaˇʔ^{55}　　taˇʔ^{55}　　　　　　nɯ^{31}-dʑaʔɔ^{55}-luŋ^{55}.
　　　　你　　我　　衣服　　破　　（补语标记）　　2-捅-已行体
　　　　你把我的衣服捅破了。

（146）pu^{55}dʑi^{31}　　a^{13}tsaˇŋ^{53}　　mi　　çiŋ^{55}　　a^{31}tɔt^{55}　　taˇʔ^{55}　　xɹat^{55}-bɯ^{31}.
　　　　木匠　　人　　　AGT　　树　　断　　（补语标记）　　锯-完成体
　　　　木匠把树锯断了。

杨将领指出 le^{31}是一个向格标记，taˇʔ^{55}是一个补语标记③，le^{31}作补语标记的用法是后起的。

缅彝语支—浪速语

戴庆厦指出浪速语的补充关系词组，常常是中心成分在前，补充成分在后④。但也有个别补语放在谓语之前，在意义上还是补充谓语的，例如：

（147）tsɔ^{35}　　kji^{31}　　　　møʔ^{31}　　ʃik^{31} / ^{55}
　　　　吃　　饱　　　　饿　　死
　　　　吃饱　　　　饿死
　　　　jauŋ^{55}　　kai^{31} / ^{51}　　pɛ^{31}　　khjø^{55}
　　　　修　　好　　打　　破
　　　　修好　　　　打破

（148）kjɔ^{55}　　lɔ^{55}　　　　vəŋ^{31} / ^{35}　　lɔ^{31} / ^{51}
　　　　下　　去　　　　进　　　　来
　　　　下去　　　　进来

（149）pəŋ^{31}　　vu^{55}　　　　pəŋ^{31}　　tsɔ^{35}
　　　　完　　看　　　　完　　吃
　　　　看完　　　　　　吃完

---

① 孙宏开. 独龙语简志［M］. 北京：民族出版社，1982：150-151.
② 孙宏开. 独龙语简志［M］. 北京：民族出版社，1982：124.
③ 杨将领. 独龙语的向格标记-le31［J］. 民族语文，2016（5）：78-87.
④ 戴庆厦. 浪速语研究［M］. 北京：民族出版社，2005：98.

tsɔ˃⁵⁵ ko³¹　　　　　　tsɔ˃⁵⁵ ʃauk⁵⁵

着 挡　　　　　　　　　着 喝

挡着　　　　　　喝着

浪速语的补语通常位于谓语之后的，但是表结果义的 pəŋ³¹（完）和表状态持续义的 ts˃⁵⁵（着）作补语却位于谓语之前，构成一种特殊的补充关系结构，其来历不明①。

（150） jauk³¹ mji‿⁵⁵ tsɔ³⁵ kji³¹ va⁵⁵.

舅 母 吃 饱 已行体

舅母吃饱了。

（151） khuk⁵⁵ pɛˀ³¹ khjøˀ⁵⁵ va⁵⁵.

碗 打 使破 已行体

碗打破了。

（152） vɔŋ³¹／³⁵ lɔ‿³¹／⁵¹ aˀ³¹.

进 来 2sg：祈使式

进来吧！

（153） jɔ‿³⁵ muk³¹suk⁵⁵ tu‿ŋ⁵⁵ tɔ³⁵／³¹ va⁵⁵.

他 字 写 上 已行体

他把字写上了。

（154） ʃɔ³⁵ mə‿³¹ tʃɔ‿ˀⁿ⁵⁵ ŋjɔˀ³¹.

肉 没 煮 熟

肉没煮熟。

（155） a³¹phɔ⁵⁵ muk³¹suk⁵⁵ pəŋ³¹ vu⁵⁵ va⁵⁵.

叔叔 书 完 看 已行体

叔叔看完书了。

（156） sak⁵⁵ jaŋ³¹ tʂ‿⁵⁵ ko³¹ va⁵⁵.

树 PASS 着 挡 已行体

被树挡着了。

（151）和（153—155）可以看出，浪速语补充关系连动结构的唯一宾语成分位于补充关系连动词组之前，形成"O+V1+V2"结构。

浪速语的趋向动词位于行为动词前或后都可以，例如：

---

① 戴庆厦. 浪速语研究［M］. 北京：民族出版社，2005：110.

（157） n >̃^{31} jɛ^{35} ju^{31} lɔ^{31} aʔ^{31}！

你 去 拿 回 2sg：祈使式

你去拿回来吧！

（158） ŋɔ^{31} thɔ$^{-35}$ xɔ$^{31/53}$ jɛ$^{35/55}$ ʒa^{55}.

我 柴 找 去 一般体

我去找柴。

遮放载瓦语①

朱艳华指出，遮放载瓦语谓语动词后的补语成分可以由动词、形容词、主谓短语来充当，语序为补语成分位于核心谓词之后；当补语成分为疑问代词或主谓短语时，要在核心动词和补语之间使用补语助词 ə^{55}。

动词性成分作补语时，可以是自主动词，见例（159）和（161—163）；也可以是使动动词，见例（160）；还可以是趋向动词，如例（164）；亦可以是形容词，如例（165）。

（159） ja_ŋ^{31} tʃut^{55} lɛŋ^{31} pə^{51}.

他 滑 倒 变化体

他滑倒了。

（160） pui^{51} əʔ^{31} jɔ^{51} la_p^{55} khɔʔ^{55} pə^{51}.

太阳 AGT 水田 晒 使裂 变化体

太阳把田都晒裂了。

（161） ja_ŋ^{31} tan$^{51/31}$ ə^{55} pik^{55}pik^{55} nan^{55}.

他 使惊吓 得 瑟瑟发抖

他吓得瑟瑟发抖。

（162） ŋun^{51} tsaŋ^{55} khau^{31} pjam^{55} pə^{51}.

钱 PASS 偷 掉 变化体

钱被偷了。

（163） ja_ŋ^{31} ŋɔ̆^{31}tsɔ^{31} lă^{31} tu^{31} wɔ^{55} ŋə_n^{31} ju$^{51/31}$ ʒa^{55}.

他 鱼 一 条 得 钓 拿 （实然助）

他钓到了一条鱼。

（164） tʃɔŋ^{31}tsɔ^{31} mjɔ^{31}mjɔ^{31} tʃɔŋ^{31} kɔk^{31} khau^{51} mai^{31} sɔ^{3151} thɔʔ^{55}

学生 多 多 教室 里 （从助） 走 出

lɔ^{51} pə^{51}.

---

① 朱艳华. 载瓦语参考语法［D］. 北京：中央民族大学，2011.

来　变化体

很多学生从教室里走出来了。

(165) mau³¹　wɔ⁵¹　a³¹kɔ³¹.

　　　雨　　下　　不大

雨下得不大。

纳苏彝语①

(166) a⁵⁵mu³³　dzo²¹　dzo³³　di²¹　χo²¹.

　　　哥哥　　饭　　吃　　去　已行体

哥哥吃饭去了。

(167) si̠²¹　tɕhi²¹　də³³　χo²¹.

　　　树　　砍　　倒　已行体

树被砍倒了。

(168) si̠²¹　dzaɻ²¹　tɕhi²¹　də³³　χo²¹　　ma²¹　do²¹.

　　　树　棵　　砍　　倒　已行体　　不　　能

这棵树砍不倒。

(169) lu²¹bi³³　tshɔ³³　ne̠²¹　mbhu³³　də³³–χo³³.

　　　墙　　　这　　堵　　推　　　倒-已行体

这堵墙推倒了。

彝语诺苏话②

根据胡素华的研究，彝语诺苏话补语标记 si³¹/⁴⁴位于动词性补语成分之前，表示前后两个动词之间含有动作—目的/结果关系，同时也标记两个动作的先后顺序，如（170—171）。趋向动词可以位于另一个动词前或后，如（172—173），位于另一个动词之前时，趋向动词为实义动作，为句子的核心动词，另一个动词为其目的补语成分；当趋向动词位于另一个动词之后时，趋向动词发生语法化，取其虚义，作另外一个动词的补语成分，构成动趋复合词。

(170) ŋo³¹　vo⁵⁵　si⁵⁵　si³¹　　tɕe³³　ʂa⁵⁵　vu³¹　bo³³　mo³³di⁴⁴.

　　　我们　猪　　杀　（补助）　街上　卖　　去　意愿式：转述体

我们要杀猪刀街上去卖。

(171) tshɻ³³　po³¹　ti³³ma³³　zo³³　si³¹　　　　ŋi³³　o⁴⁴.

　　　他　　板凳　CL　　　拿　（补助）　　坐　直陈式

---

① 普忠良. 纳苏彝语语法研究［D］. 上海：上海师范大学，2016.

② 胡素华. 彝语诺苏话的连动结构［J］. 民族语文，2010（2）：23-30.

他拿了个板凳坐。

(172) mu³³ko⁴⁴ la³³si⁴⁴ ŋo³¹ mḥa⁵⁵.

木果 来（补助） 我们 教

木果来教我们。

(173) mu³³ko⁴⁴ ŋo³¹ mḥa⁵⁵ la³³.

木果 我们 教 来

木果来教我们。

(174) ʐo⁴⁴ vu³³ tshɿ³³vɿ³³ si⁴⁴ la³³.

羊 群 他 买（补助） 来

他买了群羊来。

绿村哈尼语①

（175—177）是表达动作—结果语义关系的核补类连动句；（178）是趋向动词作补语的连动句；（179—181）都是表达动作—目的语义关系的连动句，其中（179—180）是受事宾语共享类连动句；（181）是兼语句。

(175) a³¹jo³¹ ma̠³¹ dza³¹ dɛ̠³³ a⁵⁵.

他们 吃 饱 了

他们吃饱了。

(176) no⁵⁵ mi⁵⁵tɕi³¹ dʐi⁵⁵ba³¹ do⁵⁵jɣ³¹ a⁵⁵la³¹?

你 昨晚 酒 喝醉 （语气）

你昨晚喝醉了吗?

(177) a³¹jo³¹ xha³³u̠³³ dø⁵⁵ jo⁵⁵ tɛ̠³¹ be̠³¹ sha³¹ mo̠³¹ja³¹ lɛ⁵⁵ tɕhi⁵⁵.

他 鸡蛋 些 ACC 挤 破 全 要 ACC 担心

他担心那些鸡蛋都要被挤破了。

(178) xha³¹dzɛ⁵⁵ xhɔ⁵⁵thɛ⁵⁵a³³ bjɔ⁵⁵ da̠³³/⁵⁵ li³³ a⁵⁵.

老鹰 山 LOC 飞 上 去 了

老鹰飞上去山上了。

(179) ŋa⁵⁵ xo³¹ tɕa³¹ dza³¹.

我 饭 煮 吃

我煮饭吃②。

---

① 李泽然. 哈尼语的连动结构［J］. 民族语文, 2013（3）: 37-43.

② 戴庆厦, 邱月. OV 型藏缅语连动结构的类型学特征［J］. 汉语学报, 2008（2）: 2-10.

（180）a^{31}ȵi^{55}　　xho^{31}　　　tɕhi^{31}　　xhɔ^{31}　　khu^{31}　　dza^{31}.

　　　　弟弟　　　饭　　　　一　　　　碗　　　　盛　　　　吃

　　　　弟弟盛一碗饭吃。

（181）nɔ^{55}　　a^{31}jo^{31}　　jɔ^{55}　　gu^{55}　　la^{33}.

　　　　你　　　他　　　ACC　　　叫　　　来

　　　　你把他叫来。

碧约哈尼语①

经典根据碧约哈尼语述补结构中是否插入结构助词 kɯ^{33} 以及动词和补语结合的紧密程度，将碧约哈尼语的述补结构分为紧密型和松散型两种。

经典指出，碧约哈尼语的述补结构与汉语述补结构的共同点是都是以动词或形容词为核心，补语位于核心谓语动词之后，表达对核心动词的结果、目的、程度、状态、趋向等语义信息的补充。不同之处在于，汉语的结果补语和可能补语在结构上没有区分的标记，但碧约哈尼的可能补语有可能助词 tshv^{55}（能）。下面分别举例说明：

（182）ji^{31}khɔ^{31}　　mi^{55}　k̲ɯ̲^{33}　　mɔ̲^{33}　　e^{33}.（结果补语）

　　　　他　　　做　　　得　　　好　　　陈述语气

　　　　他做得好。

（183）ji^{31}khɔ^{31}　　mi^{55}　　mɔ̲^{33}　　t̲s̲h̲v̲^{55}　　e^{33}.（可能补语）

　　　　他　　　做　　　好　　　能　　　陈述语气

　　　　他做得好。

趋向动词 ji^{55} 和 la^{55} 位于动词后作补语时，表示核心谓语动词的趋向和状态而没有实际的动作义，其语法化体现为音调的变化，ji^{55} 和 la^{55} 作补语时分别降调为 ji^{33} 和 la^{33} 如（184—185）所示。

（184）ji^{31}khɔ^{31}　　ȵi^{33}　　ji^{33}-pa^{53}.

　　　　他　　　哭　　　去 -完成体

　　　　他哭了。

（185）a̲^{31}ji̲^{33}　　ji̲^{33}　　la^{33}-kɔ^{33}-ji^{55} pa^{53}.

　　　　花　　　开　　　来 -将 -已行体

　　　　花就要开了。

碧约哈尼语述补结构带宾语的语序为"O+V+（kɯ^{33}）+V$_{补}$"，一般来说当补语成分为非单动词结构的复杂结构都要在核心动词和补语之间加补语助词

---

① 经典. 墨江碧约哈尼语参考语法［M］. 北京：中国社会科学出版社，2015：313-315.

kɯ³³，如（189—190）。再者，汉语表达致使关系的动词拷贝句式，碧约哈尼语的对应句式不需要拷贝动词，而是在补语成分之前加补语助词 kɯ³³。

结果补语和可能补语的否定式是有区别的，前者直接在补语助词后加否定词 mɔ³¹，见例（190）；后者是在核心动词之前加否定词 mɔ³¹，见例（191）。

（186）sʅ³³ts³³　　　tsɔ³¹li⁵⁵　li⁵⁵　lo³³-phi³⁵-pa⁵³.

　　　　树　　　风　　吹　倒-变化貌 -完成体

　　　　树被风吹倒了。

（187）nv⁵⁵　xe³⁵va³⁵tsʅ³¹　　ʂʅ³³lɯ³¹　tʂʅ³¹　çɿ³¹-phi⁵³.

　　　　你　这袜子　　一些　　洗　干净-变化貌

　　　　你把这些袜子洗干净。

（188）ji³¹khɔ³¹　xo³¹　tʂ³¹ki⁵⁵- phi³⁵- pa⁵³.

　　　　他　　饭　吃　完-变化貌-完成体

　　　　他吃完饭了。

（189）ŋa⁵⁵sɔ³¹kɔ³¹　tɿ³¹kɯ³³（xɿ³³）　kɔ³¹kɿ³³-phi³¹-la³³-pa⁵³.

　　　　我　书　　看得　（连）　累-变化貌-1-完成体

　　　　我看书看累了。

（190）ŋa⁵⁵ko³¹tɯ³³　　tɯ³³kɯ³³　mɔ³¹　mɔ³¹　e³³.

　　　　我　舞　　跳　得　不　好　陈述语气

　　　　我跳舞跳得不好。

（191）ji³¹khɔ³¹　　mɔ³¹　tsɔ³¹／³³　　pv³³　tshv⁵⁵　e³³.

　　　　他　　　不　吃　饱　能　陈述语气

　　　　他吃不饱。

邦朵拉祜语①

拉祜语述补结构的语序为（O）+V+（ve³³）+V补。

（193）nɔ³¹　te³³　ja³¹　çɛ³¹o³¹.

　　　　你　做　错　已经（完成体）

　　　　你已经做错了。

（194）mu⁵³ji³¹　ma⁵³　la³¹　qo³³,　tçhe³¹qa³³　sʅ³³　pɣ³¹　la³³　jo³¹.

　　　　雨　　不　来　如果　庄稼　死　完　快　了

　　　　如果还不下雨，庄稼快死完了。

---

① 李春风. 邦朵拉祜语参考语法［M］. 北京：中国社会科学出版社，2014：410.

（195）$çiao^{53}$ li^{53} $tçi^{35}qo_^{53}$ gu^{33}___$da_^{31}$ o^{31}.

     小李   锄头   修 好 了

     小李修好了锄头。

（196）$ŋa$ te^{33} ve^{33} $xγ^{31}$ $sʅ^{33}$ la^{33} jo^{31}.

     我   做   得   累   死   来   （肯定强调语气）

     我做得快累死了。

例句（196）中动词 te^{33}（做）是主要动词，ve^{33} 是个补语标记，对应汉语的"得"，"$xγ^{31}$ $sʅ^{33}$ la^{33}"是主要动词 te^{33}（做）的补语成分，其中 $sʅ^{33}$ 位于 $xγ^{31}$（累）后语法化为程度补语，la^{33} 在此虚化程度也非常高，不再表达实在的趋向动词义。戴庆厦和李泽然指出，哈尼语的 la^{33}/la^{55}（来）和 ji^{55}（去）在表示某些自然现象的变化及动作行为的句子里，动词后的 la^{33} 表达动作行为"即将发生"；在表示喜怒哀乐感情的句子里，动词后的 la^{55}/la^{33} 表示动作行为的发生①，例句如下：

（197）$ɔ^{31}ze^{55}$ ze^{55} la^{55} za^{31}.

     雨   下   来   （助）

     快要下雨了。

（198）$a^{55}mo^{55}ja^{55}go^{31}$ ko^{31} la^{55} ja^{33}.

     蚊子   咬   来   （助）

     蚊子快咬（我）了。

（199）za^{31} $jɔ^{55}$ $xa^{55}me^{55}$ me^{31} $gɔ^{55}$ le^{55}, $ŋa^{55}$ $nɯ^{33}ma^{33}$ $tçhi^{33}$

     儿女 （助）怎么   教   好 （助）我   心   愁

     la^{55} ja^{33}.

     来   （助）

     如何教好女儿，我发愁了。

（200）$ŋa^{55}$ $ɣø^{55}$ si^{55} la^{33} ja^{33}.

     我   高兴 死   来（助）

     我高兴得要死。

哈尼语和拉祜语同属彝语支，且"来"的发音都一致，可以推测为同源词，那么拉祜语 la^{33} 的用法参照哈尼语 la^{33} 的用法的话，拉祜语例句（196）中 la^{33} 的用法也应该为表达动作行为的发生。

---

① 戴庆厦，李泽然. 哈尼语的"来"和"去"[J]. 民族语文，2000（5）：26-34.

（201）ŋa　te⁵³khɯ³³　ti³⁵ɣa⁣ ³¹　ju³¹　e³³　ve³³.
　　　我　一下　子追　拿　去　（陈述语气）
　　　我一下子追赶了去。

（201）例是三个动词连用的连动结构，其中"追"是动词"拿"的方式状语，拉祜语动词修饰动词常常不需要加任何状语标记，直接修饰。"去"和"拿"之间是核补关系，"去"表达"拿"的方向。

　　拉祜语连动结构中两个动词若都带宾语，其语序结构为 S+O1+O2+V2+V1；当只有第一个动词带宾语时，其连动短语的语序结构为 S+O1+V1+V2（趋向动词）。例如：

（204）sɔ³⁵pɔ³¹　qha³³pɯ³¹　ɛ³¹li⁣ ³¹xe⁵³kɯ³¹　o³¹　bɔ³⁵çi¹¹　tɕa³³　dɔ⁵³ ̣　e³³.
　　　明天　大家　学校　ACC　篮球　找　打　去
　　　明天大家去学校打篮球。

这里的动词 tɕa³³ 本义是"找"，用在动词前语法化为表方向义。

（205）jɔ⁵³　pɣ³¹tɕe³³　ɔ³¹　li⁣ ³¹xe⁵³　tɕhɛ⁵³　ve³³.
　　　他　北京　ACC　书读　在　（陈述语气）
　　　他在北京读书。

（206）a³³e³³　a³⁵ɔ³³　ɔ¹¹　te³³　tɕhɛ⁵³.
　　　妈妈　家　饭　做　在
　　　妈妈在家做饭。

（207）jɔ⁵³　xa³⁵pɯ³³çi¹¹　te⁵³　çi¹¹　ba³¹　xɯ³¹　la³³　ve³³.
　　　他　石头　一个　扔　过来　（陈述语气）
　　　他扔了个石头过来。

（208）ŋa³¹　tsŋ³³　tɕa³³　xu³⁵　e³³　ve³³.
　　　我　街　找　赶　去　（陈述语气）
　　　我去赶街。

（209）ɔ³¹ɲi³³ma³¹　ɔ³¹vi³⁵pa¹¹　tha³¹　çi¹¹qo³¹　la³³　ve³³.
　　　妹妹　哥哥　ACC　领送　来　（语）
　　　妹妹送哥哥来的。

（210）nɔ³¹　tɕhi³³te⁵³khɯ³³　ɔ¹¹　tɕa³³　tɕa⁵³　e³³.
　　　你　现在　饭　找　吃　去
　　　你现在去吃饭。

(211) jɔ⁵³ khui³³mi̠³¹ ɔ³¹ tɕa³³ gɯ⁵³ la³³ ve³³.

　　他　　昆明　　ACC　找　　玩　　来　　（陈述语气）

　　他来昆明玩。

（210—211）这两个例句中的动词 tɕa³³（找）位于动词"吃""玩"前语法化为表达动词方向的语义。

鹤庆白语

根据赵金灿的研究，鹤庆白语动词性成分作补语时，谓语中心语后一般加上补语标记 nɯ³³tsi⁵⁵、ji³³tsi³³ 或 tɯ⁴⁴。若谓语动词与补语关系紧密，也可以不加补语标记助词。例句（212—216）为动作—结果语义关系连动句；（217—218）为趋向动词作补语的连动句；（219—224）为受事宾语共享类连动句①。

(212) pɯ³¹ tə̠ʳ⁴⁴ ɕi³³ xhɯ⁵⁵ kho³³ tɯ̠²¹.

　　他　　打　　死　　了　　蛇　　个

　　他打死了一条蛇。

(213) nia̠u³¹ tsi³³ pe̠⁴⁴ tso³⁵ she³³ tua̠⁴² xha⁵⁵.

　　纽　　子　　枚　　搓　　洗　　掉　　了

　　纽扣被洗掉了。

(214) ta²¹ phau³¹ xhɯ⁵⁵ na³⁵mɯ³³ lau³¹.

　　弄　　破　　了　　没　　（语气词）

　　没弄坏呀。

(215) tɕau⁵⁵ tɯ̠⁴⁴ na²¹ ku̠⁴².

　　觉　　得　　难　　过

　　觉得不舒服。

(216) a̠⁵⁵ kau³³ to̠⁴⁴ tɕi³¹ to̠⁴⁴ sau⁵⁵ khu³³ xha⁵⁵.

　　阿哥　　挖　田　　挖　累　　　　了

　　阿哥挖田挖累了。

(217) khe̠⁴⁴ tsu³³ jæ̃⁴².

　　拿　　上　　去吧

　　拿上去吧。

(218) ɣɯ⁵⁵ ji̠⁴⁴ ka̠u³¹ xhue³³.

　　来　　入　　烤　　火

　　进来烤火。

① 赵金灿. 云南鹤庆白语研究 ［D］. 北京：中央民族大学，2010.

（219）khua_^{44}　　jɯ^{44}　　ta_^{44}.

摘　　　吃　　桃

摘桃吃。

（220）nãu^{31}　　tsi_^{42}　　tɕi^{42}　　ta_u^{44}　　ɯ̃^{33}　　çy^{33}.

你　　自　　己　　倒　　喝　　水

你自己倒水喝。

（221）pɯ^{31}　tsi^{35}／^{33}　tõ^{55}　mæ^{21}　ɣɯ^{55}　tsi^{55}　kɯ^{21}　tɯ^{31}　tsi^{33}　vo_^{42}.

他　　在　　东　门　处　做　卖　　豆腐

他在东门做豆腐卖。

（222）tsa_u^{44}　　tsa_^{42}sɯ_^{44}　　tsi^{55}.

找　　　活儿　　　做

找活干。

（223）mər^{55}／^{42}　　nɯ^{33}　　pa_u^{44}tsi^{33}　　fhõ_^{31}　　xha ˃^{55}.

买　　　助词　报纸　　　份　　看

买份报纸看。

（224）piæ^{33}　khe^{55}　xhɯ^{33}　xhau^{31}.

摊　开　了　晒

摊开了晒

土家语支—土家语

土家语的趋向动词经常跟在行为动作动词后，表示动作的趋向范畴。趋向动词包括离心趋向动词 a^{55}le^{55}／le^{55}（去）和离心趋向动词 a^{55}çe^{55}／çe^{55}（去）。例如：

（225）xu^{55}tsha^{21}　　a^{55}ti^{55}　　.

跑　　　来.命令式

跑来。

xo^{21}　a^{21}çe^{35}.

拿　来.命令式

拿来。

（226）põli^{55}^{21}　　ũ^{35}　　po^{55}çi^{55}　　ze^{55}.

小孩　长　（补助）　漂亮

小孩长得漂亮。

（227）ai^{55}　　kha^{21}　　na^{55}　　wo^{21}　　thi^{35}　　po^{55}çi^{55}　　tɕĩ.

那　柴　一　捆　捆　（补助）　紧

那捆柴捆得很紧①。

苗瑶语族—矮寨苗语②

余金枝指出矮寨苗语的动词性补语成分作补语位于主要谓语动词之后，若两者关系紧密，动词和补语成分之间零标记。如两者关系不那么紧密，要用补语标记 kaŋ^{22}或 to^{35}，to^{35}用于引导可能补语成分，如（235）。（236—239）为受事宾语共享类连动句。

（228）qo^{53}　pʐo^{35}　pʐəŋ^{53}　pʐɯ^{21}　ʐa^{44}.

灯　　　吹　　熄　　　了

灯吹熄了。

（229）qhə^{35}　tɕi^{44}-tei^{35}

砍　　　CAUS-断

砍断

（230）nəŋ^{31}　tha^{35}　　　　　　　nəŋ^{31}　tɕu^{44}

吃　　饱　　　　　　　　　吃　　完

吃饱　　　　　　　　　　　吃完

（231）bɯ^{44}　ɢə^{33}　ʐu^{35}　sa^{44}　kwa^{35}.

他　唱　好　苗歌　过

他苗歌唱得很好。

（232）tɛ^{44}　ʐu^{35}　ʐei^{53}

生　好　草

长很多草

（233）χwei^{35}　dʐɯ^{35}ləŋ^{44}

走　　上来

走上去

（234）qhə^{35}　kaŋ^{22}　qo^{22}

砍　　　给　　倒

要砍倒

（235）tu^{22}　to^{35}　çɛ^{44}

煮　得　熟

煮得熟

---

① 田德生，何天贞. 土家语简志［M］. 北京：民族出版社，1986：77.
② 余金枝. 矮寨苗语参考语法［D］. 北京：中央民族大学，2010.

（236）ta²¹　ʐei⁵³　nəŋ³¹

　　　　夹　　菜　　吃

　　　　夹菜吃

（237）tʰu²²　le³⁵　nəŋ³¹

　　　　做　　饭　　吃

　　　　做饭吃

（238）tʰei³⁵　tɕɯ⁴⁴　me²²

　　　　酿　　酒　　喝

　　　　酿酒喝①

布努语

（239）mi²¹　θa²³²　ka⁴³shi⁴¹　θhəŋ⁴³　kwɔ⁴¹.

　　　　妈　　洗　　衣服　　干净　　了

　　　　妈妈洗干净衣服了②。

炯奈语

（240）va³¹　θjau⁵³　li³³　le³¹.

　　　　我　　写　　完　　了

　　　　我写完了。

（241）naŋ³¹　kjɔ⁵³　au⁵³　ntʃhu³⁵　θei⁴⁴　le³¹.

　　　　他　　拿　　衣服　　洗　　干净　　了

　　　　他把衣服洗干净了③。

侗台语族—台语支—壮语

　　王均指出壮语的补语助词 tɯk⁵⁵、dai⁵⁵ 用在动词或形容词及其补语之间，表示程度、结果或可能。若动词和补语之间关系紧密，两者之间也不用补语助词标记④。例如：

（242）naŋ²⁴　no³³　jaːk³³　tɯk⁵⁵　hoŋ³¹　kjɯk³³　kjɯk³³.

　　　　皮　　肉　　烧伤　　得　　红　　（红红的）

　　　　皮肉烧得红红的。

---

① 余金枝. 矮寨苗语参考语法［D］. 北京：中央民族大学，2010.

② 蒙朝吉. 布努语［A］// 孙宏开，胡增益，黄行. 中国的语言［C］. 北京：商务印书馆，2007：1507-1530.

③ 毛宗武，李云兵. 炯奈语研究［M］. 北京：中央民族大学出版社，2002.

④ 王均. 壮语［A］// 孙宏开，胡增益，黄行. 中国的语言［C］. 北京：商务印书馆，2007：1099-1118.

（243） juɯ²⁴　dai⁵⁵　dei²⁴
　　　　医　　得　　好
　　　　医得好

（244）kɯn²⁴　hau⁴²　im³⁵
　　　　吃　　饭　　饱
　　　　吃饱饭

（245）kɯn²⁴　no³³　mou²⁴　li：u⁴²
　　　　吃　　肉　　猪　　完了
　　　　把猪肉吃完了

（246）kɯn²⁴　li：u⁴²　no³³　mou²⁴
　　　　吃　　完了　肉　　猪
　　　　把猪肉吃完了

在动作—结果关系连动句中，如果 V1 为带宾语的及物动词，则其宾语可以在 V2 之后，也可以位于 V2 之前，紧接着 V1，如（245—246）。

布依语①

（247）ða：n¹¹　te²⁴　ka⁵³　kai³⁵　çiŋ⁵³　he³⁵.
　　　　家　　他　　杀　　鸡　　请　　客
　　　　他家杀鸡请客。

（248）te²⁴　çiə³⁵　çen¹¹　pai²⁴　leu.
　　　　他　　借　　钱　　去　　了
　　　　他借钱去了。

（249）te²⁴　ðɔŋ¹¹　ʔdoi²⁴　ðu³¹　pai.
　　　　他　　下　　山　　摔　　了
　　　　他下山摔倒了。

（250）tuə¹¹çiə¹¹　tɔk³⁵　pja²⁴　ta：i²⁴　leu.
　　　　黄牛　　摔　　悬崖　死　　了
　　　　黄牛掉悬崖死了。

（251）te²⁴　kɯŋ²⁴　lau⁵³　kɯŋ²⁴　fi¹¹　pai.
　　　　他　　吃　　酒　　吃　　醉　　了
　　　　他喝酒喝醉了。

---

① 周国炎，朱德康. 布依语连动式研究［J］. 民族语文，2015（4）：60-67.

（252）te²⁴ ka：ŋ⁵³ ha：u³⁵ ka：ŋ⁵³ na：i³⁵ pai.

　　　 他　 讲　　 话　　 讲　 累　 了

　　　 他讲话讲累了。

（253）te²⁴ naŋ³³ çiə²⁴ naŋ³³ ŋuŋ³³ pai.

　　　 他　 坐　 车　 坐　 晕　 了

　　　 他坐车坐晕了。

侗水语支—侗语

（254）ma：u⁵³ ʈha⁴⁵³ ʈən¹¹ pa：i⁵⁵ la³¹.

　　　 他　　 上　 山　 去　　 了

　　　 他上山去了。

（255）ja：u¹¹ sət⁵⁵ ja：n¹¹ wo³⁵ la³¹.

　　　 我　 扫　 屋　 干净 了

　　　 我把屋子打扫干净了①。

仫佬语

王均动—宾—补是仫佬语原有的结构语序，如（256）和（258），而（257）不合法。动—补—宾语序是受到汉语的影响而形成的后起的结构，只有部分动—宾—补结构有动—补—宾语序，如（259）②。

（256）həi¹²¹ suk⁵⁵ na⁵³ sja：u⁴⁴ ljeu¹¹.

　　　 我　　 洗　 脸　 干净　 了

　　　 我把脸洗干净了。

（257）＊həi¹²¹ suk⁵⁵ sja：u⁴⁴ na⁵³ ljeu¹¹.

　　　 我　　 洗　 干净　 脸　 了

（258）mɔ¹¹ kui tɔ¹²¹ ŋ̊wa⁴² ka¹¹ tai⁴²pa：i

　　　 他　 打 只　 狗　 那　 死去

　　　 他打死那只狗。

（259）həi¹²¹ tsa：n¹²¹ hu⁵³ kɤaŋ⁴⁴ lɔ 或

　　　 我　　 吃　　 饭　 饱　 了

　　　 həi¹²¹ tsa：n¹²¹ kɤaŋ⁴⁴hu⁵³ lɔ

　　　 我　　 吃　　 饱　饭　 了

---

① 梁敏. 侗语简志 [M]. 北京：民族出版社，1980：68.

② 王均. 壮语 [A] // 孙宏开，胡增益，黄行. 中国的语言 [C]. 北京：商务印书馆，2007：1099-1118.

我吃饱饭了。

木佬语

（260—261）为趋向动词作补语的例句；木佬语动补关系连动结构的语序为"（宾语）+谓语动词+补语"，如（262—265）；如果述补结构带宾语的话，则宾语成分位于谓语动词之前，如（262）。

（260）lau²⁴luŋ²⁴　tsɯ⁵³lau²⁴　ɬu²⁴　luŋ³³　paŋ⁵³tɕi³³　pi²⁴　li.
　　　　大嫂　　　拉　　　　二嫂　进　　房间　　　去　　了
　　　　大嫂把二嫂拉进房去了。

（261）qa²⁴　　za⁵³qo²⁴　pe⁵³li⁵³　mə⁵　　³pi²⁴　li²⁴.
　　　　昨天　土匪　　偷　　　粮食　去　了
　　　　昨天土匪把粮食偷走了。

（262）tau³¹　　lai⁵³　lu³¹　au²⁴.
　　　　做　　衣服　　脏
　　　　弄脏衣服。

（263）mo²⁴　me³¹　a²⁴
　　　　来　　雨　　多
　　　　雨下得多

（264）ku²⁴　a⁵⁵　sei²⁴
　　　　吃　　不　饱
　　　　吃不饱

（265）ŋi⁵³　a⁵⁵ ei²⁴
　　　　穿　不　好
　　　　穿不好①

水语

水语核补结构中有两个补语助词，当补语为形容词性成分时，使用补语助词 he⁴²，对应汉语的补语助词"得"，位于核心动词后，表示动词后的形容词成分为该核心动词的目的或程度补语。当补语为动词性成分时，使用补语助词 ho⁴²，对应汉语表目的义的"来"，位于核心动词后，标记目的补语成分，例如：

（266）pɐn³¹　　he⁴²　　tɐu⁵⁵
　　　　磨　　得　　快

---

① 木仕华. 木佬语研究［M］. 北京：民族出版社，2003：121.

把（刀）磨快

（267）ʔdɑk⁵⁵　　he⁴²　　ʔɣɑi³³　　teŋ²⁴

　　　　拉　　　　得　　　长　　　来

　　　　把（绳子）拉长

（268）mɐŋ⁴²　　he⁴²　　　ŋoŋ⁴⁵ʔit⁵⁵

　　　　喜欢　　　得　　（高兴貌）

　　　　高兴得很

（269）çuŋ²⁴　　ʔɐu⁴²　　ho⁴²　　　　　　tsje²⁴

　　　　煮　　　饭　　　来　　　　　　吃

　　　　煮饭来吃

（270）ʔɑu²⁴　　jiu²⁴　　ho⁴²　　　　　qɐt⁵⁵

　　　　要　　　剪刀　　来　　　　　剪

　　　　用剪子剪

（271）ʔɑu²⁴　　mjɑ²⁴　　ho⁴²　　　　　ljo⁵⁵　　mɐŋ²⁴　　ku²⁴

　　　　要　　　手　　（目的补语助词）瘙痒　他　　　笑

　　　　用手瘙痒逗他笑①。

韦庆稳指出水语的趋向动词 pɑi²⁴（去）和　teŋ²⁴（来）位于其他动词后面作补语，表示趋向、出现或消失义②。例如：

（272）sɑm³³　　pɑi²⁴　　sɑm³³　　teŋ²⁴

　　　　走　　　去　　　走　　　来

　　　　走来走去

（273）hui⁵⁵ teŋ²⁴　　　　　lɑm³¹　　pɑi²⁴

　　　　坐　来　　　　　忘　　　去

　　　　坐下来　　　　忘掉

　　　　çip⁵⁵　　teŋ²⁴　　　ljən³³　　pɑi²⁴

　　　　唱　　　来　　　滚　　　去

　　　　唱起来　　　滚去

水语的趋向动词也可以为主要动词，构成表达动作—目的语义关系的连动句，如（274）；（275）为受事宾语共享类连动句，也表达动作—目的语义关系。

---

① 韦庆稳. 水语［A］// 孙宏开，胡增益，黄行. 中国的语言［C］. 北京：商务印书馆，2007：1224.

② 韦庆稳. 水语［A］// 孙宏开，胡增益，黄行. 中国的语言［C］. 北京：商务印书馆，2007：1221.

(274) ȵa³¹　　pa：i²⁴　tjoŋ⁵⁵.

　　　　你　　去　　提

　　　　你去提。

(275) da：u²⁴　　tsjen⁴⁵　mom⁵⁵　tsje²⁴.

　　　　咱　　　煎　　鱼　　吃

　　　　咱们煎鱼吃①。

毛南语

毛南语动词性成分作补语位于核心谓语动词之后，如果述补结构带宾语，宾语成分通常位于补语成分之前，但有些情况下，宾语成分位于补语成分之后也可以，如（278—280）。

(276) a：m⁵¹　　uk⁵⁵　　pa：i⁴²

　　　　走　　　出　　　去

　　　　走出去

　　　　a：u⁵⁵　ma⁴²

　　　　拿　　　回

　　　　拿回

(277) man²³¹　tɔk²³　　lɛ⁴²　　taŋ⁴²　la°.

　　　　他　　读　　书　　来　　了

　　　　他读起书来了②。

(278) ɦa：k²⁴　　wa²¹³na：n²¹³　　vɛ²⁴　da：i²³¹.

　　　　学　　　毛南话　　　使　好

　　　　学好毛南话。

(279) ɦa：k²⁴　　vɛ²⁴　da：i²³¹　wa²¹³na：n²¹³.

　　　　学　　　使　好　　毛南话

　　　　学好毛南话。

(280) vət⁵⁵　kwok²³　tu：i²³¹　dɛu²³¹　ɬɔ：n⁴²　ja：u⁵¹　ni⁴²　pa：i⁴².

　　　　丢　块　　石头　　一　　到　　里　　河　　去

　　　　丢块石头到河里去③。

梁敏指出毛南语对应汉语的补语助词为 dai²⁴ 由动词"得"转化而来，放在

---

① 张均如. 水语简志［M］. 北京：民族出版社，1980：69.

② 梁敏. 侗语［A］// 孙宏开，胡增益，黄行. 中国的语言［C］. 北京：商务印书馆，2007：1194-1210.

③ 梁敏. 侗语简志［M］. 北京：民族出版社，1980：71.

补语成分之前①。

（281）man²³¹　　vɛ²⁴　　dɑi²⁴　　ju²⁴　　lju⁴⁴　　ju²⁴　　dɑːi²³¹.

　　　　他　　　做　　　得　　　又　　快　　　又　　好

　　　　他做得又快又好。

标话

张均如指出标话对应汉语补语助词的是li⁵⁴，补语成分位于谓语中心词之后，如果动词还带了宾语成分，则宾语在补语前居多，但有些宾语也可以位于补语的后面②。例如：

（282）ki⁵⁵　　taŋ³⁵　　　　in³⁵　　naŋ⁵⁵　　　　tuk⁵⁵　　li⁵⁴　　luk¹²

　　　　吃　　　饱　　　　　回　　来　　　　　挑　　　得　　起

　　　　吃饱　　　　　　　回来　　　　　　　挑得起

（283）tap¹²　　loi¹³²　　puŋ²¹⁴to²²

　　　　掉　　下　　　河

　　　　掉下河

（284）hɔ²¹⁴　　mui⁵⁵　　løk²²　　poi⁵⁵

　　　　进　　那　　　屋　　去

　　　　进屋去

（285）kut⁵⁵　　θa⁵⁵　　lɔ²¹⁴　　tsu²¹⁴　　lan³⁵

　　　　打　　死　　两　　　只　　　蟑螂

　　　　打死两只蟑螂

（286）kut⁵⁵　　lɔ²¹⁴　　tsu²¹⁴　　lan³⁵　　θa⁵⁵　lɛu²¹⁴

　　　　打　　两　　只　　　蟑螂　　死　了

　　　　打死两只蟑螂

（287）tsia⁵⁵　tso³⁵　　ŋaːm⁵⁴　ŋaːm⁵⁴　　tuk⁵⁵　jat⁵⁵　wɔt³²　　thu⁵⁵　in³⁵　naŋ⁵⁵.

　　　　我　　叔　　刚　　刚　　　挑　　一　　担　柴　　回　　来

　　　　我叔叔刚刚挑了一担柴回来。

黎语支—黎语

黎语的趋向动词作补语时，可以与核心动词构成结合式或分离式核补结构；

---

① 梁敏. 侗语［A］// 孙宏开，胡增益，黄行. 中国的语言［C］. 北京：商务印书馆，2007：1194-1210.

② 张均如. 标话［A］// 孙宏开，胡增益，黄行. 中国的语言［C］. 北京：商务印书馆，2007：1175-1193.

其他动词性成分或形容词性成分作补语时，只能与核心动词构成分离式核补结构，如（288）；（289—291）为趋向动词作主要动词补语的连动句；（292）为主要动词为趋向动词的连动句；（293）为兼语句。

（288）roːŋ⁵⁵　tha⁵⁵　fui⁵³

　　　　煮　　饭　　熟

　　　　煮熟了饭

（289）tatɕ⁵⁵　baːi¹¹　beŋ⁵³　khaːn⁵³　fa¹¹　be⁵³.

　　　　鸟　　已经　　飞　　上　　天　　了

　　　　鸟儿飞上天空去了。

（290）tshatɕ⁵⁵　tsɯ⁵⁵　ka¹¹　khui¹¹tshia⁵³　peɯ⁵³.

　　　　买　　一　　辆　　汽车　　回

　　　　买回来一辆车①。

（291）deɯ⁵³　peɯ⁵³roːŋ⁵⁵　kɯ¹¹　la⁵⁵.

　　　　拿　　回　煮　　要　　吃

　　　　拿回去煮来吃。

（292）pha¹¹guːŋ⁵³　hei⁵³ɬuːt⁵⁵　ploŋ¹¹　kɯ¹¹　tsoːn⁵³　be⁵³.

　　　　弟弟　　进去　　房子　　要　　睡　　了

　　　　弟弟进屋里去睡觉了。

（293）pai¹¹za⁵³　gai⁴²　meɯ⁵³　hei⁵³peɯ⁵³.

　　　　母亲　　叫　　你　　回去

　　　　母亲叫你回去②。

村语

村语是 VO 型语言，带动词性补语时，可以是分离式"动词+宾语+补语"的结构，也可以是结合式"动词+补语+宾语"的结构。例如：

（294）na²¹　mai⁴²　tθa⁴²　tsem²¹　liat³³　tshɔt³³　lɛu²¹.

　　　　他　打　二　只　　野猪　死　　了

　　　　他打死了两只野猪。

（295）na²¹　mai⁴²　tshɔt³³　tθa⁴²　tsem²¹　liat³³.

　　　　他　打　死　　二　　只　　野猪

---

① 郑贻青. 黎语［A］//孙宏开，胡增益，黄行. 中国的语言［C］. 北京：商务印书馆，2007：1338-1355.

② 欧阳觉亚，郑贻青. 黎语简志［M］. 北京：民族出版社，1980：66.

他打死了两只野猪。

（296） na²¹   tθai⁴²   kɯn⁵⁵   zai⁴².

　　　他　　进　　房子　　去

　　　他进屋里去。

（297） na²¹   tθai⁴² zai⁴²   kɯn⁵⁵   .

　　　他　　进　　去　　房子

　　　他进屋里去①。

仡央语支—仡佬语

康忠德指出居都仡佬语动词性补语成分位于谓语中心动词之后，部分述补短语的中心语和补语之间要加结构助词 di³³ 或 lʌ³³（得）②，例如：

（298） ʌ³¹hei³¹   tsau³⁵   gɯ³⁵

　　　淋　　湿　　完

　　　淋湿

（299） ʌ³¹nei³¹   vu³³   ʌ³³dzoŋ³³

　　　爬　　去　　上

　　　爬上去

（300） jaɯ³⁵   di³³   tɯ³³ŋɯ³³   gi³³

　　　长　　得　　真　　好

　　　长得真好

（301） mĩ³⁵   nei³⁵   phan³¹   səɯ³¹   dɯ³⁵   di³¹

　　　他　　打　　死　　两　　只　　老虎

　　　他打死了两只老虎。

（302） vu³¹juŋ³¹   a³⁵dzɯŋ³¹   pa³³   tɯ³¹lɯ³⁵   di³³   tin³¹   fei³⁵ tu³⁵   ʌ³⁵.

　　　风　　大　　把　　村　　的　　树　　吹　　断　　（语气助词）

　　　大风把村边的树吹断了。

以上就是汉藏语族非汉语语言核补关系连动句的情况，下面通过表6-2来总结一下所考察的29种语言的补语标记以及述补结构的语序。

---

① 欧阳觉亚，符镇南. 村语［A］//孙宏开，胡增益，黄行. 中国的语言［C］. 北京：商务印书馆，2007：1370.

② 康忠德. 居都仡佬语参考语法［D］. 北京：中央民族大学，2009.

表 6-2　核补类 SVC 的跨语言对比

序号	语言	语序类型	补语助词	述补结构语序
1	景颇语	OV		（O）+V+V$_C$
2	仓洛门巴语	OV		O+V+V$_C$
3	大羊普米语	OV	nəuŋ^{55}	（O）+V+（nəuŋ^{55}）V$_C$
4	蒲溪羌语	OV		Vc$-_{NOM}$+V
5	嘉戎语	OV		Vc$-_{NOM}$+V
6	独龙语	OV	le^{31}/dɔ^{31} tɑˇʔ^{55}	Vc+ le^{31}/dɔ^{31}+V$_趋$ Vc+ tɑˇʔ^{55}+V
7	浪速语	OV		（O）+V+Vc （O）+pəɯ^{31}"完"/ts$\tilde{ɔ}^{55}$"着"+V
8	遮放载瓦语	OV	ə^{55}	（O）+V+ ə^{55}+Vc
9	纳苏彝语	OV		（O）+V+Vc
10	诺苏彝语	OV	si^{31}/^{44}	（O）+V+Vc
11	绿村哈尼语	OV		（O）+V+Vc
12	碧约哈尼语	OV	kɯ^{33}	（O）+V+（kɯ^{33}）$_+$Vc
13	邦朵拉祜语	OV	ve^{33}	（O）+V+（ve^{33}）+Vc
14	鹤庆白语	VO	nɯ^{33}tsi^5/ ji^{33}tsi^{33}/ tɯ^{44}	V+（nɯ^{33}tsi^5/ ji^{33}tsi^{33}/tɯ^{44}）+ Vc+（O）
15	土家语	VO	po^{55}çi^{55}	V+（po^{55}çi^{55}）+Vc+（O）
16	矮寨苗语	VO	kaŋ^{22}/to^{35}	V+（kaŋ^{22}/to^{35}）+Vc+（O）
17	布努语	VO		V+（O）+Vc
18	炯奈语	VO		V+（O）+Vc

续表

序号	语言	语序类型	补语助词	述补结构语序
19	壮语	VO	tɯk^{55}/dai^{55}	V+（O）+（tɯk^{55}/dai^{55}）+Vc V+tɯk^{55}/dai^{55}+Vc+（O）
20	布依语	VO		V+（O）+Vc
21	侗语	VO		V+（O）+Vc
22	仫佬语	VO		V+（O）+Vc V+Vc+（O）
23	木佬语	VO		V+（O）+Vc
24	水语	VO	he^{42} （补语为形容词） ho^{42} （动词性目的补语）	V+he^{42}+ADJ V+（O）+ho^{42}+Vc
25	毛南语	VO	dai^{24}	V+（O）+（dai^{24}）+Vc V+（dai^{24}）+Vc+（O）
26	标话	VO	li^{54}	V+（O）+li^{54}+Vc V+ li^{54}+Vc+（O）
27	黎语	VO		V+（O）+Vc
28	村语	VO		V+（O）+Vc V+Vc+（O）
29	仡佬语	VO	di^{33}/lʌ^{33}	V+（di^{33}/lʌ^{33}）+Vc+（O） V+（O）+（di^{33}/lʌ^{33}）+Vc

通过表6-2以及对汉藏语核补关系连动结构的考察和对比分析，我们发现：

第一，在所考察的语言中，只有蒲溪羌语和嘉戎语没有类似汉语的述补结构，汉语趋向动词作补语的结构对应为趋向前缀，行为动词作结果或目的补语的结构对应为名物化结构作核心动词的论元。

第二，除蒲溪羌语和嘉戎语之外，几乎所有语言中的趋向动词都可以与行为动词结合构成补充关系的连动结构，也可以作为主要动词。当趋向动词作补语时，常常发生语法化，只表达主要动词的趋向和状态，而动作义非常弱。

第三，不管是 OV 型还是 VO 型语言，所有存在述补结构的语言中，除独龙语之外，述语和补语的典型语序都为述语在前补语在后，即"V+V$_c$"。独龙语的述补结构为补语成分在前，核心动词在后，即"V$_c$+V"结构。浪速语动词pəŋ^{31}（完）和 tsɔ̃^{55}（着）作补语时，位于核心动词前，原因不详①。在所考察的嘉戎—独龙语支中，独龙语和大羊普米语有类似汉语的述补结构，嘉戎语和蒲溪羌语都没有述补结构。蒋颖指出汉语的述补结构在以前大羊普米语中对应为状中结构，现在的述补结构是受到语言等多因素影响而后起的，正处于萌芽发展的状态中②。

第四，述补结构与宾语的语序结构大概有两种：一是宾语在述补结构之前或之后，即 O+V+V$_c$ 或 V+V$_c$+O；二是宾语在述语和补语之间，即 V+O+Vc。O+V+V$_c$ 语序的语言集中于景颇语支、藏语支、缅语支以及彝语支语言包括景颇语、仓洛门巴语、大羊普米语、浪速语（除 pəŋ^{31}（完）/tsɔ̃^{55}（着））、纳苏彝语、诺苏彝语、绿村哈尼语、碧约哈尼语、邦朵拉祜语；V+V$_c$+O 语序的语言包括鹤庆白语、土家语、矮寨苗语；V+O+V$_c$ 语序的语言主要集中于侗台语族各语言以及瑶语支语言，包括布努语、炯奈语、侗语、布依语、仫佬语、水语、黎语；V+O+V$_c$ 以及 V+V$_c$+O 语序皆可，但以前一种为典型语序语言包括壮语、毛南语、标话、村语、亻乞佬语。

第五，在所考察的 29 种语言中，能够查到的并明确记录为补语助词的语言有 14 种，大多数语言中的补语助词都不是强制性使用，通常用于补语成分为短语以上复杂结构中。根据补语助词使用与否，可以将述补结构分为紧密型和松散型，通常紧密型述补结构可以看作动结式复合动词，松散型述补结构可以分析为分离式动结结构。

第六，正如戴庆厦所说，述补关系连动结构的补语成分是最易发生语法化的成分，常常语法化为动词内部体成分③。在所考察的语言中，表达"看"义、"完"义、"死"义、"吃"义等动词最易作补语；除此之外，述补关系连动结构的补语动词性成分特别容易发生语法化延伸出其他的语法功能，语法化程度深的补语动词失去独立动词的身份，语法化为词缀，依附于主要动词前或后表达趋向范畴或体范畴，例如藏语支、羌语支、景颇语支；语法化程度比较浅的失去实词意义，表达核心动词的情状。

①　戴庆厦. 浪速语研究［M］. 北京：民族出版社，2005：132.
②　蒋颖. 大羊普米语参考语法［M］. 北京：中国社会科学出版社，2015：467.
③　戴庆厦. 景颇语参考语法［M］. 北京：中国社会科学出版社，2012.

二、状核连动结构

汉语状核连动句中 VP1 常常表达核心动词 VP2 的方式、工具、伴随状态和情状等，本节将对汉藏语修饰关系连动结构进行对比分析，侧重考查各语言工具格助词的情况。

藏缅语族—嘉戎—独龙语支—嘉戎语①

林向荣指出嘉戎语在工具—动作语义关系的结构中，工具名词后加施动助词 kə，表示行为动作是由该工具引起的；同时在行为动词前缀和词根间加中缀-sə，表示"用……作"或"用……使作"的意思。

（303）kaŋ　　pje　　kə　　　　　ta-stços　　kɐ-sə-lɐt

　　　　钢　　笔　　施动助词　　字　　　　使　写

　　　　用钢笔写字

（304）ŋa　　mə　　kɐ-pkor　　　kə　　　　　　to-tsɐm

　　　　我　　他　　背　　　　（施动助词）直上方过去时 -上去

　　　　我把他背上去了。

蒲溪羌语

黄成龙指出蒲溪羌语的状语关系标志为-ɲi，它可以出现在谓语动词后或一个句子之后，表示第一个成分从属于第二个成分。带-ɲi 标记的句子表示两种意义：一种表示目的，另一种表示方式②。

（305）ŋa　　　　z̪dzɛta　　　　şe-ke-ɲi　　　　qaˑ

　　　　1sg：TP　成都：LOC　　DIR-去-ADV　　1sg：NTP：GEN

　　　　sudze　　tsi-sə-ua.

　　　　老师　　看-去-PROS-1

　　　　我去成都看我的老师。

（306）thala　　　tʂhetsə　　dzo-ɲi　　zedə　　zio-sə-i.

　　　　3sg　　　车子　　坐-ADV　书　　学习-去-CSM：3

　　　　她坐车去上学。

蒲溪羌语的工具格标记与施事格标记相同为-i，一般出现在无生命实体之后表示工具，例如：

---

① 林向荣.嘉戎语研究［M］.成都：四川民族出版社，1993：276.

② 黄成龙.蒲溪羌语研究［M］.北京：民族出版社，2006：144-145.

（307） ŋa ʁu‑i tsue tɕhe‑u‑ɑ.

　　　 1sg：TP 碗‑INSTR 水 喝‑PROS‑1

　　　 我要用碗喝水。

（308） zedə thala‑i tsituə‑i tsu.

　　　 纸 3sg‑AGT 剪刀‑INSTR 剪：3

　　　 纸是被他用剪刀剪的。

大羊普米语

　　蒋颖指出大羊普米语的状语助词为 pɯ³¹、dʐuŋ⁵⁵。pɯ³¹ 来自动词，本意为"做，当"，现在语义虚化为状语助词和自主助词；dʐuŋ⁵⁵ 也来自动词，本意为"出现、（时间）到或过了"，虚化后表达"成了……样子"或"遭受"的意思。修饰关系连动句中两个动词（或动词短语）中一个动词从状态、方式上修饰另一个动词。修饰动词在前，被修饰动词在后，状语助词后常后加连词 nəuŋ⁵⁵，但不强制使用。如果动词作状语，且后面没有状语助词或其他体助词，则连词 nəuŋ⁵⁵ 一般不能省①。

（309） ɑ⁵⁵ xa³¹‑stɑ⁵⁵ pɯ³¹ tin⁵⁵ ʂ⁵⁵ sto⁵⁵ ʐəuŋ³¹.

　　　 我 DIR‑盯 ADV 电视 看 1SG. 进行体

　　　 我全神贯注地看电视。

（310） ɑ⁵⁵ khə³¹‑stin⁵⁵ nəuŋ⁵⁵ dʐʅ³¹dʐʅ²⁴/³¹ sto⁵⁵ zəuŋ³¹.

　　　 我 DIR‑躺 （连） 书 看 1SG. 进行体

　　　 我躺着看书。

（311） tə⁵⁵gɯ⁵⁵ ʃən⁵⁵ʒdʒyn⁵⁵ dzin⁵⁵/³¹ nəuŋ³¹ tʂ̩ə⁵⁵mie⁵⁵ ʃʅ⁵⁵ si³¹.

　　　 他 汽车 坐 （连） 家里 去 3SG. 已行体

　　　 他坐车回家了。

（312） tə⁵⁵gɯ⁵⁵ ɑ²⁴/³¹ziu⁵⁵xiɛ⁵⁵/³¹ nəuŋ³¹ mə⁵⁵ ʂuɑ⁵⁵xuɑ³¹ ʐəu.

　　　 他 笑脸 露出 （连） 人 吸引 3SG. 进行体

　　　 他笑脸相迎。

（313） tə⁵⁵gɯ⁵⁵ mə⁵⁵gu⁵⁵li³¹ mɑŋ³¹ ʐə⁵⁵ （nəuŋ⁵⁵） thə³¹‑ʒdʒiəŋ²⁴/³¹

　　　 他 动弹 不 （进行体） （连） DIR‑发呆

　　　 pɑ⁵⁵ si³¹.

　　　 （自主助词）3SG. 已行体

　　　 他一动不动地发呆。

────────────

① 蒋颖. 大羊普米语参考语法［M］. 北京：中国社会科学出版社，2015：271，467.

（314）tə⁵⁵ gɯ⁵⁵ khə³¹-ɖɑn²⁴ khə³¹-ʃ٦⁵⁵ si⁵⁵ kun²⁴/³¹ gɯ⁵⁵ khə⁵⁵-zdi²⁴
　　　　他　　DIR-走　　DIR-去 3SG.已行体 弟弟 TOP DIR-跑
　　　khə³¹-ʃ٦⁵⁵ si⁵⁵.
　　　DIR-去　　3SG.已行体
　　　他走着出去，弟弟跑着出去了。

蒋颖指出普米语的工具格助词为 gue³¹je³¹ 或 je³¹，其中 gue³¹je³¹ 可用于所有
工具词语后，je³¹ 通常用于单音节词语之后；gue³¹je³¹ 或 je³¹ 同时也是普米语施格
助词。普米语格助词 je³¹ 的语法化路径为：来自实义动词"用"，后发生语法化，
虚化程度低的成为工具格助词，虚化程度高的成为施事格助词①。例如：

（315）o⁵⁵tɿ⁵⁵ tʂɦɛ²⁴/³¹-z٦⁵⁵ z̩o⁵⁵ （gue⁵⁵）je³¹ dʒ٦⁵⁵ z̩e⁵⁵-z̩əu³¹.
　　　　那　孩子-PL　网　　　用　　　鱼　捞—进行体
　　　那些孩子在用渔网打鱼。

（316）tə⁵⁵ gɯ⁵⁵ qhuɑ²⁴/³¹ tɑ⁵⁵ gue³¹je³¹ dz٦⁵⁵/³¹-zəu³¹.
　　　　他　　碗　　　大　用　　　吃—进行体
　　　他吃大碗。

如果用工具做什么动作的动作部分没有出现，不能使用工具格助词，只能
用普通动词 tsɛ²⁴，见例（317—318）的对比。

（317）tə⁵⁵ gɯ⁵⁵ z̩əu⁵⁵ tsɛ²⁴/³¹-si³¹, fpʉ⁵⁵ min⁵⁵ tsɛ²⁴/⁵⁵.
　　　　他　　砍刀　用—已行体　斧头　不　用
　　　他用了砍刀，没用斧头。

（318）* tə⁵⁵ gɯ⁵⁵ z̩əu⁵⁵ gue⁵⁵je³¹-si³¹, fpʉ⁵⁵ min⁵⁵ gue⁵⁵je³¹.
　　　　他　　砍刀　用—已行体　斧头　不　用
　　　他用了砍刀，没用斧头。

如果工具的作用对象出现的话，工具词语后使用 gue⁵⁵je³¹ 或 tsɛ²⁴ 皆可，但使
用 gue⁵⁵je³¹ 更突出强调了工具成分在发挥作用，而用 tsɛ²⁴ 没有这个意思。

（319）tə⁵⁵ gɯ⁵⁵ z̩əu⁵⁵ gue⁵⁵je³¹/ tsɛ²⁴ sin²⁴/³¹ ʃtʃyɑ⁵⁵-si³¹.
　　　　他　　砍刀 用　　　柴　砍—已行体
　　　他用砍刀砍柴了。

独龙语②
孙宏开指出独龙语工具格助词为 mi⁵⁵ 或 i⁵⁵，通常 i⁵⁵ 常用于单元音结尾的名

---

① 蒋颖. 大羊普米语参考语法［M］. 北京：中国社会科学出版社，2015：284-286.
② 孙宏开. 独龙语简志［M］. 北京：民族出版社，1982：146，151.

词后。mi^{55}或 i^{55}同时也是独龙语的施格助词。例如：

（320）ŋɑ^{53}　　tsɯ^{31}te^{55}　　mi^{55}　　　ʝɔˇʔ^{55}　　dɔˇt^{55}–niŋ^{31}.

　　　我　　剪子　　　INSTR　布　　　剪—祈求式

　　　我要用剪子剪布。

（321）ŋɑ^{53}　aŋ^{31}sɑˇɹ^{55}　çɑˇm^{53}　ti^{55}blaˇŋ^{53}　mi^{55}　çiŋ^{55}　tuŋ^{55}–niŋ^{31}.

　　　我　新　刀　　一把　　INSTR　柴　砍—祈求式

　　　我要用一把新刀砍柴。

孙宏开指出位格助词 dɔ^{31}在有些情况下也工具格助词的用法，例如：

（322）ɑˇŋ^{53}　pɯˇɹ^{55}kɔˇʔ^{55}　taˇi^{53}taˇi^{53}　dɔ^{31}　aŋ^{31}dzɑ^{55}　dɔʔ^{55}.

　　　他　碗　　　　大 大　　LOC 饭　　舀

　　　他用一个很大的碗舀饭。

（323）naˇi^{53}　ʝɑˇʔ^{55}　　ʝɑˇʔ^{55}　　tɯ^{31}　mi^{55}　dɔ^{31}　pɑ^{55}–sɯ^{31}kɑm^{55}.

　　　你　这　　衣　　火　　　　LOC 命令式-干

　　　你把这衣服烤干。

景颇语①

戴庆厦指出景颇语的工具格助词为 the ʔ^{31}，用在工具名词后面，表示动作行为是由该工具名词进行的。例如：

（324）niŋ^{31}wa^{33}　the ʔ^{31}　　phun^{55}　tha ʔ^{31}

　　　斧头　　　　INSTR　柴　　砍

　　　用斧头砍柴

（325）n^{31}thu^{33}　the ʔ^{31}　　kaˇ^{31} toi^{31}

　　　刀　　　　INSTR　割

　　　用刀割

主要动词之前的 khap^{31}（接）或 khan^{55}（跟）等修饰性动词，也存在一定程度的虚化现象，这些动词与主要动词结合紧密，读音弱化。例如：

（326）ʃi^{33}　　phe ʔ^{55}　khap^{31}　tsu_n^{33}　u ʔ^{31}！

　　　他　　DAT　接　　说　　2sg：命令式

　　　（你）接着他说吧！

（327）kaˇ^{31}wa^{31}　phe ʔ^{55}　khan^{55}　kaˇ^{31}lo^{33}　u ʔ^{31}！

　　　父亲　　DAT　跟　　做　　2sg：命令式

　　　你跟着父亲做吧！

---

① 戴庆厦.景颇语参考语法［M］.北京：中国社会科学出版社，2012.

当泛指动词位于谓语动词之前时，泛指动词前必须带状语成分，此时泛指动词类似状语后缀。例如：

（328）wa?³¹lai⁵⁵　　ka̮³¹jup³¹ka̮³¹jap³¹　ti³³　　　　ʃa⁵⁵　u?³¹.
　　　 水芹菜　　 搓揉状　　　　　（泛指动词）吃　 2sg：命令式
　　　 你搓揉水芹菜吃吧！

（329）khʒu?³¹　 ti³³　　　　　 ka̮³¹lun³¹　　 tat³¹　　　 u?³¹.
　　　 使劲　　（泛指动词）戳　　　（结果貌）　 2sg：命令式
　　　 你使劲戳进吧！

景颇语动词作状语修饰核心谓语动词时，常常是直接相连，构成状核关系连动结构，例如：

（330）tʃa̮³³khji³³　 ma³¹liŋ³³e³¹　　 ka̮³¹wam⁵⁵　　 khom³³ŋa³¹　 ai³³.
　　　 麂子　　 森林　里　 逛　　　　　走　　 在　（尾）
　　　 麂子在森林里逛走着。

（331）ʃi³³　　 phe?⁵⁵　 n³¹thaŋ⁵⁵　　 san⁵⁵　 u?³¹！
　　　 他　　 DAT　　 倒　　　　　 问　　（尾）
　　　（你）反问他吧！

藏语支—仓洛门巴语①
仓洛门巴语的工具格助词为ki¹³，同时也是施格助词。例如：

（332）a⁵⁵çiŋ⁵⁵　 mom¹³　 ri¹³　　 tsha⁵⁵lu¹³　　 ki¹³　　 çur⁵⁵khe⁵⁵.
　　　 咱俩　　 大白菜　水　 热　　　　 INSTR　烫
　　　 咱俩用热水烫白菜吧。

（333）ro?¹³　 ka¹³taŋ¹³　 pur¹³ma¹³　 ki¹³　　 ça⁵⁵raŋ¹³　 çet⁵⁵　 tçh⁵⁵wa　 la.
　　　 他　 手　 指头　　 INSTR　 头　　 梳　 在　（助动）
　　　 他用手指头梳头发。

错那门巴语②
错那门巴语的工具格助词为te³¹同时也为施格助词。例如：

（334）cer³⁵kAn⁵⁵　 n̠y³⁵ku⁵³　　 te³¹　　 ji⁵³ci⁵³　 pri⁵³-wo⁵³　 ne?³⁵.
　　　 老师　　 竹笔　　 INSTR 字　　 写—已行体（助动）
　　　 老师用竹笔写字。

---

①　张济川. 仓洛门巴语简志［M］. 北京：民族出版社，1986：110.
②　陆绍尊. 错那门巴语简志［M］. 北京：民族出版社，1986：84.

（335）nA⁵⁵le³¹ ŋA³⁵rAʔ⁵³ thɔŋ⁵⁵çø：⁵⁵ te³¹ leŋ³⁵ mø：⁵⁵ wA³¹,

从前 我们 木犁 INSTR 田地 犁 （语助）

tA³¹tA⁵³ lek⁵⁵çø：⁵⁵ te³¹ mø：⁵⁵wo⁵³ jin³⁵.

现在 铁犁 INSTR 犁—已行体（助动）

从前我们用木犁犁地，现在用铁犁犁地了。

错那门巴语动词作状语时表达谓语动词的状态，形式为动词后加进行体词缀并重叠，例如：

（336）pe³⁵ te⁵⁵–ri⁵³ te⁵⁵–ri⁵³ ŋɛ：³⁵–wo⁵³ neʔ³⁵.

他 看—进行体 看—进行体 睡—已行体 （助动）

他看着看着就睡了。

（337）cer³⁵kAn⁵⁵ çAt⁵³–ti⁵³ çAt⁵³–ti⁵³ cen³⁵tAr⁵⁵ jin³⁵te³¹.

老师 说—进行体 说—进行体 笑 （助动）

老师说着说着就笑了。

遮放载瓦语①

遮放载瓦语的工具格助词为ə ʔ³¹，同时也为施格助词，例如：

（338）ŋɔ⁵¹ mau³¹pji³¹ əʔ³¹ ka̠⁵⁵ lɛ⁵¹.

我 毛笔 INSTR 写 （非实然）

我用毛笔写。

（339）phjau⁵¹ əʔ³¹ tsaŋ³¹ khu³¹/⁵¹ aʔ³¹.

勺子 INSTR 饭 舀 （谓助）

用勺子舀饭。

（340）a⁵⁵va³¹ maŋ³¹ʃ̪³¹ ma⁵⁵ luʔ³¹kɔk³¹ wui⁵¹ lɔ⁵⁵ ʒa⁵⁵.

爸爸 芒市 LOC 石头 买 去（实然）

爸爸去芒市买石头了。

（341）ja̠ŋ³¹ jap³¹tɔ̠³¹ mu⁵¹ tsaŋ³¹ tsɔ³¹.

他 站 （持续）LNK 饭 吃

他站着吃饭。

浪速语②

浪速语的工具格助词为jaŋ³¹，同时也是施格助词。戴庆厦将jaŋ³¹分析为被动格标记，本文认为施格助词更好。例如：

---

① 朱艳华. 载瓦语参考语法［D］. 北京：中央民族大学，2011.

② 戴庆厦. 浪速语研究［M］. 北京：民族出版社，2005：77.

（342）ʃɛ̃³¹　jaŋ³¹　tsəŋ³⁵

　　　刀　INSTR　砍

　　　用刀砍

（343）khoi³⁵　tsɛ̠³¹　jaŋ³¹　　tsɔ³⁵

　　　筷　子　INSTR　吃

　　　用筷子吃

（345）ɤɔʔ³¹　ɤauŋ³¹　jaŋ³¹/⁵¹　pəŋ³⁵/⁵⁵　sɜʔ³⁵/⁵⁵　va⁵⁵.

　　　鸡　野猫　INSTR　咬　死　已行体

　　　鸡被野猫咬死了。

邦朵拉祜语①

　　拉祜语动词作状语修饰动词时，常常表达后一动作发生的方式，且不使用状语标记。根据二者松紧关系，可以在两动词之间插入非结束式谓语标记 lɛ³³。

（346）nɔ³¹　mɯ³³　gɯ⁵³　ta³¹.

　　　你　坐　玩　着

　　　你坐着玩。

（347）a³³tɕhe̠³¹　ve³¹　tɕhe³¹　tɕa⁵³　çe³¹o³¹.

　　　羊　狼　咬　吃　（体）

　　　羊被狼吃了。

（348）nɔ³¹　fa³⁵　ta³¹　lɛ³³　qha³³　bu̠⁵³　tɕa⁵³.

　　　你　藏　着　（连）尽　饱　吃

　　　你藏着饱饱地吃。

（349）jɔ⁵³　tha̠³¹　lɔ³¹khɔ³⁵　lɛ³³　nɔ³¹　tha̠³¹　ga⁵³.

　　　他　ACC 求　（连）你　ACC　帮

　　　求他帮你。

（350）nu⁵³　tha̠³¹　ɤa³¹　lɛ³³　ti³³mi³³　mɛ⁵³.

　　　牛　ACC　赶　（连）田　耕

　　　赶牛耕田。

（351）ju̠³¹tɿ³⁵jɛ̠³¹　so³³ku⁵³　tɕi⁵³　lɛ³³　li̠³¹　ju³¹　pi⁵³　qe³³.

　　　邮递员　单车　骑　LNK　信　给　拿　去

　　　邮递员骑单车出去送信。

拉祜语动词 ju³¹（拿）、te³³（做）　所在的连动结构中，ju³¹、te³³ 都发生了

---

① 李春风. 邦朵拉祜语参考语法［M］. 北京：中国社会科学出版社，2014：412.

语法化，动作义很弱，朝着工具格标记发展。例如：

（352）nɔ³¹　　ça³³pɛ³¹　　ju³¹　　tshŋ⁵³.

　　　　你　　肥皂　　用　　洗

　　　　你用肥皂洗。

（353）nɔ³¹　　a³⁵pu⁵³＿　　ça³³pɛ⁵³　　te³³　　tshŋ⁵³.

　　　　你　　衣服　　肥皂　　做　　洗

　　　　你用肥皂洗衣服。

拉祜语典型的工具格助词为 te³³lɛ³³，例如：

（354）i³⁵qo³³　　te³³lɛ³³　　ɔ¹¹　　ɲi³⁵　　mɛ³¹.

　　　　勺子　　INSTR　　饭　　舀　　吧

　　　　用勺子舀饭。

（355）ŋa³¹　　na¹¹mɣ¹¹ta³¹　　te³³lɛ³³　　bu³¹＿.

　　　　我　　铅笔　　INSTR　　写

　　　　我用铅笔写。

绿村哈尼语①

（356—358）都是绿村哈尼语状核连动例句，V1 动词表达 V2 动作行为的方式。

（356）ŋa⁵⁵ja³¹　　a⁵⁵tɕhu⁵⁵a⁵⁵si³¹　　lɣ³¹＿　　dza³¹.

　　　　我们　　香蕉　　剥　　吃

　　　　我们剥香蕉吃。

（357）a³¹jo³³dø⁵⁵　　ça⁵⁵ku³³＿ça⁵⁵nɔ⁵⁵　　shu³³　　dza³¹.

　　　　他们　　则耳根　　拌　　吃

　　　　他们在拌则耳根吃。

（358）a³¹jo³¹　　ga⁵⁵dzɿ³³　　a³³　　dɣ⁵⁵　　shɛ⁵⁵ɤa³³　　za³³.

　　　　他　　街　　（方助）逛　　玩耍　　（句尾）

　　　　他在街上逛玩着。

碧约哈尼语②

碧约哈尼语的工具格助词为 ɲi³³，同时也为施格助词。例如：

---

① 李泽然. 哈尼语的连动结构［J］. 民族语文，2013（3）：37-43.

② 经典. 墨江碧约哈尼语参考语法［M］. 北京：中国社会科学出版社，2015：155.

（359）mi³¹sv̩³¹　　　ȵi³³　　　　mi³¹tsɔ³¹　　thv³¹.

松明子　INSTR　火　　　点

用松明子点火。

（360）ji³¹khɔ³¹　　pɔ³³tʂ̩³¹　ȵi　　　tsa⁵⁵ tsɿ³³　　ɔ³¹　　tɕhi⁵⁵　tiŋ⁵⁵ji⁵⁵ pa⁵³.

他　　　报纸　INSTR 桌子　　腿　　　　垫　　（体）

他拿报纸垫了一下桌腿。

碧约哈尼语的状核关系连动结构常常需要通过连词 xɿ³³ 连接。例如：

（361）jɔ³¹v³³kɔ³¹　tʂɻŋ³¹　mɔ³¹　ti³¹　ma³³　lo⁵⁵pɔ³¹　tsa³³　ɔ³¹mo⁵⁵　tsɻ³¹ thɔ³¹　e³³.

他们　　　衣服　没　穿　ADV　河　里　洗澡　（貌）（语）

他们光着身子在河里洗澡。

（362）ji³¹khɔ³¹ jɔ³¹ȵi⁵⁵　pa⁵⁵　xɿ³³　lɔ³¹khɿ⁵⁵　tshɔ³³ji⁵⁵　pa⁵³.

她　孩子　背　（连）茶叶　采　　　（体）

她背着孩子出去采茶叶。

（363）a³³pa³¹　　tshɣ³³khɛ³³　xɿ³³　sa³³tv³³ o³¹ji⁵⁵　pa⁵³.

爸爸　车　开　（连）玉米　卖　（体）

爸爸开车出去卖玉米。

鹤庆白语①

（364）kɯ̠²¹　　tã³³　　　tshæ³³　　ɣɯ̠⁴²　　so⁵⁵.

骑　单　车　学　书

骑单车上学。

（365）jã̠⁴²　　ti ɯ̃⁵⁵　tshue⁵⁵　khu³³　tsa̠⁴⁴　ɣa⁴²　ta̠²¹.

用　钉　锤　个　砸　核桃

用钉锤砸核桃。

（366）tsho⁴⁴　khɯ³³　jɯ⁴⁴　tʂã̠.

蹲　着　吃　早

蹲着吃早饭。

（367）pɯ³¹　tɕɯ̃³³ tshã̠⁴²　tʂã̠ər³³　khɯ³³　xhã̠⁵⁵　so⁵⁵.

他　经常　　睡　着　看　书

他经常躺着看书。

---

① 赵金灿. 云南鹤庆白语研究［D］. 北京：中央民族大学，2010.

土家语

动词充当状语时，一般表示行为和变化的原因和方式，通常要带助词 mo^{21}、po^{21}.

（368）sa^{55}　　n ũ^{55}　　mo^{21}　　sȵ^{35}　　to^{55}.（表方式）

　　　　鸭子　　喂　　　ADV　　肥　　　（助）

　　　　把鸭子喂肥。

（369）tɕhe^{21}　　pi^{35}　　xa^{21}　　mo^{21}　　phi^{21}　　liau^{21}.（表原因）

　　　　碗　　　　　　打　ADV　破　　（完成体）

　　　　碗打破了①。

矮寨苗语②

矮寨苗语的工具格助词为 kə^{44}，由动词 kə^{44}（拿）语法化而来，kə^{44}兼具动词和介词的用法。例如：

（370）pɯ^{53}　　kə^{44}　　　　qo^{53}-tɕi^{44}　　　　　　to^{35}.

　　　　我们　　INSTR　　（名词前缀）-背篓　　装

　　　　我们用背篓装。

（371）bɯ^{44}　　kə^{44}　　le̥^{35}　　nu̥^{22}　　tso^{31}　　tɕɛ^{31}　　be^{44}.

　　　　她　　　INSTR　饭　糯　　捣　　成　　　粑粑

　　　　她把糯米饭捣成粑粑。

余金枝以通过前后动作或事件是否同时发生来判断前后动词之间的语法关系。修饰关系或伴随关系连动结构就是指前后两个事件同时发生，前一个动词表达后一个动词的方式或状态。例如：

（372）bɯ^{44}　　tɕi$_i$^{44}/^{21}-bu^{35}　　pʐei^{44}　　ŋa^{53}.

　　　　她　　　CAUS-低　　头　　哭

　　　　她低着头哭。

（373）te$_i$^{53}/^{22} kɯ^{44}　　tɕɕəŋ^{35}　　ȵi^{53}　　nəŋ^{31}　　daŋ^{31}.

　　　　弟弟　　　　坐　　在　　吃　　糖

　　　　弟弟坐在门槛上吃糖。

---

①　田德生，何天贞. 土家语简志［M］. 北京：民族出版社，1986：85.

②　余金枝. 矮寨苗语参考语法［D］. 北京：中央民族大学，2010.

泰国勉语①

（374）nin⁵³pwei²⁴　tshou²⁴　kuŋ⁵³-ŋwai³¹　　maŋ³¹　sou³³.

　　　　他　睡　床　　（缀）-上　　看　　书

　　　他躺在床上看书。

（375）je³³　noŋ³¹　pat⁵⁵　fje⁵⁵　dzaːŋ³¹.

　　　　我　用　笔　写　字

　　　我用笔写字。

侗台语族—仡央语支—居都仡佬语

康忠德认为 tau³³ 是来自汉语借词，表达状态的持续。tɕhi³³ 是来自动词"起来"，用在动词后表示动作的状态②。例如：

（376）mĩ³⁵ŋu³⁵　tau³³　qʌ³¹ɬɯ³⁵　su³¹.

　　　　他睡　着　看　　书

　　　他躺着看书。

（377）mĩ³⁵　lo³⁵zi³¹　tau³³　ka³¹　mau³³.

　　　　他　站　着　吃　饭

　　　他站着吃饭。

（378）mĩ³⁵li³⁵　tɕhi³³　　　qʌ³¹plɯ³⁵　vu³³mi³³zen³¹　　ʌ³⁵.

　　　　他 哭　（动态助词）跑　　回家　　　（语气助词）

　　　他哭着跑回家去了。

（379）məɯ³¹　lo³⁵zi³¹　（tɕhi³³/tau³³）　da³¹　vu³¹tɕi³³?

　　　　你　站　（动态助词）　做　什么

　　　你站着干什么?

康忠德指出（377）和（379）中动词后也可以不用助词 tɕhi³³/tau³³，用与不用根据个人习惯而定，因为动词 lo³⁵zi³¹ 本身有"站着"之意③。

（380）mĩ³⁵　ŋu³⁵a³⁵thu³³　ʌ³¹ɬəm³⁵　sʉ³¹.

　　　　他　躺在床　看　　书

　　　他躺在床上看书。

（381）mĩ³⁵　lai³³　qʌ³¹tsə³⁵qʌ³³te³³　qʌ³¹me³⁵lo³¹zo³¹　su³¹.

　　　　他　用　笔　　毛　　写　字

---

① 刘玉兰. 泰国勉语参考语法［M］. 北京：中国社会科学出版社，2014：313.

② 康忠德. 居都仡佬语参考语法［D］. 北京：中央民族大学，2009.

③ 康忠德. 居都仡佬语参考语法［D］. 北京：中央民族大学，2009.

他用毛笔写字。

台语支—布依语

（382）mɯŋ² mjaɯ³ le² θui¹laŋ¹ ku¹.

你　别　跑　跟随　我

你别跟着我跑。

（383）te¹ tai³ ʔda⁵ pi⁴ paɯ⁴ te¹.

她　哭　骂　嫂嫂　她

她哭着骂她的嫂嫂。

周国炎和朱德康指出这一结构中的 V1 通常表示 V2 的方式，在汉语中常常要加"着"。受汉语的影响，布依语 V1 之后有时也可以加虚词 ço⁵（相当于汉语"着"）或 tau³ "倒"（来自西南官话，相当于"着"）①。例如：

（384）po²te¹ ʔdun¹ tau³ to⁶θɯ¹.

他们　站　倒　读书

他们站着读书。

（385）ðeu¹ ço⁵ ðiəŋ ku¹ ta³ tsau¹fu¹.

笑　着　和　我　打　招呼

笑着跟我打招呼。

满语

（386）deo morin i sejen be tanrimbi.

弟弟　马　INSTR　车　ACC　拉

弟弟用马拉车②。

以上是跨语言视角下状核关系连动句的情况，下面将所考察语言的状核连动句中所用的工具格标记、状语标记情况总结如表 6-3 所示：

---

① 周国炎，朱德康. 布依语连动式研究［J］. 民族语文，2015（4）：60-67.

② 赵展. 论满语格助词的重要性［J］. 满语研究，2014（3）：97-103.

表 6-3 状核型 SVC 的跨语言对比

	语支	语言名称	工具格	状语标记
藏缅语族—北部语群	嘉戎—独龙语支	嘉戎语	-kə	
		蒲溪羌语	-i	-ŋ̣i
		大羊普米语	gue³¹je³¹或je³¹ tsɛ²⁴	pɯ³¹、dʐuŋ⁵⁵ nəuŋ⁵⁵
		独龙语	mi⁵⁵或i⁵⁵ ?dɔ³¹	
	景颇语支	景颇语	the?³¹	
	藏语支	仓洛门巴语	ki¹³	
		错那门巴语	te³¹	
藏缅语族—南部语群	缅语支	遮放载瓦语	ə?³¹	mu⁵¹
		浪速语	jaŋ³¹	
	彝语支	邦朵拉祜语	te³³lɛ³³	lɛ³³
	土家语支	绿村哈尼语	?	?
		碧约哈尼语	ŋ̣i³³	ma³³ xɿ³³
		鹤庆白语		
		土家语		mo²¹
苗瑶语族	苗语支	矮寨苗语	kə⁴⁴	
	瑶语支	泰国勉语		
侗台语族	仡央语支	居都仡佬语		
	台语支	布依语		
阿尔泰语系	满-通古斯语族	满语	-i	副动词

从表 6-3 可以看出：

第一，除鹤庆白语和土家语外，所考察的藏缅语族的其他语言都有专属的工具格标记，且大多来自动词"用"或"拿"。苗瑶和侗台语族语言工具格标记鲜见，只在余金枝提到的矮寨苗语有工具格标记 kə⁴⁴①。

第二，具有工具格标记的语言其工具格标记常常也是施格标记，除景颇语、

---

① 余金枝. 矮寨苗语参考语法 ［D］. 北京：中央民族大学，2010.

邦朵拉祜语、矮寨苗语和满语。而景颇语、邦朵拉祜语、矮寨苗语和满语等语言没有施格助词，但有宾格助词。

第三，在状核关系连动结构中，除工具—动作语义类外，其他归入状核关系 SVC 的常常是表达方式—动作语义关系类的结构。大羊普米语的 nəɯŋ^{55}、遮放载瓦语的 mu^{51}、邦朵拉祜语的 lɛ^{33}、碧约哈尼语的 xɪ^{33}等状语标记，同时也是表达动作先后关系的连词。除此之外，大多数语言都把"V 着 V"类连动结构归入状核关系 SVC 内，只是每种语言对汉语状态持续标记"着"的语音实现形式不一样而已，表达主要行为动作的伴随状态。

通过非汉语状核关系 SVC 语料的分析，汉语 V1 动词为"用"或"拿"的连动结构中，"用"和"拿"也发生了一定程度的语义虚化，实在意义弱化，具有介词或工具格助词的语法功能。但汉语的"用"和"拿"较汉藏语系其他具有专属工具格标记语言来说，语法化程度不彻底，"用"和"拿"可看作兼具动词和介词词类，在连动结构中，这类词叫作动介词（coverb），在生成语法理论框架下，可以分析为轻动词 use[①]。

汉语中的表达伴随—动作的"V 着 V"类连动结构，核心谓语动词应该为后一个动词，"V 着"部分在形态标记发达的汉语亲属语言中标记为状语，因此在生成语法框架下，汉语"V 着 V"类 SVC 的句法核心为"着"后的动词，"V 着"处理为附加语即核心动词的状语成分。

根据动词之间是否有状语标记或插入成分，可以分为严式/紧密型连动结构和宽式/松散型连动结构。将汉语状核关系 SVC 处理为前为附加语，后为核心的分析不仅有来自亲属语言的佐证，也符合汉语信息焦点位于句末的语法特点吻合。

总而言之，状核关系 SVC 包括工具—动作类、伴随/状态—动作类以及方式—动作类连动结构，这三类语义关系的 SVC 可以统称为广义的方式—动作类 SVC，可以假设所有这类连动结构的方式义动词归为功能范畴 Manner。这与另一类主从型 SVC，即核补关系 SVC 呼应。汉语主从型 SVC，从属类动词一类归为 Manner 范畴，一类归为 Result 范畴和 Purpose 范畴。在时间顺序上，通常一个事件的方式信息位于事件之前，结果和目的内容位于事件之后。两者共同构成了主从型连动结构的全部内容。

---

① LIN T H. Light Verb Syntax and the Theory of Phrase Structure ［D］. Irvine：University of California，2010.

第三节 "给"字连动结构

朱德熙指出汉语的"给"既是动词，又是介词，由"给"组成的连动结构有三种基本格式①：

（388）a. 送一本书给他

b. 织了一件衣服给他

（389）送给他一件毛衣

（390）给他织了一件毛衣

（388）—（390）三类连动句式的后头都能再加上动词或动词性结构构成复杂的连动。例如：

（391）a. 你递一杯水给我喝。

b. 我炒了一个菜给他吃。

c. 你借一支笔给我使。

（392）a. 他借给我一支笔写信。

b. 他送给我一把刀切肉。

c. 他递给我一杯水喝。

（393）a. 他给我沏了一杯茶喝。

b. 我给你买个娃娃玩儿。

c. 你给我买个录音机学英语。

（391a—c）、（392a—c）、（393a—c）分别是（389—390）连动句式后头再加动词形成的三个动词连用的复杂连动句式。为表述方便，我们把"给"字前的动词记作 V1，"给"记作 V2，"给"后头的动词记作 V3。（391a—c）中 V1 动词的直接宾语（指物宾语）同时也 V3 的受事。（392a—c）例句中 V1 的直接宾语是 V3 的工具，（391a—c）、（392c）以及（393a—b）中 V1 的直接宾语是 V3 的受事。（392a—b）以及（393c）中 V1 的直接宾语是 V3 的工具。

也就是说在（388—390）式连动结构里后加的第三个动词总是与 V1 的直接宾语有语义联系。换个角度说，V1 和 V3 总是共享一个论元成分，这个论元成分是 V1 的受事，是 V3 的受事或工具。共享的宾语成分只能出现一次，这跟第四章所提到的目的连动句相似。

---

① 朱德熙. 语法讲义［M］. 北京：商务印书馆，1982：170.

下面我们就汉语的（388—389）式连动结构进行跨语言对比分析。

藏缅语族—嘉戎—独龙语支—普米语

普米语有与格助词 $t\!\int\!i^{55}$，与格助词常常跟在动词的间接宾语或使役对象、受益者的等之后。根据蒋颖的研究，普米语的与格助词 $t\!\int\!i^{55}$ 是实义动词 $t\!\int\!i^{55}$ 语法化的结果①。$t\!\int\!i^{24}$（给）实义动词的用法如例句（394），目前 $t\!\int\!i^{24}$ 实义动词的使用频率较低，语义上也有一定限制，通常只用于给液体。这意味着 $t\!\int\!i^{24}$ 慢慢失去实义动词用法，逐步向与格助词发展，而普米语中另外一个常用的、语义不受限制的实义动词 $khun^{24}$ 逐步承担全部的实义动词的用法。例如：

（394）$t\!\partial^{31}$ $gue^{24}je^{31}$ $\mathfrak{z}d\mathfrak{z}\partial u\eta^{55}$ $t\!\int\!i^{55}$ min^{55} $t\!\int\!i^{24/55}-\textsl{z}\partial u^{31}$.

       他   AGT   羊   DAT   药   给 -进行体

       他给羊喝药。

（395）ε^{31} $t\!\int\!i^{55}$ $t\varepsilon^{31}$ $th\eta^{24}$ tsa^{31} $khun^{24/31}$.

       我   DAT   一点   仅   给

      （他）只给我了一点儿。

（396）$t\partial^{31}gue^{24}je^{31}$ $min^{55}\textsl{z}\textsl{l}^{31}$ $t\!\int\!i^{31}$ gue^{24} $th\partial^{31}-khun^{24/31}-si^{55}$.

       他 AGT   别人   DAT   回答   DIR-给-已行体

       他给了别人一个回复。

（397）$o^{55}ti^{55}$ $m\partial^{31}d\textsl{z}yn^{55}$ $stie^{24/55}$ gw^{31} ε^{31} $t\!\int\!i^{55}$ $d\partial^{31}-kh\partial u\eta^{24}$.

       那   竹竿   根   TOP   我   DAT   DIR-递

       把那根竹竿递给我。

（398）a^{55} $t\partial^{55}gw^{55}$ $t\!\int\!i^{55}$ qua^{55} $ti^{24/55}$ $th\partial^{31}$ $kh\partial n^{24/31}-san^{31}$.

       我   他   DAT   牛   一   （趋）DIR-送-已行体

       我送了一头牛给他。

（399）ε^{31} $nie^{55}je^{31}$ $t\partial^{55}gw^{55}$ $t\!\int\!i^{55}$ $\eta\partial u\eta^{55}$ $wa\eta^{24/31}$ bja^{24}

       我   AGT   他   DAT   钱   五   元

$th\partial^{31}-sth\textsl{u}^{24/31}-san^{55}$.

DIR-借-已行体

       我借给他五元钱。

（400）$t\partial^{31}$ $gue^{24}je^{31}$ ε^{31} $t\!\int\!i^{55}$ $\int\!t\!\int\!hi\partial\eta^{24/31}$ $ti^{24/55}$ $d\partial^{55}-\textsl{su}^{55}/^{31}$

       他   AGT   我   DAT   衣服   一   DIR- 买

---

① 蒋颖. 大羊普米语参考语法［M］. 北京：中国社会科学出版社，2015：292-294.

nəuŋ³¹　　khun²⁴ᐟ³¹.

（连）给

他买给我一件衣服。

（401）t ʂən²⁴　　tʃi³¹　　xkua⁵⁵-tɑ⁵⁵-ʃtʃiɛ²⁴.

　　　　孩子　DAT　哭-NEG-CAUS

　　　　别让孩子哭。

（402）t ʂən²⁴　　tʃi³¹　　nə³¹-ʐ ʅ²⁴ᐟ³¹　　ʃʅ⁵⁵-ʃtʃiɛ⁵⁵-z ̯əu³¹.

　　　　孩子　DAT　　DIR-睡　　去 -CAUS-进行体

　　　　让孩子去睡觉①。

（394—399）句中的与格助词都是位于谓语动词的间接宾语之后，（400）中的与格助词位于谓语动词的受益对象之后，（401—402）中的与格助词位于使役对象之后，其中 ʃtʃiɛ²⁴是普米语的使役动词，有人称、数、体的形态变化。

从（394—395）例句可以看出，普米语中动词 khun²⁴（给）能够独立作谓语，也可以位于给予义动词后作补语，如例句（400）；普米语动词作补语时，可以通过虚词 nəuŋ³¹相连，也可以不用。不管谓语动词是"V 给"还是"V"，谓语动词的间接宾语后面总是用与格助词标记，且两种形式的题元结构一致。

普米语（401—402）这类分析式使动结构，即"V+ ʃtʃiɛ⁵⁵使动动词"的结构与汉语"让+V"对应。

蒲溪羌语

根据黄成龙的研究，蒲溪羌语的与格助词为后缀- z ̯o，附着于双及物动词的间接宾语后，如例句（403—404）；受益者后，如例句（405—406）；或使役对象后，如例句（407—408）②。

（403）thala　　qo- z ̯o　　　　litsə　a- gu　ze- z ̯dɑ- i.

　　　　3sg　1sg：NTP-DAT　梨　一-CL　DIR-给-CSM：3

　　　　他给了我一个梨。

（404）ŋa　　　tutsu- z ̯o　　ʐedə　　　da- z ̯dɑ- u- ɑ

　　　　1sg：TP　弟弟-DAT　书　　　DIR-给-PROS-1

　　　　我要给我弟弟一本书。

（405）phu- z ̯ə- m　　qo- z ̯o　　　　　phu　　　a- la　te- z ̯ə- i

　　　　衣服-缝-NOM　1sg：NTP-DAT　衣服　一-CL DIR-缝-CSM：3

裁缝给我缝了一件衣服。

（406） kanpu　　dz̢ə- pu-m- z̢o　　　　z̢ua　　ku- sə- i

干部　　　事情-做-NOM-DAT　　　庄稼　　收割-去：3

干部给农民收割庄稼去了。

（407） thala-（i）　　　kebz̢ə- z̢o　　　se　　z̢e- tçhe- zə- i.

3sg-（AGT）　　孩子-DAT　　　药　　DIR-喝-CAUS-CSM：3

他让孩子吃了药。

（408） thala-（i）　　　qo- z̢o　　　　phu　　tsa- la　　kue- z̢o

3sg-（AGT）　　1sg：NTP-DAT　衣服　这-CL　　2sg：NTP-DAT

ze- z̢dɑ- zə- i.

DIR- 给-CAUS-CSM：3

他叫我把这件衣服给你①。

藏语支—错那门巴语

（409） cør³⁵ kAn⁵⁵　te³⁵　pe³⁵　le³¹　ji³⁵çi⁵³　the?⁵³　　tçi：³⁵wo⁵³　ne?³⁵.

老师　AGT　他　DAT　书　一　　给-已行体　（助动）

老师给他一本书。

（410） ŋAi³⁵　te³¹　　pu³⁵sA⁵³　le³¹　pe?⁵³　the?⁵³　ŋer³⁵wo⁵³　jin³⁵.

我　AGT　小孩　　DAT　衣服　一　　买-已行体（助动）

我给小孩买了一件衣服。

（411） pe³⁵　te³⁵　cer³⁵kAn⁵⁵　le³¹　ji³⁵ci⁵³　the?⁵³　pri³⁵wo⁵³　ne?³⁵.

他　AGT　老师　　　DAT　信　一　写—已行体　（助动）

他给老师写了一封信②。

景颇语支—阿侬语

（412） a³¹io³¹　tha³²ŋaŋ⁵⁵　kha³¹　　ʂ³⁵va³¹　thi³¹　puɯ⁵⁵　dʑiŋ⁵⁵.

我　弟弟　　DAT　　书　一　本　给

我给弟弟一本书。

（413） a³¹iaŋ³¹　iɛ⁵⁵　muɯ⁵³　a³¹　　ŋa³¹　kha³¹　dʑin⁵⁵　ɛ³¹.

草烟　这　些　（定助）你　DAT　送　（陈述后缀）

这些草烟送给你。

---

① 黄成龙. 蒲溪羌语研究［M］. 北京：民族出版社，2006：118-119.

② 陆绍尊. 错那门巴语简志［M］. 北京：民族出版社，1986：101-102.

(414)　aᶻ³¹muɯ³¹　　aᶻ³¹io³¹　kha⁵⁵　　　　ɡa³¹muɯ³¹　sɛ⁵⁵　thi³¹　tham⁵⁵

　　　　妈妈　　　　我　　　DAT　　　　　衣服　　　新　一　　件

　　　ŋ̩³¹-pha⁵³　phuɯŋ³¹-ɛ³¹.

　　　3sg-　缝　　给—陈述后缀

　　　妈妈给我缝了一件新衣服。

(415)　ŋa³¹　　ŋ³¹　　kha³¹　　　ɡa³¹muɯ³¹　dzɛn⁵⁵　　duɯ³¹ɡu⁵³　o³¹.

　　　　你　　他　　DAT　　　　衣服　　　洗　　　　帮　　　（命令后缀）

　　　你帮他洗衣服①。

景颇语

戴庆厦指出景颇语有实义动词 tʃoʔ³¹ 不能用于其动词后，但是出现语法化的 ja³³ 可以用于其动词后；同时 ja³³ 也可以独立作谓语，如例句（416）。ja³³ 也可以位于其他动词之后，此时呈现不用的语法化层次，轻微"给予"义→动作方向义→被动义，语法化程度从左向右逐渐增强。（417—418）中的 ja³³ 语法化程度较低，表达轻微的"给予"义；（419）中 ja³³ 语法化程度居中，表达动作的方向义；（420—421）中的 ja³³ 语法化程度最高，表达动词的被动义②。

(416)　wa̠⁵¹　　ŋai³³　pheʔ⁵⁵　kum³¹ phʒo³¹　lap³¹　ʃi³³　tʃoʔ³¹　sai³³.

　　　　父亲　　我　　DAT　　钱　　　　　元　十　　给　　（尾）

　　　父亲借给我十元钱。

(417)　ʃi³³　　pheʔ⁵⁵　kum³¹ phʒo³¹　ʃap³¹　ja³³　uʔ³¹!

　　　　他　　DAT　　钱　　　　　借　　给　（尾）

　　　你借钱给他吧！

(418)　n³¹tʂɿ̠n³³　kom³³mi³³　tu⁵⁵tʃoʔ³¹　ʒit³¹!

　　　　水　杯　一　　　倒　给　（尾）

　　　请你倒给我一杯水吧！

(419)　thi³¹ko³³　ʃaˇ³¹ku³¹　pheʔ³⁵　nai³¹mam³³thu³³　ja³³　uʔ³¹!

　　　　户　　每　　DAT　　粮食　　分　　　　给　（尾）

　　　你把粮食分给各户吧！

(420)　ka³¹tsu̠n³³　jit⁵⁵　n³¹na⁵⁵　joŋ³¹　e³¹　tʃom⁵⁵　ma³¹ni³³　ka̠u⁵⁵　ja³³

　　　　话　说　错　之后　大家　AGT　一起　笑　（貌）　给

　　　maˇ⁵⁵nuʔ⁵⁵ai³³.

---

① 孙宏开, 刘光坤. 阿侬语研究［M］. 北京：民族出版社, 2005：111-112, 125.

② 戴庆厦. 景颇语参考语法［M］. 北京：中国社会科学出版社, 2012：326-337.

（尾）

他说错话，被大家笑了。（被动义）

（421） ka^{33} to_n^{31} u^{31}, khum^{31} ma^{31} lap^{31} ka_u^{55} ja^{33} lu^{33}!

写 下 （尾） 别 忘（貌） 给 （语）

写下吧，别把这句话忘了！（致使义）

戴庆厦指出景颇语含有 tʃoʔ^{31} 或 ja^{33}（给）的连动结构区别于汉语对应句式在于，景颇语的 tʃoʔ^{31} 或 ja^{33} 不能与另一个动词分离，只有结合式，即对应的汉语的（389）式；而汉语的"给"既可以与另一个动词紧挨着，也可以分开①。

在与其他动词结合构成（389）式连动结构时，tʃoʔ^{31} 或 ja^{33} 的使用限制条件为：tʃoʔ^{31} 常用于间接宾语为第一人称的句子中，ja^{33} 常用于间接宾语为第二、第三人称的句子中②。

缅彝语支—彝语组—拉祜语

拉祜语有两个"给"义动词，分别为 pi^{53} 和 la^{53}。这两个动词都可以独立作谓语，也可以位于另外一个动词后构成（389）式连动结构。例如：

（422） jɔ^{53} ŋa^{31} tha_^{31} phu^{33} la^{53}.

他 我 DAT 钱 给

他给我钱。

（423） ŋa^{31} jɔ^{53} tha_^{31} ŋa^{53} te^{53} khɛ^{33} pi^{53}.

我 他 DAT 鱼 一 条 给

我给他一条鱼③。

拉祜语动词 pi^{53} 和 la^{53} 也可以与其他动词构成结合式连动结构，即对应汉语的（389）式连动结构。pi^{53} 和 la^{53} 的使用限制条件为：pi^{53} 多用于间接宾语为第二、第三人称的句子中，如（424—426）；la^{53} 多用于间接宾语为第一人称的句子中，如（427）。

（424） ɔ^{31}vi^{35} pa^{11} ɔ^{31}ȵi^{33}pa^{11} tha_^{31} nu^{53}te^{53} khɛ^{33} pɛ^{31} pi^{53}.

哥哥 弟弟 DAT 牛 一 头 分 给

哥哥分给弟弟一头牛。

（425） qe^{33} tha^{53} jɔ^{53} tha_^{31} la_^{31}sɔ^{11} te^{33} pi^{53} ve^{33}.

走 时 他 DAT 礼物 做 给 （语）

---

① 戴庆厦. 景颇语参考语法［M］. 北京：中国社会科学出版社，2012：335.

② 戴庆厦. 景颇语参考语法［M］. 北京：中国社会科学出版社，2012：271.

③ 李春风. 邦朵拉祜语参考语法［M］. 北京：中国社会科学出版社，2014：270；416.

走时给了他礼物。

（426）nɔ³¹li³¹xe⁵³ja⁵³　tha_³¹　te⁵³　ŋi⁵³　pɯ¹¹　qao¹¹　ma¹¹　pi⁵³

　　　你　学生　DAT　一　两　句　说　教　给

xa³³.

（语）

你对学生说两句。

（427）jɔ⁵³　ŋa³¹　tha_³¹　a³¹mi¹¹　mɯ⁵³tu³¹　ve³³　te⁵³　ma³¹　pɛ_³¹　la³³.

　　　他　我　DAT　吹火筒　　　的　一　个　递　给

他递给我一个吹火筒。

拉祜语给予义动词还可以与使动动词连用形成"间接宾语+ tha_³¹ +直接宾语+V2（使动词）+V1（给/让）"形式的连动结构。例如：

（428）nɔ³¹　ɔ³¹nu³³tshɔ³³　tha_³¹　ɔ¹¹　tɕa³³　ku³¹　tɕa¹¹　pi⁵³　lo³¹.

　　　你　别人　　DAT　饭　找　叫　使吃　给　吧

你去叫别人吃饭吧。

（429）ŋa³¹　tha_³¹　te³³　tsɿ³³　la⁵³　ŋi³³.

　　　我　DAT　做　让　给　看（尝试貌）

让我试试看。

（428）中的 tɕa¹¹ 的自动词形式为 tɕha⁵³，pi⁵³ 用在动词后语法化为使动标记。

有时景颇语动词 la⁵³ 或 pi⁵³ 位于其他动词后还有表达被义，例如：

（430）ŋa³¹　tha_³¹　jɔ⁵³　ɣɔ³¹lo¹¹de⁵³ma¹¹　la⁵³　ve³³.

　　　我　DAT　他　骂　　教　　给　（语）

我被他教育了一通[1]。

白语支—鹤庆白语[2]

鹤庆白语动词 zi³¹（给）能够独立作谓语，如例（431），指人的间接宾语如果是代词的话，是代词的属格形式，且其后跟着宾语助词 nɯ³³，形成"主语+ zi³¹+间接宾语+ nɯ³³+直接宾语"的双宾结构。

鹤庆白语动词 zi³¹ 除了独立作谓语之外，还可以位于其他双及物动词后形成汉语（389）式连动句式，如（432—433）。

（432）pɯ³¹　zi³¹　ŋo⁵⁵　　　nɯ³³　so⁵⁵　kãu³³　tɕhuər⁴⁴.

　　　他　给　1sg：POSS　DAT　书　两　册

①　李春风. 邦朵拉祜语参考语法［M］. 北京：中国社会科学出版社，2014：68，96，271.

②　赵金灿. 云南鹤庆白语研究［D］. 北京：中央民族大学，2010.

他给我两本书。

(433) au⁴⁴　zi³¹　xu⁵⁵　tɕə̠r⁴⁴　nɯ³³　çy³³　xu⁵⁵.
　　　浇　　给　　花　　些　　　DAT　水　　些
　　　浇给这些花一些水。

(434) tsuæ̠²¹　zi²¹　pɯ⁵⁵　nɯ³³　j æ̃⁵⁵　ku⁵⁵.
　　　递　　给　　3sg：POSS　DAT　烟　　根
　　　递给他一支烟。

(435) ç æ̃⁵⁵　tɕa_u⁵⁵　ju³⁵　tɕu³⁵　f õ　zi³¹　ji³⁵　ts õ　nɯ³³
　　　县　　教　　育　　局　　分　　给　　　一中　DAT
　　　j ɯ̃³³ jy³¹　lau⁵⁵·si⁵⁵　k ãu³³　tɯ²¹.
　　　英语　　老师　　两　　　个
　　　县教育局分给一中两个英语老师。

(436) u ã⁴²　lau³¹ si³³　k ã⁵⁵　ŋa⁵⁵　jy³¹　v ɯ̠̃⁴².
　　　王　老师　　教　我们　语　文
　　　王老师教我们语文。

根据徐琳和赵衍荪的研究，剑川白语的动词 sʅ³¹（给）可以单独作谓语，单独作谓语时所引导的双宾句中的间接宾语后加与格助词 no³³，其正常语序为"主语+sʅ³¹+间宾+ no³³+直宾"的结构，但是间宾也可以提前，其变换句式如（437—438）所示①。

(437) ŋo³¹　sʅ³¹　la³¹　mɯ⁵⁵　no³³　　　sɤ⁵⁵　tshuɛ⁴⁴.
　　　我　　给　　了　他　　DAT　　　书　　本
　　　我给了他一本书。

(438) ŋo³¹　mɯ⁵⁵　no³³　　　sʅ³¹　la³¹　sɤ⁵⁵　tshuɛ⁴⁴.
　　　我　他　　DAT　　　给　了　书　　本
　　　我给了他一本书。

(439) mɯ⁵⁵　no³³　　　ŋo³¹　sʅ³¹　la³¹　sɤ⁵⁵　tshuɛ⁴⁴.
　　　他　　DAT　　我　给　　了　书　　本
　　　我给了他一本书。

剑川白语

剑川白语不能像鹤庆白语那样，动词 sʅ³¹ 不能位于其他动词后面形成汉语（389）式连动结构，见例（440）。

① 徐琳，赵衍荪. 白语简志［M］. 北京：民族出版社，1984：78.

（440）ts $\tilde{a}^{33}$ s γ^{33} tɕi^{55} 　vu^{33} 　tɕhi^{31} 　mɛ^{33} - t ɯ̃^{55} xo^{44} 　no^{33} 　me^{55} 　zo^{31}

　　　　张书记 　　背 　　　马登人 　　　DAT 大麦 　　种

　　　　ts γ^{33} 　no^{21}.

　　　　一袋

　　　　张书记背给马登人一袋大麦种。

苗瑶语族—侗奈语（龙华话）

侗奈语（龙华话）有两个动词"给"，分别是 paŋ^{44} 和 ku^{44}，前者可以独立作谓语，后者常常位于间接宾语前充当与格标记。与汉语"给"字连动句式比较，侗奈语龙华话有（388）式连动句式，即分离式连动句式，见例句（442—443）。

（441）wei^{31} 　ʃjaŋ^{35} 　maŋ^{33} 　pe^{22} 　paŋ^{44} 　ŋ̩ɔ^{33} 　ku^{44} 　va^{31},

　　　　会 　唱 　你 　就 　给 　牛 　给 　我

　　　　ŋ̩^{53} wei^{31} 　ʃjaŋ^{35} kɔ^{53}, 　　va^{31} 　pe^{22} paŋ^{44} ʃeŋ^{33} 　ku^{44} maŋ^{33}.

　　　　不会 　唱歌 　我 　就 　给 　钱 　给 　你

　　　　（这个小兽）如果会唱歌，你就给牛给我；如果不会唱歌，我就给钱给你。

（442）naŋ^{31} 　ha^{44}ŋ̩i^{53} 　lu^{22} 　u^{44} 　men^{44} 　ʃeŋ^{33} 　ku^{44} 　va^{31}.

　　　　他 　刚才 　借 　二 　元 　钱 　给 　我

　　　　他刚才借了两元钱给我。

（443）va^{31} 　θaŋ^{35} 　ðaŋ^{31} 　au^{53} 　ku^{44} 　naŋ^{31}.

　　　　我 　送 　件 　衣服 　给 　他

　　　　我送一件衣服给他①。

矮寨苗语②

矮寨苗语对应的汉语动词"给"是 kaŋ^{22}，所在的双宾句结构为"主语+kaŋ^{22}+间接宾语+直接宾语"或"主语+V+直接宾语+kaŋ^{22}+间接宾语"的连动结构，见例句（445）和（446）的对比。

（444）we^{44} 　　kaŋ^{22} 　bɯ^{44} 　taŋ^{35}.

　　　　我 　给 　他 　钱

　　　　我给他钱。

---

① 毛宗武，李云兵. 侗奈语研究［M］. 北京：中央民族大学出版社，2002：75，354.

② 余金枝. 矮寨苗语参考语法［D］. 北京：中央民族大学，2010.

（445）a⁵³tɕe⁴⁴　　kaŋ⁴⁴　　we⁴⁴　　a⁴⁴　　ŋən⁴⁴　　ʐu⁴⁴.

（缀）姐　　　给　　　　我　　一　　头　　　牛

姐姐给了我一头牛。

（446）we⁴⁴　　qa⁴⁴　　bɯ⁴⁴　　　　a⁴⁴　　le⁵³　　qho³⁵　ɢən⁴⁴.

我　　借　　她　　　　　一　　个　　项圈

我借给她一个项圈。

（447）we⁴⁴　　qa⁴⁴　　a⁴⁴　　le⁵³　　qho³⁵　ɢən⁴⁴　kaŋ⁴⁴　bɯ⁴⁴.

我　　借　　一　　个　　项圈　　　　给　　她

我借一个项圈给她。

侗台语族—侗水语支—标话

标话的"给"义动词是 pan⁵⁴，可以单独作谓语，其双宾句结构为"主语+
pan⁵⁴+间接宾语+直接宾语"或"主语+pan⁵⁴+直接宾语+间接宾语"，间接宾语
之后没有与格标记；除此之外，标话的 pan⁵⁴ 还可以与其他动词构成分离式连动
结构，如（450）和（452），也可以与其他动词构成结合式连动结构，如
（451）和（453）。

（448）tsia⁵⁵　　pan⁵⁴　　man²¹⁴　　jat⁵⁵　　tsha：k³⁵　　sy⁵⁴.

我　　给　　他　　一　　册　　书

我给他一本书。

（449）tsia⁵⁵　　pan⁵⁴　　jat⁵⁵　　tsha：k³⁵　　sy⁵⁴　man²¹⁴.

我　　给　　一　　册　　书　他

我给他一本书。

（450）man²¹⁴　　pha⁵⁵　　θa：m⁵⁴　pa：k³⁵　kan⁵⁵　ma：k²²　　tsuŋ⁵⁵

他　　卖　　三　　百　　斤　玉米　种

pan⁵⁴　løŋ²¹⁴.

给　　我们

他卖给我们三百斤玉米种子。

（451）man²¹⁴　pha⁵⁵ pan⁵⁴ løŋ²¹⁴　θa：m⁵⁴　pa：k³⁵　kan⁵⁵　ma：k²²

他　　卖给　我们　三　　百　　斤　玉米

tsuŋ⁵⁵.

种

他卖给我们三百斤玉米种子。

（452）ŋan²¹⁴hoŋ¹³²　　θia³⁵　　lɔ²¹⁴　　pa：k³⁵　　man⁵⁴　　pan⁵⁴　　man²¹⁴.

　　　　银行　　　　　借　　两　百　　元　　　给　　他

　　　　银行借两百元给他。

（453）ŋan²¹⁴hoŋ¹³²　　θia³⁵　　pan⁵⁴　　man²¹⁴　　lɔ²¹⁴　　pa：k³⁵　　　man⁵⁴　　.

　　　　银行　　　　　借给　　他　　两　　百　　元

　　　　银行借给他两百元①。

仫佬语

仫佬语的动词 khɣe⁴²（给）可以独立作谓语，构成"主语+khɣe⁴²+间接宾语+直接宾语"的双宾句式，也可以有"主语+khɣe⁴²+直接宾语+ khɣe⁴² 或 lɔ¹¹+间接宾语"结构，如（455）所示。仫佬语 khɣe⁴² 类似汉语"给"，既有动词用法，也有介词用法。

（454）mɔ¹¹　　khɣe⁴²　　həi¹²¹　　　na：u⁵³　　pən⁵³　　　lɛ¹²¹.

　　　　他　　给　　　　我　　一　　　　本　　书

　　　　他给我一本书。

（455）mɔ¹¹　　ɣun²⁴/ khɣe⁴²　　na：u⁵³　　pən⁵³　　lɛ¹²¹　　khɣe⁴²/ lɔ¹¹　　həi¹²¹.

　　　　他　　送　　给　　一　　　本　　书　　给　　给　　我

　　　　他送一本书给我②。

黎语

黎语的动词 tɯ：ŋ⁵⁵（给）可以独立作谓语，形成"主语+tɯ：ŋ⁵⁵+间接宾语+ la⁵⁵（与格助词）+直接宾语"的结构，如（456—457）；同仫佬语一样，当直接宾语位于间接宾语之前时，要求在间接宾语前用动词 tɯ：ŋ⁵⁵，形成"主语+谓语动词+直接宾语+ tɯ：ŋ⁵⁵+间接宾语"的结构，如（458—459）两种变换句式。

（456）tɯ：ŋ⁵⁵　　　na⁵³　　la⁵⁵　　　　ke¹¹.

　　　　给　　　　　他　　DAT　　　价钱

　　　　给他钱。

（457）tshaʈ⁵⁵　　　na⁵³　　la⁵⁵　　　ʈsɯ⁵⁵ko：m¹¹.

　　　　买　　　　　他　　DAT　　　鞋

---

① 张均如. 标话［A］//孙宏开，胡增益，黄行. 中国的语言［C］. 北京：商务印书馆，2007：1158-1193.

② 王均. 仫佬语［A］//孙宏开，胡增益，黄行. 中国的语言［C］. 北京：商务印书馆，2007：1231-1254.

给他买鞋①。

（458）koŋ⁵⁵te⁵³　hwat⁵⁵　fa⁵³　la⁵⁵　fan⁵³　tsɯ lu：k⁵³.
　　　　公社　　　发　　　我们　DAT　种子　玉米
　　　　公社发给我们玉米种子。

（459）koŋ⁵⁵te⁵³　hwat⁵⁵　fan⁵³　tsɯlu：k⁵³　tɯ：ŋ⁵⁵　fa⁵³.
　　　　公社　　　发　　　种子　玉米　　　给　　　我们
　　　　公社发种子给我们②。

水语

水语同黎语和仫佬语一样，动词 tsɯəŋ²¹（给）可以独立作谓语，构成"主语+tsɯəŋ²¹+间接宾语+直接宾语"的结构；当直接宾语提位于谓语动词后时，形成"主语+谓语动词+直接宾语+ tsɯəŋ²¹+间接宾语"的结构。

（460）kə²¹　tsɯəŋ²¹　tsi¹³　buən⁴²　sɔi⁵⁵　tsɯəŋ²¹　na²¹.
　　　　我　　给　　　一　　本　　　书　　　给　　　他
　　　　我给他一本书。

（461）kə²¹　tsɯəŋ²¹　na²¹　tsi¹³　buən⁴²　sɔi⁵⁵　.
　　　　我　　给　　　他　　一　　本　　　书
　　　　我给他一本书③。

将以上所考察语言中与汉语"给"对应的动词、引介间接宾语的标记以及所在双宾句的语序总结如表6-4所示：

表6-4　"给"字SVC的跨语言对比

序号	语言	实义动词"给"	间接宾语标记	语序
1	汉语	给	给	A. 主+V+直宾+给+间宾 B. 主+V+给+间宾+直宾
2	大羊普米语	khun²⁴	tʃi⁵⁵	A. 主+间宾+ tʃi⁵⁵ +直宾+V B. 主 + 间宾 + tʃi⁵⁵ + V + （ nəuŋ³¹ ）+khun²⁴

① 郑贻青. 黎语［A］// 孙宏开，胡增益，黄行. 中国的语言［C］. 北京：商务印书馆，2007：1338-1355.

② 欧阳觉亚，郑贻青. 黎语简志［M］. 北京：民族出版社，1980.

③ 欧阳觉亚，符镇南. 村语［A］//孙宏开，胡增益，黄行. 中国的语言［C］. 北京：商务印书馆，2007：1356-1372.

续表

序号	语言	实义动词"给"	间接宾语标记	语序
3	蒲溪羌语	z̩da	– z̩o	A. 主+间宾+z̩o+直宾+V
4	错那门巴语	tɕi：^{35}	le^{31}	A. 主+间宾+ le^{31}+直宾+V
5	阿侬语	dʑiŋ^{55} phɯŋ^{31}	khɑ^{31}	A. 主+间宾+ khɑ^{31}+直宾+V 　B. 主 + 间宾 + khɑ^{31} + 直宾 + V + phɯŋ^{31}
6	景颇语	tʃoʔ^{31} ja^{33}	pheʔ^{55}	A. 主+间宾+ pheʔ^{55}+直宾+V B. 主 + 间宾 + pheʔ^{55} + 直宾 + V + tʃoʔ^{31} 或 ja^{33}
7	邦朵拉祜语	pi^{53} la^{53}	tha$_{-}$^{31}	A. 主+间宾+ tha$_{-}$^{31}+直宾+V B. 主+间宾+ tha$_{-}$^{31}+直宾+V+ pi^{53} 或 la^{53}
8	鹤庆白语	zi^{31}	nɯ^{33}	A. 主+V+间宾+ nɯ^{33}+直宾 B. 主+V+ zi^{31}+间宾+ nɯ^{33}+直宾
9	剑川白语	sɿ^{31}	no^{33}	A. 主+V+间宾+ no^{33}+直宾
10	龙华侗奈语	paŋ^{44}	ku^{44}	A. 主+V+间宾+ ku^{44}+直宾
11	矮寨苗语	kaŋ^{22}	kaŋ^{22}	A. 主+V+间宾+直宾 B. 主+V+间宾+kaŋ^{22}+直宾
12	标话	pan^{54}	pan^{54}	A. 主+V+间宾+直宾 B. 主+V+ pan^{54}+间宾+直宾 C. 主+V+直宾+pan^{54}+间宾
13	仫佬语	khɤe^{42}	khɤe^{42} 或 lɔ^{11}	A. 主+V+间宾+直宾 B. 主+V+直宾+ khɤe^{42} 或 lɔ^{11}+间宾
14	黎语	tɯ：ŋ^{55}	la^{55}	A. 主+V+间宾+ la^{55}+直宾 B. 主+V+直宾+ tɯ：ŋ^{55}+间宾
15	水语	tsɯəŋ^{21}	tsɯəŋ^{21}	A. 主+V+间宾+直宾 B. 主+V+直宾+ tsɯəŋ^{21}+间宾

从表6-4可以看出，所考察的15种语言动词"给"的对应形式，引介间接

宾语是零形式、与格标记还是"给"义动介词，并考察了其语序。下面详细说明各语言引介间接宾语的语法形式以及形成"给"字连动结构的句法形式。

第一，所考察的 15 种语言有专门与格助词标记的有大羊普米语、蒲溪羌语、错那门巴语、阿侬语、景颇语、邦朵拉祜语、鹤庆白语、剑川白语、龙华侗奈语以及黎语。还有一些语言"给"义词兼具动词和介词属性，如汉语、标话、仫佬语、水语和矮寨苗语。还有一些语言中的"给"义词语法化为被动或使动等语法标记，比如汉语的"给"、景颇语的 ja^{33} 以及拉祜语的 pi^{53} 和 la^{53}。

第二，兼具有汉语 A 即（388）和 B 即（389）式连动结构的语言只有标话，属于侗水语支；只具有汉语 A 式连动结构（即分离式连动结构）的语言有仫佬语、黎语、水语和矮寨苗语，这三种语言都属于 VO 型语言；只具有汉语 B 式连动结构（即结合式连动结构）的语言有大羊普米语、阿侬语、景颇语、邦朵拉祜语、鹤庆白语，这几种语言都属于 OV 型语言。

第三，通过跨语言的对比分析可以看出：汉语含有给字的 A 类连动结构，即"主+V+直宾+给+间宾"的核心动词为 V，"给"可以分析为引介间接宾语的动介词，而不再是表达实在意义的行为动词；汉语 B 类连动结构，即"主+V+给+间宾+直宾"，可以分析为 A 类结构"给+间宾"移位与核心动词 V 发生内合并。

第四节　本章小结

本章主要依据第三章对汉语连动结构的分类，分别对非对称并列型连动结构，即表达动作按照时间先后关系相继发生的这类连动句以及主从型中的核补类 SVC 和状核类 SVC 进行跨语言对比分析；除此之外，在第三节还针对朱德熙提出的含有"给"的连动结构 A 和 B 两个句式进行跨语言对比分析。

通过对比分析，我们认为非对称并列型连动结构就是一种并列结构，句法中心为携带时序意义特征的功能范畴 F，对应汉语为零形式，对应古汉语的"而"，对应形态标记比较发达的藏缅语为表达并列关系的连接助词或语缀。除此之外，非对称并列型连动结构非末位动词短语大多采用动补结构或完成体标记等手段来实现有界特征。

状核型连动结构相连的两个动词之间有主次之分，次要动词常常表达主要行为动作发生时使用的工具、方式、伴随状态、处所等背景信息，有的用状语标记，有的为零形式。核补类连动结构主要动词和其结果或目的补语之间有的用补语标记，有的为零形式。

　　跨语言连动结构的对比结果表明，广义"连动结构"是一个"主从""并列"的上位概念，连动结构的典型句式为表达动作按照时间先后发生的非对称并列型连动结构。我们所提出的强式连动结构假说，旨在从广义连动结构角度出发，将连动结构的典型性差异归结于动词之间是否有连接成分，而是否有连接成分取决于语言类型和动词之间的松紧程度，形态标记越不丰富，关系越紧密，就越趋向采用零形式标记；形态标记越丰富，关系越松散，就越趋向采用有标记形式。因此，跨语言连动结构的对比分析，论证了前面对汉语连动结构的重新定义和分类，更易看清汉语连动结构的本质。将汉语连动结构至于跨语言对比的范域内考查，可以看出汉语连动结构并不是汉语专属的特殊结构①。

---

① 刘丹青. 汉语及亲邻语言连动式的句法地位和显赫度［J］. 民族语文，2015（3）：3-22.

第七章

汉语连动结构的最简分析

第一节　已有研究评述

一、非汉语连动结构研究

国外在生成语法理论框架下对连动结构句法结构的研究主要有 Baker (1989)、Collins（1997）、Baker & Stewart（1999）。下面就上述研究的连动结构类型、句法中心的确立以及分析方案进行简要回顾和评述。

Baker 以西非 Kwa 语族的 Yoruba 语和 Sranan 克里奥尔语的受事宾语共享类连动句为研究对象，也就是两个及物动词相连，第二个及物动词的宾语或双及物动词的直接宾语总是不出现①，例如：

Yoruba

（1）Bólá　　sè　　　eṛan　　　tà.

　　　Bola　　cook　　meat　　　sell

　　　Bola　cooked some meat and sold it.

（2）Wóṇ　　bú　　omi　　　mu

　　　They　　pour　　water　　drink（trans）

　　　They poured water and drank it.

（3）Olú　　fi　　　òrùka　　ta　　　mí　　lóṛeṛ

　　　Olu　　take　　ring　　　offer　　me　　as. gift

　　　Olu made me a gift of a ring.

---

① BAKER M. Object sharing and projection in serial verb construction ［J］. Linguistic Inquiry, 1989, 20（4）: 513, 516.

Sranan

（4）Kofi　　naki　Amba　kiri.

　　　Kofi　　hit　　Amba　kill

　　　Kofi struck Amba dead.

（5）Kofi　hari　a　　ston　puru　na　ini　a　olo.

　　　Kofi　pull　the　stone　remove　LOC　in　the hole

　　　Kofi pulled the stone out of the hole.

Baker 认为上述宾语共享类连动句式对生成语法的投射原则（projection prin-ciple）构成了极大的威胁，V2 动词的词汇特征要求语义上选择一个内论元，并给它指派受事题元，但是这个受事论元并没有出现。针对此问题，Baker 提出了双核心投射的 VP 结构来解决。以例句（4）为例，其句法结构如（6）所示：

（6）双核心投射的 VP 结构

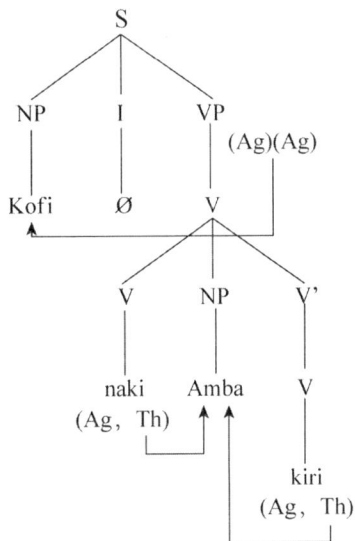

Baker 对受事宾语共享类连动结构的双核心投射的 VP 结构分析很好地解决了投射原则问题，让两个动词以及共享的受事宾语同属高位 V' 投射节点，共享的受事 NP 同时接受来自互为姐妹关系的动词 naki 以及 kiri 的题元角色的指派。除此之外，外部论元 Kofi 也同样接受来自两个动词的施事题元角色的指派。

同时 Baker 提出了扩展的连动参数（generalized serialization parameter）①。

---

① BAKER M. Object sharing and projection in serial verb construction ［J］. Linguistic Inquiry，1989，20（4）：13-33.

（7）扩展的连动参数

有些语言的 VPs 允许双核心投射，如 Yoruba、Srenan、Ijo 等；有些语言的 VPs 不允许双核心投射，如英语、法语等。

双核心投射 VP 结构的分析虽然满足了投射原则，但却违反了题元准则（θ-Criterion）：每个论元必须被指派一个且唯一一个题元角色；每个题元角色必须被指派给一个且唯一一个论元[1]。在（6）的分析中，外部论元 Kofi 和内部论元 Amba 分别接受来自两个动词的题元角色的指派，违反了题元准则。除此之外，双核心投射 VP 结构同时也违反了生成语法理论所坚持的二分支（binarity）句法结构。

Collins 仍然以 Ewe 语受事宾语共享连动句为研究对象。依据 Kpele 方言中后置介词"yi"的存在，将受事宾语共享类连动句中 V2 的宾语分析为空语类 pro，这个后置介词"yi"可以给未赋予结构宾格的 NP 指派格，满足格过滤（case filter）和题元准则，第二个动词的 pro 论元与第一个动词的内论元同标，以句（8）为例，其句法结构为（9）[2]。

（8） me   nya   ɖəvi-ɛ$_i$ dzo   pro$_i$ (yi)

　　　I   chase   child-DEF   leave   pro$_i$ P

　　　I chase away the child.

（9）VP 壳分析（VP-shell）

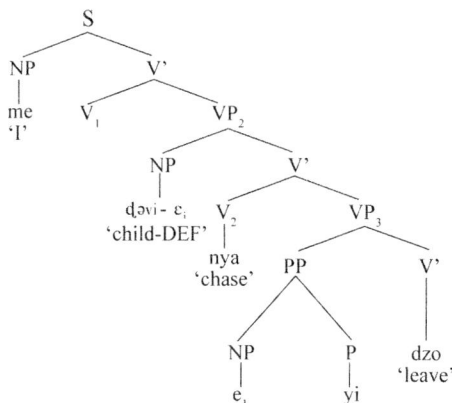

Collins 将宾语共享类连动句分析为一个双 VP 层结构，V1 的受事宾语位于

---

① OUHALLA J. Introducing Transformational Grammar from Principles and Parameters to Minimalism [M]. Beijing: Foreign Language and Research Press, 2001: 163.

② COLLINS P. Argument sharing in serial verb construction [J]. Linguistic Inquiry, 1997 (28): 461-497.

VP2 的指示语位置，V2 的隐性论元为 PP 位于 V3 动词的补语位置，然后 V3 和 V2 动词分别发生移位生成 "S+V1+O1+V2+yi pro" 的结构。

Baker 和 Stewart 以 Edo 语连动结构为研究对象，提出了对称加标的分析方案①。文中分析了 Edo 语三类连动结构，分别为隐性并列结构（covert coordination）、受事宾语共享类连动结构（consequential serial verb construction）和结果连动结构（resultative serial verb construction），例句如下。

（10） òzó　ghá　tòbórè　lè　evbàré　rri　òrè.

　　　 Ozo　FUT　by. self　cook　food　　eat　it

　　　 Ozo will himself cook the food and eat it.

（11） òzó　　ghá　　tòbórè　　lè　　evbàré　rè.

　　　 Ozo　　FUT　　by. self　　cook　food　eat

　　　 Ozo will himself cook the food and eat it.

（12） òzó　suá　úyi　dé.

　　　 Ozo　push　Uyi　fall

　　　 Ozo pushed, causing him to fall.

以上三类连动结构的句法结构见下图（13—15）②。

（13）隐性并列结构

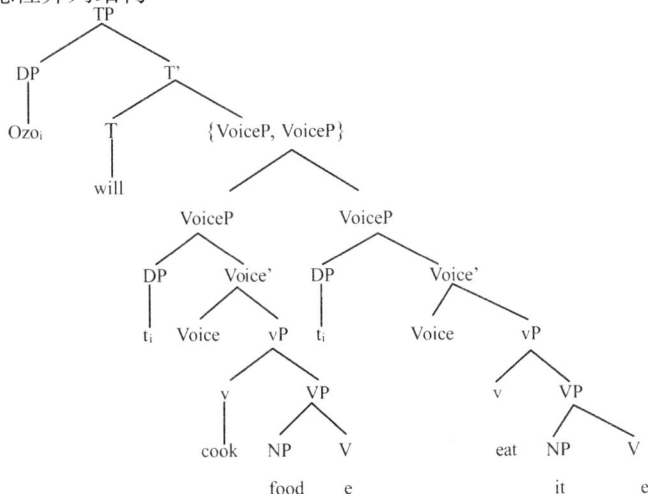

---

① BAKER M, STEWART O T. On double – headedness and the anatomy of the clause, manuscript, Rutgers University.

② Baker, Mark C. &Stewart, Osamuyimen T. 1999. "On double-headedness and the anatomy of the clause," manuscript, Rutgers University.

（14）受事宾语共享类连动结构

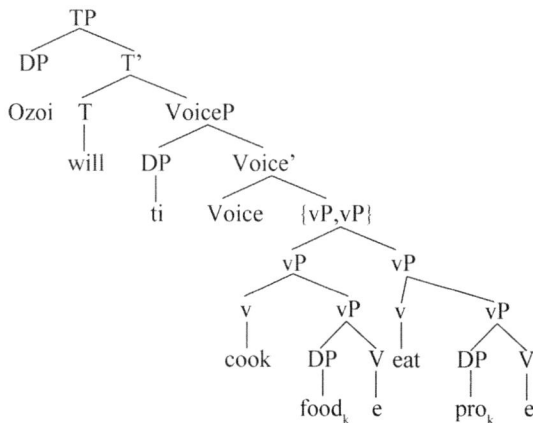

```
                    TP
                 ／    ＼
              DP        T'
              ｜      ／    ＼
             Ozoi    T        VoiceP
                     ｜      ／      ＼
                    will   DP        Voice'
                           ｜      ／      ＼
                           ti    Voice    {vP,vP}
                                        ／      ＼
                                      vP          vP
                                   ／    ＼      ／   ＼
                                  v      vP    v      vP
                                  ｜    ／  ＼  ｜    ／  ＼
                                 cook  DP   V eat DP    V
                                       ｜   ｜   ｜    ｜
                                     foodₖ  e  proₖ   e
```

（15）结果连动结构

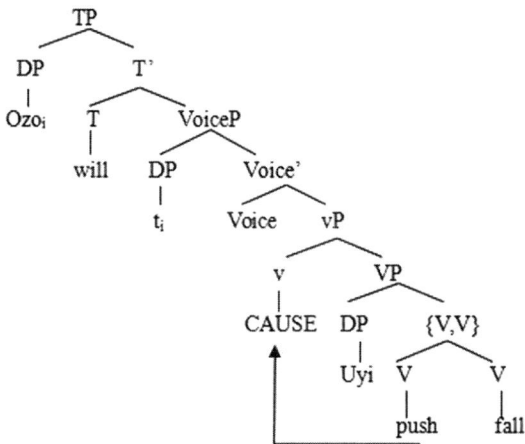

```
                 TP
              ／    ＼
           DP        T'
           ｜      ／    ＼
          Ozoᵢ    T        VoiceP
                  ｜      ／      ＼
                 will   DP        Voice'
                        ｜      ／      ＼
                        tᵢ    Voice      vP
                                      ／    ＼
                                     v        VP
                                 CAUSE    ／    ＼
                                         DP      {V,V}
                                         ｜     ／    ＼
                                        Uyi    V       V
                                               ｜       ｜
                                              push    fall
```

Baker 和 Stewart 将并列型连动结构分析为两个 VoiceP 短语的集合合并（set merge），将宾语共享类连动结构和表达动作先后发生义连动结构分析为两个 vP 短语的集合合并，最后将致使类也就是动结式连动结构分析为两个 V 的集合合并。集合合并区别于对合并（pair merge）在于前者是无序的，后者是有序的。通过集合合并操作后所生成的句法结构的标签与集合并成员语类标签的交集相同①。

---

① Baker, Mark C. &Stewart, Osamuyimen T. 1999. "On double-headedness and the anatomy of the clause," manuscript, Rutgers University.

二、汉语连动结构研究

国内最早在生成语法理论框架下探讨汉语连动结构的句法结构当属邢欣。邢欣在管辖约束理论的框架下分析汉语连动结构的深层结构如何生成表层结构。文中指出传统的中心词分析法或直接成分分析法都无法很好分析连动结构，因为像连动结构和兼语这类特殊句式是一种使用起来简短、利落的综合式。文中指出连动式的深层结构其实有一个嵌入句S1，紧跟在主体句的主语N1后，见下图（16）①。

（16）

```
                          S
              ┌───────────┴───────────┐
            NP1                       VP1
                           ┌───────────┴───────────┐
                          S1                       VP2
                    ┌──────┴──────┐          ┌──────┴──────┐
                  NP2           VP3          V2          (N4)
                            ┌────┴────┐       │            │
                           V1       (N3)
```

	NP1	NP2	V1	(N3)	V2	(N4)
	我	我	去		玩	
	他	他	蒙着头		睡	
	李平	李平	来		找	张军
	他	他	打电话		叫	汽车

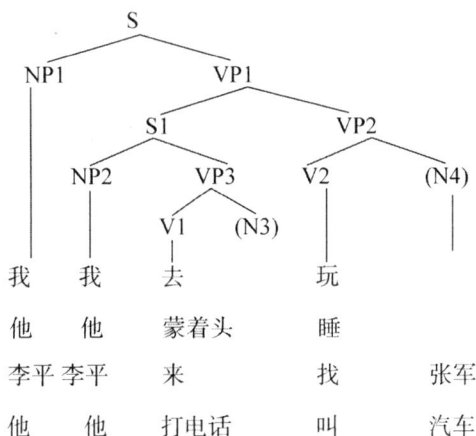

深层结构通过删除合并操作转换为表层结构，通过转换，深层结构嵌入句主语 N2 被删除，隐含在主体句的主语 N1 中，N1 就成了 V1 的潜在主语，如（17）所示：

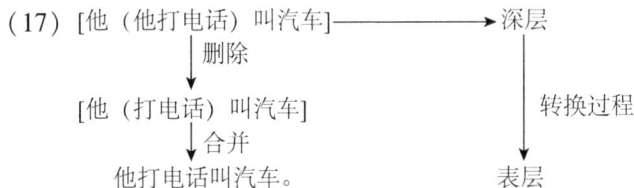

（17）[他（他打电话）叫汽车] ───────────→ 深层

　　　　↓ 删除　　　　　　　　　　　　　　　│

　[他（打电话）叫汽车]　　　　　　　　　 转换过程

　　　　↓ 合并　　　　　　　　　　　　　　　│

　他打电话叫汽车。　　　　　　　　　　　　 表层

邢文的分析并没有详细说明主语的题元角色和格的问题，也没有给出为什么后一个动词为主句谓语动词，而第一个动词附加于第二个 VP 之上的相关证明。

---

① 邢欣. 简述连动式的结构特点及分析［J］. 新疆大学学报（哲学社会科学版），1987（1）：116-122.

　　杨永忠认为汉语连动结构其实是一种动补结构，句法核心为 V1，V2 表达 V1 的结果、状态或目的①。V1 非对称成分统治 V2，因此 V1 的语序先于 V2，否定了李亚非的观点"形式语法只能解释部分连动结构语料"②，事实是形式语法对连动结构的句法和词法结构有很强的解释力。

　　邓思颖认为汉语的连动句最基本的特点就是动词的主语相同，并指出汉语的连动句基本上由两种句法结构推导而来：其一，第一个动词是状语，用来修饰第二个动词；其二，第二个动词是第一个动词的补语③。这两种结构分别形式化为：

（18）$[_{TP} 主语 [_{vP} [_{XP} 动词_1] [_{vP} 动词_2]]]$

（19）$[_{TP} 主语 [_{vP} 动词_1 [_{CP} 动词_2]]]$

　　（18）式连动句的第一个动词通常表达第二个动词动作发生的方式，见图（20）；（19）式的第二个动词通常表达第一个动词的目的，见图（21）。这两种句法结构也同时解释了为什么"他跪下来求我"④ 有歧义，因为"跪"和"求"都可以转换成 A-not-A 正反问句格式，分别代表了（19）式和（20）式的结构，因为有两种语义解读。至此，邓思颖认为汉语连动句可以全部归入偏正结构，应该取消"连动句"的独立句法地位⑤。

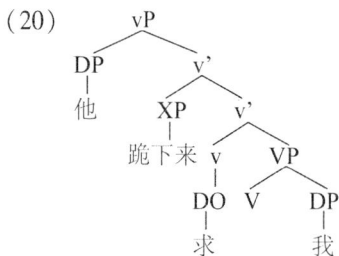

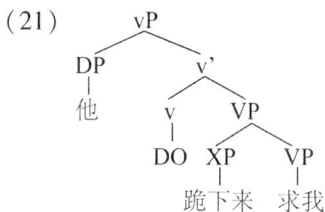

（20）　（21）

　　杨西彬以原则与参数理论的格位理论为基础分析汉语连动结构。文中指出"连动"只是一种表面现象，即表面上看起来是动词连用的句子，其实是动词之间存在一个没有语音形式却有着句法作用的空语类 PRO 造成的假象⑥。在分析

①　杨永忠. 再论连动式中的语序—时序对应［J］. 天津外国语学院报，2009，16（5）：11 -18.

②　李亚非. 论连动式中的语序-时序对应［J］. 语言科学，2007（6）：3-10.

③　PAUL W. The serial verb construction in Chinese：A tenacious myth and a Gordian knot［J］. *The Linguistic Review*，2008，25（3/4）：367-411.

④　LI C，THOMPSON S A. Mandarin Chinese：A Functional Reference Grammar ［M］. Berkeley：University of California Press，1981：101.

⑤　邓思颖. 形式汉语句法学［M］. 上海：上海教育出版社，2010：181-184.

⑥　杨西彬. 扩充的格位理论及汉语相关句法现象研究［D］. 武汉：华中师范大学，2013.

汉语连动结构的句法结构时，杨文主要以扩充的格位过滤器（generalized case filter）① 和"格位释放典型原则"来解释。

（22）扩充的格位过滤器（generalized case filter）

a. *NP，如果有词汇形式但是没有得到格位指派的话。

b. *NP，必选型格位指派者，如果没有释放其格位能量的话。

扩充的格位过滤器是指一个名词有词汇形式就必须得到格位指派，同时必选型格位指派者必须释放格位。那如何判断哪些是必选型格位指派者呢？杨文提出了格位释放典型原则。

（23）格位释放典型原则（case release sequence principle，CRSP）

a. 典型靠前的中心语是强特征，典型靠后的中心语是弱特征。

b. 强特征不一定释放格位，弱特征一定不释放格位。

c. 中心语格位的释放必须遵守典型原则②。

格位释放典型原则其实在说格位是否释放跟中心语的强弱有关，中心语的强弱由语言线性典型的先后顺序决定。典型靠前的强特征可以释放格位，也可以不释放格位，而典型靠后的弱特征不释放格位。基于以上两条原则，汉语连动句"他上菜市场买菜做饭"的句法结构为（24）。

（24）$[_{IP1} [_{DP1} 他_i] [_{VP1} 上 [_{DP2} 菜市场] [_{IP2} PRO_i [_{VP2} 买菜_j [_{IP3} PRO_j [_{VP3} 做饭]]]]]]$

① Xu Jie. An Infl Parameter and Its Consequences [D]. Washington D. C.：University of Maryland at College Park，1993.

Xu Jie. 2003. Sentence Head and Sentence Structure [M]. Singapore：Longman，2013：10.

② 杨西彬. 扩充的格位理论及汉语相关句法现象研究 [D]. 武汉：华中师范大学，2013.

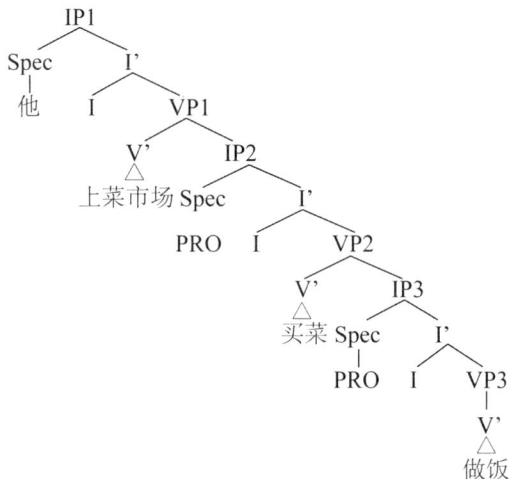

　　杨西彬主张将兼语句式划分到连动句式中，因为两种句式的存在都是由于空语类的存在造成的。这样就可以很好的解释连动和兼语嵌套的复杂结构，以"我命令你请他来家里做客"为例，其句法结构如（25）所示。

　　（25）"我命令你请他来家里做客"的句法结构

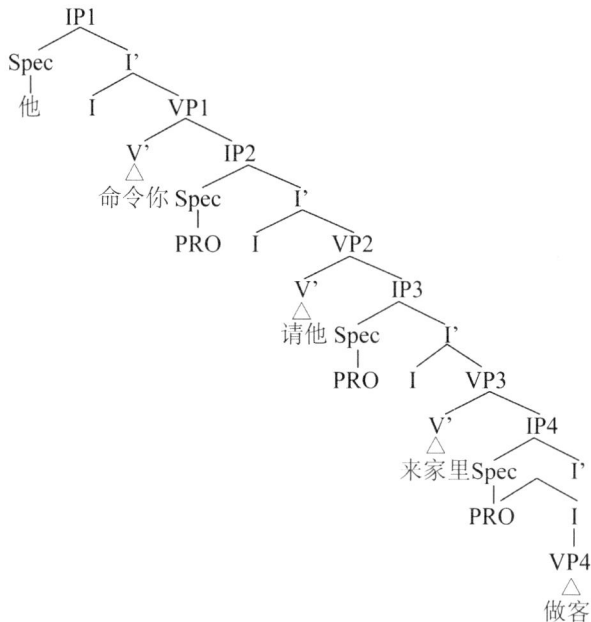

　　杨文的分析如果是合理的，那么就统一解释了困扰汉语语法界已久的兼语和连动两种特殊句式。从生成语法的理论建构的目标来看，杨文统一分析的思想是与普遍语法理论的理论追求吻合的。但杨文分析存在以下两方面的问题。

第一，格位释放典型原则的提出有点汉语连动结构特设的意味。首先，传统生成语法理论的研究依赖于句法的层级结构这一核心概念和特点，而不依赖于线性结构，线性结构只是语音层面的要求，与句法运算无关。而杨文所提出的格位释放典型原则却依赖于线性结构来规定中心语格位释放特征的强弱，这一点与生成语法的思想不一致。其次，如果说格位释放典型原则是汉语的一个句法原则的话，那如何解释"他躺着睡觉""他躺着不动"以及"他喜欢唱歌跳舞"这类句式呢？很明显，"他躺着睡觉"中"躺着"是修饰"睡觉"的附加语，并不是强势格位指派者，这与格位释放典型原则相矛盾。至少说明，格位释放典型原则并不能解释汉语一个普遍性句法原则，因此也就有了特设意味。

第二，文中默认将后一个 VP 分析为缺陷性小句，但却没有给出句法上的论证。

孙文统认为汉语连动结构是侧向移位和左向附加的结果。孙文认为连动结构的第一个 VP 构成的是缺陷性的附加语小句，通常表达第二个 VP 的工具、方式和条件①。以"张三刚才倒水吃药"为例，根据语段不可渗透条件（PIC），强性语段中的成分不能够被提取。因此将（26a）句中的"刚才"提取至句首后得到（26b），句子仍然合法，从而证明了"刚才倒水"为弱语段，即缺陷性小句。

（26）a. 张三［Adjunct刚才倒水］吃药。

　　　b. 刚才张三［Adjunct倒水］吃药。

接着文中分析了具体的句法推导过程，"吃"和"药"合并形成［VP吃药］，"张三"和"倒水"合并生成［TdefP 张三倒水］，具有缺陷性的 TdefP 中的主语"张三"从附加语中侧向移出，与 VP 短语"吃药"合并，形成［VP 张三［吃药］］，"张三"与动词"吃"核查题元特征，得到了第二个题元角色。然后 TdefP 短语［Adjunct张三倒杯水］左向嫁接于 VP 之上，得到结构（27）。此时处于 Spec-vP 位置的主语"张三"移位至 Spec-TP，与主句中的 Tcomp 进行特征核查，得到主格。处于 Spec-vP 以及附加语中的"张三"的拷贝被删除，整个结构在形成完整的 CP 后，分别移交至 C-I 和 A-P 界面进行语义解读和语音表达，最终形成结构（28）。

① 孙文统. 现代汉语连动结构的动态生成：侧向移位与左向附加［J］. 山东理工大学学报（社会科学版），2013，29（1）：73-76.

215

（27）
```
         vP
        /  \
      DP    v'
      |    /  \
     张三  T_defP  v'
           |    /  \
        张三倒水v   VP
                   |
                  吃药
```

（28）
```
              CP
             /  \
          Spec   TP
                /  \
              DP    vP
              |    /  \
             张三  DP   v'
                  |   /  \
              张三T_defP  v'
                      / \
                     v   VP
                         |
                        吃药
```

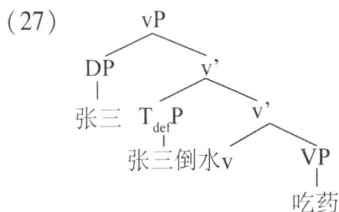

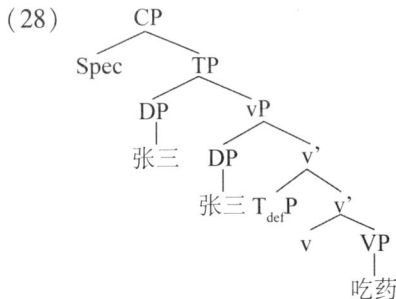

孙文的分析存在以下三方面的问题。第一，以语义标准来判断第一个 VP 为附加语缺乏说服力，因为汉语存在大量方式—目的两可的语义解读的句子，例如"张三跪下来求他"①，这句话有两种解读：第一种解读认为"跪下来"是"求他"的方式，第二种解读认为"求他"是"跪下来"的目的。芮月英提到一种互为方式/处所目的关系的连动结构②。第二，在证明第一个 VP 是缺陷性小句时，所给出的例句（26）提取的是一个副词"刚才"，汉语副词"刚才"的辖域可以是 vP 域，也可以是 TP。因此对例句（26）通过提取法测试来作出"倒水"是一个缺陷性小句的论断不可靠。第三，句法推导过程中，"张三"被重复指派题元角色，违反了题元准则，即每个论元必须被指派一个且唯一一个题元角色，每个题元角色必须被分配给一个且唯一一个论元③。

张孝荣和张庆文运用存活式推导模式（the survive model of derivation）对兼语句和连动句进行重新分析④。文中指出连动句和兼语句同属控制结构，且连动句同兼语句一样存在限定控制和非限定控制，两者不同在于，兼语属于宾语控制结构，连动句属于主语控制结构。因此兼语句和连动句具有平等的句法地位，不存在隶属关系。张文对连动结构的分析有两个重要的结论。

第一，汉语存在限定和非限定之分。文中通过插入体貌成分以及情态动词等，将连动句分为非限定性控制和限定性控制两类。文中以（29）和（30）为例，认为例句（29b）中"挣"后不能插入"着/了/过"，例句（29c）中"挣学费"前不能插入情态动词"要"，因此判断（29a）为非限定性连动结构。相

---

① LI C，THOMPSON S A. Mandarin Chinese：A Functional Reference Grammar ［M］. Berkeley：University of California Press，1981：101.

② 芮月英. 一种能颠倒的连动结构 ［J］. 镇江师专学报（社会科学版），1995（2）：55-58.

③ OUHALLA J. Introducing Transformational Grammar from Principles and Parameters to Minimalism ［M］. Beijing：Foreign Language and Research Press，2001：146.

④ 张孝荣，张庆文. 现代汉语兼语句中的控制再研究 ［J］. 外语教学与研究，2014，46（5）：643-655.

反，（30a）句第二个 VP 可以插入情态动词"要"和体貌成分"着/了/过"，因此（30a）是限定性连动结构。

（29）a. 小王打零工挣学费。（非限定性控制）

　　　b. *小王打零工挣着/了/过学费。

　　　c. * 小王打零工要挣学费。

（30）a. 她拿着扇子跳舞。（限定性控制）

　　　b. 她拿着扇子跳着/了/过舞。

　　　c. 她拿着扇子要跳舞。

但是上面的论证存在很大的问题：首先，汉语通过插入体貌成分或情态动词来证明小句的限定性是不可靠的①；其次，本书通过百度搜索也确实找到了（29）的反例，例句（31）第一个 VP 前可以插入情态动词"要"，例句（32）第二个动词后也允许插入体貌成分"了"，两句均来自百度搜索的真实语料。

（31）小伙患上罕见"烟雾病"，七旬老人打零工要救外孙。（百度搜索）

（32）暑假打三份零工挣了六千块，常州信息学校一学生挣够大三学费。（百度搜索）

因此，汉语连动结构是否也存在限定性和非限定性之分，单凭插入体貌成分和情态动词无法证明。

第二，连动结构是一种主语控制结构。文中用存活式推导方式来分析汉语连动结构的句法结构，具体推导过程如（33）所示。

（33）a. 小王打零工挣学费。

　　　b. [CP1 [TP1 小王 [vP1 小王 [VP1 小王打零工 [CP2 小王 [TP2 小王 [vP2 小王挣 [挣学费]]]]]]]]

以下分析基于"小王打零工挣学费"是一个非限定性控制结构。"小王"在 vP2 中获得题元角色，但格位特征尚未核查而处于活跃状态，因而得以在词库中得以存活。其实所谓的存活就是指"小王"在不违反语段不可渗透理论（PIC）的前提下可以进入下一步运算，再次被选择。如此一来，"小王"就必须位于 vP2 语段的左缘位置（edge）以便可以进行连续—周期性移位（successive-cyclic movement）。从句 TP2、CP2 以及主句 VP1 投射时，"小王"都会从词库中提取出来，并合并到这些投射的指示语（specifier）位置，从而满足局域（locality）理论的要求。由于这些投射的中心语都不具有主格格位特征

---

① HU J H, PAN H H, XU L J. Is there finite vs. nonfinite distinction in Chinese? [J]. Linguistics, 2001, 39 (6)：1117-1148.

的核查能力，因此"小王"继续存活。当主句 vP2 投射时，"小王"再次合并到 vP2 的指示语位置，从动词"打"获得另外一个题元角色。当 TP1 投射后，"小王"合并到 TP1 指示语位置，核查主格特征，最后主句 CP1 投射完成后，推导结束。

该分析有以下三方面的问题。首先，文中认为存活式理论合并的分析比移位分析有优势，在于它避免了违反局域性条件或最近吸引原则（attract closest principle）①，即"小王"跨越"零工"至主句主语的位置。但是按照 Chomsky 的研究，移位也是一种合并，称为内部合并。内部合并的动力仍然是形式特征的匹配或核查，如此来，所谓存活式理论的优势也就不存在了②。

其次，同孙文一样，张文的句法推导同样违反了题元准则。名词性论元"小王"分别被动词"打"和"挣"被重复指派题元角色，违反了每个论元只能被指派唯一一个题元角色的限制条件。

最后，文中并没有分析所谓限制性连动结构的句法推导过程，如果说非限制性连动结构中共指的主语是为了主格特征的驱动合并或移位至主句域内的话，那么限制性连动结构的共指主语可以在从句内部核查主格特征，那如何生成表面的主语在第一个 VP 域内的结构呢？

刘辉通过多种证据证明汉语的同宾结构既不是连动结构，也不是兼语结构，而是后置状语结构——第二个动词为目的状语从句。以"张三买了一本书看"和"张三给李四买了一本书看"为例，刘文通过体标记测试、"在 NP"的辖域测试证明同宾结构与连动结构的不同③。

首先，刘文依据杨东华④的研究，连动结构中的两个动词都可以带了₁，且第一个动词不能带经历体标记"过"，而同宾结构不具备上述连动结构体标记特性。

（34） a. 张三买了一本书看。

b. *张三买了一本书看了。

c. 张三买过一本书看。

① CHOMSKY N. Minimalist Program［M］. Cambridge：MIT Press，1995：. 219-394.

② CHOMSKY N. Derivation by phase［M］//KENSTOWICZ［M］. Ken Hale：A Life in Language. Cambridge：MIT Press，2001：1-53.
Chomsky N. Beyond explanatory adequacy［M］//BELLETTI A. Structures and Beyond. Oxford：Oxford University Press，2004：104-131.
Chomsky N. Three factors in language design［J］. Linguistic Inquiry，2014，36（1）：1-22.

③ 刘辉. 汉语"同宾结构"的句法地位［J］. 中国语文，2009（3）：225-233.

④ 杨东华. 连动式的时态研究［D］. 上海：上海师范大学，1996.

除此之外，Li 和 Thompson 指出同宾结构中的第二个 VP 表达一个非现实性事件，因此同宾结构在体貌方面与连动结构不一致①。

其次，依据方绪军对"在 NP"在两项连动结构中的语义辖域的统计②，"在 NP"的语义辖域是整个动词短语，而同宾结构同样违反了连动结构这一限制，见例句（35）。

（35）a. 张三［在厨房］炒了一盘菜吃。

b. 张三［在古玩店］买了一件古董收藏。

c. 张三［在肯德基］买了一份外卖吃。

（35a）连动结构的地点状语"在厨房"的辖域是有歧义的，其辖域可能是第一个 VP 也可能是整个连动词组；（35b—c）同宾结构中的地点状语的辖域只是第一个 VP。

基于以上两点，刘文认为同宾结构不是连动结构，而是后置目的状语结构。这样处理的好处是：（1）符合 Greenberge 所提到的第 15 条共性③，即除了名词性宾语总是居于动词之前的那些语言之外，表达意愿和目的的从属动词形式总是置于主要动词之后；（2）利于降低处理难度；（3）符合汉语目的从句倾向后置的语言事实。

田启林和单伟龙不同意刘探宙将同宾结构从连动结构的范围划出去④，田文认为同宾结构是连动结构，其本质是非对称并列结构，而不是主从的后置目的状语结构。田文基于插入疑问成分、无法补出目的连词、插入完成体标记三种测试来证明同宾结构的第二个动词不是附加语。文章根据 Zhang 对非对称并列结构的分析⑤，认为汉语同宾连动结构是 TP 非对称并列结构，如（36）所示⑥。

① LI C, THOMPSON S A. Mandarin Chinese：A Functional Reference Grammar ［M］. Berkeley：University of California Press，1981：432.

② 方绪军. 二项连动结构前介词短语的功能分析 ［D］. 上海：上海师范大学，1996.

③ GREENBERG J H.，陆丙甫，陆致极. 某些主要跟语序有关的语法普遍现象 ［J］. 国外语言学，1984（2）：45-60.

④ 刘探宙. 一元非作格动词带宾语现象 ［J］. 中国语文，2009（2）：110-119.

⑤ ZHANG N N. Coordination in Syntax ［M］. Cambridge：Cambridge University Press，2009：127-185.

⑥ 田启林，单伟龙. 也谈汉语同宾结构的句法地位及相关问题 ［J］. 解放军外国语学院学报，2015，138（6）：20-28.

（36）同宾连动结构句法结构

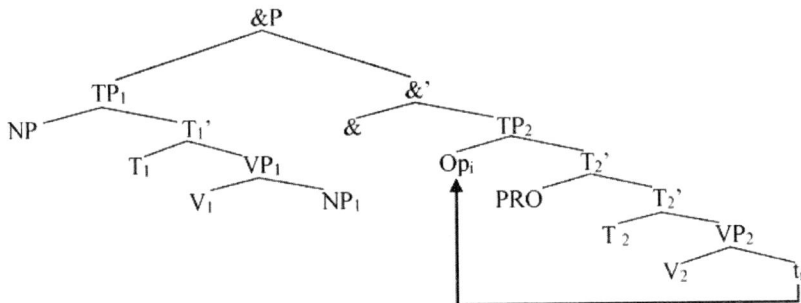

针对汉语有些动词很难再接一个动词构成同宾结构的问题，田文认为是由于同宾结构受到的两个动词的主体论元必须指向相同的受益论元的语义限制。当第一个动词的语义与受益论元语义发生冲突时，就不能构成同宾结构。例如（37）中"张三"是"辞工作"的非受益影响者，与"受益影响者"的语义要求冲突，因此（37）没法再填充一个动词形成同宾结构。

（37）张三辞工作？

上文也解释了为什么连动结构不需要且不能出现并列连词"和""以及"等，因为两个动词受到相同的语义限制，因此可以不用任何关联词形成连动结构①。

Law 分析了汉语两类连动结构（38）和（39）②。文中指出虽然两类结构可以形式化为结构（40），但两者的句法结构完全不同。（38）类结构的句法结构为（41），（39）类连动结构的句法结构为（42）。在结构（41）中，V2 是中心语（head），V1 和 NP2 形成的 VP 作 V2 的补语（complement），V2 动词必须是趋向动词（motion verb），比如"来""走"。在结构（42）中，V1 和 NP2 形成的 VP 是 V2 的附加语③，V2 的动词不像（41）结构中 V2 动词那么受限，只要在语用上可以与一个方式词组兼容（pragmatically compatible with an instrumental phrase）都可以。

---

① 田启林，单伟龙. 也谈汉语同宾结构的句法地位及相关问题［J］. 解放军外国语学院学报，2015，38（6）：20-28.

② LAW P. A note on the Serial Verb Construction in Chinese［J］. Cahlers de Linguisticque-Aise Orientale，1996，25（2）：199-233.

③ HUANG C T J. Verb Movement，（In）definiteness, and the Thematic Hierarchy［C］//The 25th Minnesota Conference on Language and Linguistics. Minneapolis：University of Minneapolis，1991.

（38）a. 他送了一个箱子来。

　　　b. 他拿了那本书走。

（39）a. 他拿刀切了肉。

　　　b. 他拿钥匙开了门。

（40）NP1 V1 NP2 V2（NP3）

（41）NP1 [$_{VP}$ V1 NP2 [$_{VP}$ V2]] — （38）

（42）NP1 [$_{VP}$ [$_{VP}$ V1 NP2] [$_{VP}$ V2 NP3]] — （39）

　　Law 通过语序、VP-副词、话题化和关系子句化以及语义解读差异四方面来证明两类连动结构的差异。

　　第一，语序。（38）类连动结构中的 V2 可以移位与 V1 动词合并，合并后的句子仍然合法，见例句（43）；而（39）类连动结构中的 V2 动词与 V1 动词合并后的句子不合法，见例句（44）。

（43）a. 他送来了一个箱子。

　　　b. 他拿走了那本书。

（44）a. ＊他拿切了刀肉。

　　　b. ＊他拿开了钥匙门。

　　按照（43）和（44）的句法结构分析，（43a—b）的句法结构分别为（45）和（46）；（44a—b）的句法结构分别为（47）和（48）。

（45）a. 他 [$_{VP}$送了 [$_{NP}$一个箱子] [$_{VP}$来]]]

　　　b. 他 [$_{VP}$送来$_i$了 [$_{NP}$一个箱子] [$_{VP}$ ti]]]

（46）a. 他 [$_{VP}$拿了 [$_{NP}$那本书] [$_{VP}$走]]]

　　　b. 他 [$_{VP}$拿走$_i$了 [$_{NP}$那本书] [$_{VP}$ t$_i$]]]

（47）a. 他 [$_{VP}$ [$_{VP}$拿 [$_{NP}$刀]] [$_{VP}$切了肉]]

　　　b. ＊他 [$_{VP}$ [$_{VP}$拿切$_i$了 [$_{NP}$刀]] [$_{VP}$t$_i$肉]]

（48）a. 他 [$_{VP}$ [$_{VP}$拿 [$_{NP}$钥匙]] [$_{VP}$开了门]]

　　　b. ＊他 [$_{VP}$ [$_{VP}$拿开$_i$了 [$_{NP}$钥匙]] [$_{VP}$t$_i$门]]

　　（45）和（46）中 V2 动词移位至 V1 并与之合并后，留下的语迹 t 被 V1-head 恰当管辖，因此满足空语类原则（ECP），句子合法；相反，（47）和（48）例句中的 V2 动词是中心语，移入其附加语内，移位后留下的语迹不能被恰当管辖，因此（47b）和（48b）都不合法。

（49）a. ＊他一个箱子送来了。

　　　b. ＊他那本书拿走了。

（50）a. ＊他刀拿切了肉。

　　　b. ＊他钥匙拿开了门。

（49—50）的句子有两种生成方式：第一种方式是 NP3 名词短语左向移位，移位至 V1 动词前，见例句（51）和（52）；第二种方式就是 V1 动词右向移位至 V2 之前，见例句（53）和（54）。

（51）a. ＊他［一个箱子］$_i$送来了 t_i。

　　　b. ＊他［那本书］$_i$拿走了 t_i。

（52）a. ＊他刀$_i$拿 t_i切了肉。

　　　b. ＊他钥匙$_i$拿 t_i开了门。

（51）句不合法是由于宾语名词组左向移位后，句子的主语位于 Spec-TP，而宾语名词组位于主语与动词之间，因此宾语名词组只能位于 Spec-TP 与 VP 之间，但在此之间并没有可容纳宾语名词组的句法位置，若作话题，它应该位于主语之前；若作焦点，应该有焦点算子或对比焦点环境。不管哪种情况和解释，似乎都无法挽救（51）的不合法性。（52）句不合法是由于移位的名词是在一个附加语内，附加语的成分的移出违反 CED[①]。

（54）a. ＊他 t_i一个箱子送$_i$来了。

　　　b. ＊他 t_i那本书拿$_i$走了。

（55）a. ＊他 t_i刀拿$_i$切了肉。

　　　b. ＊他 t_i钥匙拿$_i$开了门。

（54）和（55）是动词中心语的移位（head-movement），中心语移位必须符合被成分统治的中心语向上移位至成分统治位置，即 upward 移动；而例句（54）和（55）都是向下移位（downward lowering），违反了中心语移位的限制条件（HMC）。

第二，VP-副词。

（56）a. 他快快地送了一个箱子来。

　　　b. ＊他送了一个箱子快快地来。

（57）a. 他快快地拿刀切了肉。

　　　b. 他拿刀快快地切了肉。

副词"快快地"总是会位于谓语动词之前，一般不位于动词之后。（56a）合法，说明"快快地"位于谓语动词之前；（56b）不合法，说明"来"不是谓

---

① HUANG C T J. Logical Relations in Chinese and the Theory of Grammar［D］. Cambridge：MIT，1982.

语动词（中心）。这与前面的论断一致，第一个动词"送"是谓语中心，后面的动词"来"是其补语成分。（57）句"切了肉"是谓语中心，因此"快快地"在（57a—b）都是位于"切"之前，句子合法。同理见（58）和（59），（58）句副词"常常"位于谓语动词前，因此合法；（59）句副词"常常"位于谓语动词之后，因此不合法。

（58）a. 他常常送来一支笔 t。

　　　 b. 他常常送一支笔来。

（59）a. *他送一支笔常常来。

　　　 b. *他送来一支笔常常 t

从例句（56—59）可以看出，副词附加语不能附加于一个具有题元角色的补语短语上。

第三，话题化与关系子句化（extraction）。

（60）a. 这个箱子，他送了来。（话题化）

　　　 b. 他送了来的箱子。（关系化）

（61）a. *这把刀，他拿切了肉。

　　　 b. *他拿切了肉的刀。

（60）句在话题化和关系化后，句子都合法；因为移位的名词成分分别在述题句和关系子句内作补语成分，不是孤岛，所以移位后不违反孤岛条件。而（63）句移位的名词成分分别是述题句和关系子句的附加语成分，因此移位后违反 CED，句子不合法。

Huang 指出 CED 的意思就是只有补语位置上的成分是可以提取而不违反 CED，因为补语位置是被恰当管辖的位置①。

基于两类结构在上述三方面的差异，Law 给出了句法上的解释②。Law 指出如果 INFL 是包含抽象的一致特征（abstract agreement feature），它需要显性的通过限定动词的形态标记来实现，那么语言的差异可归因于形态标记的丰富与否。法语、英语和汉语三种语言中，法语是形态标记非常发达的语言，因此在表层结构，它有 V-to-T 移位，显性体现一致特征，而英语和汉语都是形态标记比较匮乏的语言，因此英汉两种语言在表层结构没有 V-to-T 的移位。

接着 Law 假设所有语言中的动词都要求与时态（tense）有某种联系

---

① HUANG C T J. Logical Relations in Chinese and the Theory of Grammar［D］. Cambridge：MIT, 1982.

② LAW P. A note on the Serial Verb Construction in Chinese［J］. Cahlers de Linguisticque-Aise Orientale, 1996, 25（2）：199-233.

（link），那么一个动词能与时态关联有两种途径：一是该动词直接在时态−T 的语域内（being in the immediate scope of Tense）；二是被一个直接在 T−语域内的动词管辖（being governed by another verb that is itself in the immediate domain of Tense）。

（62）一个动词 V 在 T 的直接域内当且仅当：

（i）T 成分统治该动词 V，并且

（ii）不存在一个 T'，T' ≠ T，T 成分统治 T'且 T'也成分统治该动词 V。

（63）A 成分统治 B，如果第一个分支节点统治 A 也统治 B。

为了满足上述时态关联条件，结构（64）中 V2 动词向上移位至 V1，移位后的 V2 就位于时态 T（tense）的直接域中，满足了时态连接（tense−linking）的条件。（65）中的动词"来"不是通过移位来满足时态关联条件，而是待在原位，通过与 V1"送"和 T 同标来实现。这就要求 V2"来"必须能够被 V1"送"管辖，那么 V2"来"就必须是处于补语位置，这样能被 V1 管辖，且 V1 处于 T 的直接成分统治域内，至此，V2 通过第二种途径满足了时态关联条件。

（64）他 $[_{VP}$送来了 $[_{NP}$一个箱子$]$ $[_{VP}$ t$]]]$

（65）他 $[_{TP}$ T$_i$ $[_{VP}$送了 $[_{NP}$一个箱子$]$ $[_{VP}$来$_i]]]]$

熊仲儒基于功能范畴假设以及嫁接与移位同向假设，分析了结果类和目的类连动句的句法结构，目的类连动句包括宾语共享连动句、用字句、兼语句①。

下面先介绍两个重要的理论假设：

（66）功能范畴假设：功能范畴不仅激发移位，而且决定合并，包括论元的选择与题元的指派。

（67）嫁接与移位同向假设：移位成分向左侧移位就嫁接于目标成分的左侧，移位成分向右移位就嫁接于目标成分的右侧。为达到嫁接移位同向假设，规定词汇范畴是核心在后，所有扩展词汇范畴的功能范畴都是核心在前②。

熊仲儒认为汉语结果类连动句和目的类连动句主要动词都是 V1，都受到致使范畴（CausP）和达成范畴（BecP）的扩展，差别在于结果类连动句的主要

---

① 熊仲儒. 英汉致使句论元结构的对比研究［M］. 上海：上海外语教育出版社，2015：85.

② 熊仲儒. 当代语法学教程［M］. 北京：北京大学出版社，2013：52，58.
熊仲儒. 英汉致使句论元结构的对比研究［M］. 上海：上海外语教育出版社，2015：43，85.

动词有融合（incorporation）现象，目的类连动句由于目的范畴的阻隔没有融合现象①。下面分别以（68—69）为例来具体阐述结果和目的类连动句的句法结构。

（68）结果类连动句

　　a. 张三吃完了饭。

　　b. 张三跑忘了这件事。

　　c. 张三抓紧了绳子。

（69）目的类连动句

　　a. 张三买了一把刀（去）切肉。

　　b. 人们用这种漆布（来）铺桌面。

（70）结果类连动句的句法结构

```
                    CausP
              /            \
           DP              Caus'
                         /       \
                      Caus       BecP
                               /      \
                             DP       Bec'
                                    /      \
                                  Bec       VP
                                          /    \
                                       ResP     V

a. 张三ⱼ              饭ᵢ                Proᵢ完        吃ᵢ
b. 张三ⱼ          这件事ᵢ      OPᵢ    [Projᵢ忘tᵢ]       跑
c. 张三               绳子       Eveᵢ紧              抓ᵢ
```

从（70a）可以看出，表结果的动词若为一价动词，则其唯一论元为空代词 Pro，根据 GCR（广义控制原则）②，结果动词的唯一论元与役事同指得到解读。当结果动词为二价动词时，其内论元为空算子，外论元为空代词 Pro，空算子会移位至 ResP 外缘位置，优先受到役事的控制并与其同指得到语义解读，然后结果动词的外部论元空代词 Pro 再在最小域内搜寻自己的成分统治者即致事（也就是主动词的主语）获得语义解读，见（70b）。（70c）的结果动词是指向动词的补语，假设它投射的空论元为事件论元 Eve，并且受最近的成分统治它的动词

① 熊仲儒. 英汉致使句论元结构的对比研究［M］. 上海：上海外语教育出版社，2015：183.

② HUANG C T, LI Y H, LIY F. The Syntax of Chinese［M］. Cambridge：Cambridge University Press，2009：250–254.

性成分控制，实现补语在语义上指向动词。

（71）目的类连动句的句法结构①

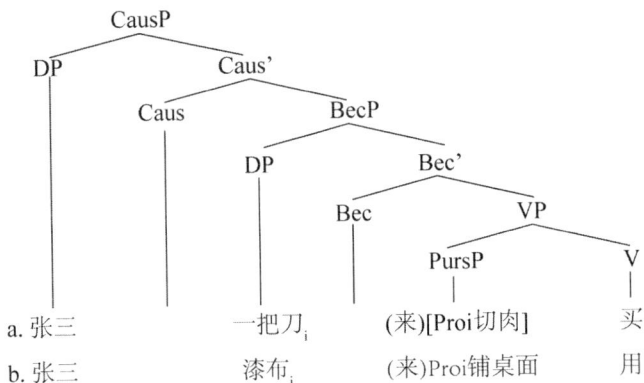

```
                    CausP
              /            \
            DP              Caus'
                         /        \
                      Caus         BecP
                                 /       \
                               DP         Bec'
                                        /      \
                                      Bec        VP
                                              /      \
                                           PursP       V
                                             |         |
    a. 张三         一把刀ᵢ      (来)[Proi切肉]        买
    b. 张三         漆布ᵢ        (来)Proi铺桌面         用
```

目的类连动句的第一个动词为主动词，主动词的补语为目的短语投射 PurpP，PurpP 的核心为 Purp，对应汉语可语音实现为起连接作用表达目的义的"来"或"去"，这种语音实现是可选的。Purp 的补语为 vP 即目的类连动句中的第二个动词短语，VP2 中存在一个空代词并且受到役事，在（71a—b）例中分别受到"一把刀"和"漆布"的控制，以此获得语义解读。

为了保证主动词融合的需求，结果动词和目的动词都位于主动词补语位置，即两者处于姐妹关系。目的类连动句主动词融合操作遭到目的范畴的阻隔，因此不能融合。

熊仲儒用功能范畴假设以及嫁接移位同向假设统一解释了汉语结果类和目的类连动句的句法结构，这也间接证明了本文将动作—结果以及动作—目的两类连动句归为核补类连动句的合理性。但熊文的分析仍存在以下不足。

首先，熊文并未提及汉语并列类和状核类这两类连动句的分析。

其次，关于结果类和目的类连动句的差别，熊文认为目的类连动句的目的范畴的存在阻隔了主动词的融合，但是从跨语言的语料来看，一些语言除了存在目的补语标记外，还存在结果补语标记，如独龙语结果补语助词 tɑˀʔ⁵⁵用于结果动词后，主动词前，标记结果补语成分；还有一些语言目的补语和结果补语的标记相同，如彝语诺苏话补语标记 si³¹/⁴⁴位于动词性补语成分之前，表示前后两个动词之间含有动作—目的/结果关系，具体参见表6-2。如果汉语存在目的范畴，阻碍主动词融合，那么是否存在结果范畴呢？如果存在，汉语的结果

---

① 熊仲儒. 英汉致使句法论元结构的对比研究［M］. 上海：上海外语教育出版社，2015：34-65.

范畴为什么不能阻碍主动词的融合呢？如果不存在，那又如何解释其他语言中结果补语标记的存在呢？

再其次，熊文将"抓紧"中的"紧"处理为空论元为 Eve 的补语成分，而将"买来"中的"来"分析为趋向动词，与"紧"做不一样的处理，缺乏充足的理据。从跨语言语料对比分析可以看出，位于动词后的趋向动词"来"和"去"都存在一定程度的语法化现象，动词义减弱，表达对主动词的方向义或状态义强，在这里将都指向动词的"紧"和"来"作不一样的处理，不太合适。

最后，在工具宾语共享连动句的处理上也有前后矛盾的地方，既然把工具宾语也看作动词的论元成分，（70b）中结果动词为二价动词，存在两个空成分，一个为空代词 Pro，一个为空算子，那么为何（71a—b）中第二个动词成分只显示了一个表示工具论元的空代词 Pro 呢？

下面用表 7-1 来总结一下国内外学者对连动结构的句法分析方案。

表 7-1　生成语法理论框架下 SVC 句法分析总汇

作者和年份	连动结构类型	句法核心	分析方案
Baker（1989）	受事宾语共享 SVC	V1 和 V2	双核心分析法 连动参数
Collins（1997）	受事/工具宾语 共享 SVC	V1	双层 VP 分析法 V2 后为空语类 pro
Baker & Stewart （1999）	隐性并列 SVC 宾语共享 SVC 结果 SVC	VoiceP 合并 vP 合并 V 合并	对称加标理论
刑欣（1987）	$V_{趋}+V$ 及 $V_{及}$ 着 V $V_{及}+V$ 及	V2	GB：删除合并分析
邓思颖（2010）	他跪下来求我	V1 或 V2	连动结构是一种偏正结构，应当取消
杨永忠（2009）		V1	语序—时序对应分析
杨西彬（2013）	A. 他去菜市场买菜做饭 B. 他命令你请他来家里做客	V1	1. 格位释放典型原则 2. 控制理论 PRO 3. 统一分析兼语和连动结构

作者和年份	连动结构类型	句法核心	分析方案
孙文统（2013）	张三刚刚倒水吃药	V2	侧向移位和左向附加
张孝荣 & 张庆文（2013）	A. 小王打零工挣学费（非限定控制结构） B. 她拿着扇子跳舞（限定控制结构）	V1	存活式推导分析方案 连动结构是一种主语控制结构
刘辉（2009）	受事宾语共享 SVC	V1	V2 是后置目的状语
田启林 & 单伟龙（2015）	受事宾语共享 SVC	V1	TP 非对称并列结构
Law（1996）	他送了一个箱子来 他拿刀切了肉	A→V1 B→V2	时态关联分析法
熊仲儒（2015）	结果类连动句 目的类连动句	V1	功能范畴假设 嫁接与移位同向假设

三、已有研究存在的问题

在上一小节分别介绍了国内外对非汉语和汉语连动结构的句法分析以及各自存在的问题。不可否认，连动结构确实演变为一个包罗万象的复杂结构，定义严宽不一，杂类繁多，若想对其在生成语法理论框架下对其进行统一分析，确实不易。因此前人所对连动结构句法结构分析的研究成果都对揭开汉语连动句的句法结构本质起到积极的推动作用。但是若想从根本上看清汉语连动句的本质，不仅要从广义上认清汉语连动结构的整体概貌，还要结合非汉语语言连动结构语料进行对比分析，才能够抽丝剥茧抓住其本质。

从表 7-1 可以看出，已有研究都基于汉语连动结构这个上位概念的一个子类进行分析，且都没有提及汉语连动结构的典型句式即并列类连动结构的句法结构，这是让人遗憾的。尽管各类语法教材对连动结构的定义或角度不同、范围大小不同或名称叫法不同，但都提到一类表达动作发生先后关系的连动结构，即动作相继发生表达动作相承义的连动结构，在本文我们将其界定为汉语连动结构的典型句式，是一种并列结构。

除此之外，大多数已有分析都集中在 GB 和 P&P 框架下的研究，主要分析空语类以及控制理论，在最简方案框架下对汉语连动结构进行句法结构研究的比较少。而乔姆斯基所代表的生物语言学理论框架自 1993 年以后发展迅猛，较之前的 GB 和 P&P 也发生了很多概念上的以及技术细节上的改变。因此有必要在最新的 MP 框架下来重新审视汉语连动句的句法结构。

第二节　解决方案

依据第三章对汉语连动结构的分类，下面我们尝试在最简方案的理论框架下分别对并列型连动结构、主从型连动结构的句法结构提出可能分析。

一、并列型连动结构的句法分析

1. 汉语并列型连动结构是一种并列结构

关于汉语并列型连动结构的分类标准主要基于定义、古汉语的"而"字以及跨语言的语料对比。

首先，杨西彬提到《马氏文通》阐释了汉语连动结构两个特点：形式上的动字相连，意义上的动作相承。文中指出，"先后"关系是"相承"关系的基础，而"相承"关系才是"连动"的核心特征。国内主要语法教材中对汉语连动结构的分类中的第一类总是表达动作先后关系，其实就是对应《马氏文通》所说的动作相承这一核心特点，对应少数民族语言连动结构就是一种并列关系连动结构①。

其次，梅广将而字连动分为核心在后为 A 类连动，先后连接、不分从属、核心的平行聚合结构称为 B 类连动，表行动目的关系的一类称为 C 类连动。平行聚合就对应的本文并列型连动结构。梅广还指出上古汉语是一种以并列为结构主体的语言，上古汉语"而"是一个语义无标（semantically unmarked）并列连词，不仅能用来连接并列结构，还能介于两个主从成分之间，如"古者十一而税""旦旦而伐之"。并指出英语也是偏爱并列连词的语言，英语的"and"不仅可以表达并列关系，还可以表达偏正或主从关系。上古汉语和英语这类偏爱并列连词的语言，会造成句法和语义上的不对应，继而导致辨别并列和主从结构有难度②。

---

①　杨西彬. 现代汉语"连动句"的重新审视 ［J］. 浙江师范大学学报（社会科学版），2016，41（6）：101-107.

②　梅广. 上古汉语语法纲要 ［M］. 台北：三民书局，2015：181-183，199.

最后，从非汉语连动结构语料看，形态标记比较发达语言仍然可以看到连接两个表达动作相承的动词之间有并列连接成分。现代汉语没有对应古汉语"而"字连动中的词，因此这里用"而"字分别对应其他语言并列关系连动结构中的连接成分，如表 7-2 所示。

表 7-2   "而"与其他语言的映射关系

而	n^{31}na^{35}	景颇语
	ŋ̍i/ ¢in	仓洛门巴语
	nəuŋ^{31}	大羊普米语
	mok	嘉戎语
	muŋ^{35}/ ɛ ʔ^{55}	浪速语
	mu^{51}	遮放载瓦语
	a^{33}nɛ^{33}/ nɔ^{55}xhɔ^{33}	绿村哈尼语
	lɛ^{33}	邦朵拉祜语
	gu^{33}	纳苏彝语
	xhw^{55}	鹤庆白语
	–fi	满语
	–aad	蒙古语
	–p	维吾尔语
	and	英语

基于以上三方面论据，本文认为现代汉语非对称并列型连动结构，或汉语连动结构的典型句式就是指"时间/动作先后"类连动结构，如（72）所示。这类连动结构遵守时间顺序原则（PTS），语义上前后动词不可颠倒位置，因此我们称为非对称并列连动结构；而前后动词任意颠倒而不改变语义和句子的合法性的称为对称并列连动结构。下面分析汉语非对称并列连动结构的句法结构。

（72）a. 张三穿上鞋走出了房间。

    b. 张三放下报纸打开了电视。

通过跨语言连动结构语料对比分析，依据 Chomsky 提出的同一性原则（uniformity principle）① 和 Miyagawa 提出的强化的"同一性原则"②，我们假设并列型连动结构存在一个连接前后动词携带时序意义特征的功能范畴 F，F 可以有语音形式，也可以没有语音形式，即它可以是零形式，也可以是有标记的，在有标记的语言中它的使用也是可选的，取决于前后动词意念聚合的程度，也取决于使用的频度以及某社区文化认知规则等。F 在古汉语对应为"而"，现代汉语为零标记，对应其他有标记语表 6-2 所示。在有标记的连动结构语言中，连接两个动词的连接成分大多来自并列连词，连接助词或表达先后关系的语缀。

下面通过并列结构限制条件以及语义真值条件两个测试来论证汉语非对称并列连动结构为一种特殊的并列结构。

第一，并列结构孤岛效应。Ross 指出所有并列结构受到并列结构限制条件的约束③，即，在并列结构中：（1）所有并列项都不能移出；（2）并列项中任何的成分都不能移出。例如：

（73） a. I went to the store and I bought some whisky.

　　　 b. * which whisky$_i$ ［&P ［TP I went to the store］ and ［TP I bought t$_i$］］

　　　 c. * which store$_i$ ［&P ［TP I went to ti］ and ［TP I bought some whisky］］

（73a）并列结构中两个并列项分别为 TP1 ［I went to the store］ 和 TP2 ［I bought some whisky］。当将并列项 1 中"the store"移至 Spec-CP 位置时，句子不合法，见例句（73b）；当将并列项 2 中的"some whisky"移至 Spec-CP 位置时，句子也不合法，见例句（73c）。那么，我们来测试下汉语典型连动结构是否同样受到 CSC 条件的约束而呈现孤岛效应呢？以"李四穿上衣服跳下地跑到车间"为例：

（74） a. 李四穿上衣服跳下地跑到车间。

　　　 b. *衣服，李四穿上跳下地跑到车间。

　　　 c. * 什么衣服李四穿上跳下地跑到车间？

① Chomsky（2001）在最简方案框架下提出同一性原则，即在没有明显的反面证据时，可以假设所有的语言都是一致的，其差异仅限于能易于发现的输出话语的不同。
CHOMSKY N. Derivation by phase ［M］//KENSTOWICZ M. Ken Hale：A Life in Language. Cambridge：MIT Press，1-53.

② MIYAGAWA S. Why Agree? Why Move? Unifying Agreement-based and Discourse-configurational Languages ［M］. Cambridge ：MIT Press，2010：2.

③ ROSS J R. Constraints on Variables in Syntax ［D］. Cambridge：MIT，1967.

　　　　d. ＊车间，李四穿上衣服跳下地跑到。

　　　　e. ＊什么车间李四穿上衣服跳下地跑到？

　　提取第一个 VP 短语中的宾语"衣服"至句首，得到的句子（74b）不合法，针对第一个 VP 短语中的宾语"衣服"进行提问，所得到的问句（74c）仍然不合法。同理，提取第二个 VP 短语的宾语以及对其进行提问，所得到的句子（74d）和（74e）均不合法。（74b—e）的不合法说明了汉语非对称并列连动结构也表现出并列结构孤岛效应，说明该结构是一种并列结构。

　　第二，语义真值条件。仍然以"（74a）李四穿上衣服跳下地跑到车间。"为例，这个命题若为真，则当且仅当逻辑表达式 ［［我穿上衣服］&［我跳下地］&［我跑到车间］］为真，逻辑连接符为合取"&"。Haspelmath 从语义上将并列标志分为四类：合取式（conjunctive）、析取式（disjunctive）、转折式（adversative）、因果式（causal）①。因此，该命题（74a）属于并列结构。

　　通过以上两个测试，我们可以看出汉语非对称并列连动结构呈现并列孤岛效应、真值条件为几个动词短语真值的合取值，因此汉语非对称并列连动结构是一种特殊并列结构，特殊之处在于并列的动词性成分顺序不可任意颠倒而不影响语义，是一种限制更严格的并列结构。

　　2. 并列结构是二分支结构

　　以上我们证明了汉语非对称并列连动结构存在一个表达时序意义特征的功能范畴 F，而且是一种并列结构。下面我们就来看看并列结构是如何在最简方案框架下得到解释的。

　　一些学者认为并列结构是一种扁平结构，也有一些学者认为并列结构是二分支结构。我们支持后一种观点，并列结构是一个二分支结构而且是一个二分支非对称结构（binary and asymmetric structure），句法核心为连接成分（coordinator），内并列项与连接成分是核—补关系（head-complement relation），外并列项位于连接成分的指示语位置（specifier）。本文沿用 Zhang 对并列结构的并列项的命名，即将连接词前的并列项称作外并列项（external conjunct），连接词后的并列项称为内并列项（internal conjunct）②。

　　很多学者都明确指出并列结构不是一个扁平结构（flat structure），而是一个

---

①　HASPELMATH M. Coordinating constructions：an overview ［M］//HASPELMATH M. Coordinating Constructions，Typological Studies in Language 58. Amsterdam：John Benjamins，2004.

②　ZHANG N N. Coordination in Syntax ［M］. Cambridge：Cambridge University Press，2009：11-16.

二分支结构，比如 Zhang、Citko[1] 等。

第一，停顿（pause）、外置（extraposition）和替代（pro-form replacement）三个句法测试表明了并列连词"and"与第二个并列支形成一个成分结构体（constituent）。首先，停顿只能在第一个并列项和连接词之间，如（75a），但不能在连接词和第二个并列支之间，否则不合法如（75b）。其次，能够外置于句末位置的只能是连接词"and"和第二个并列支，如（76a）中的"and a newspaper"，而第一个并列支和连接词整体不能外置，如（76b）中的"a book and"；第二个并列支单独也不能外置至句末，如（76c）中的"a newspaper"。最后，代词 etc. 只能替换"连接词和其后的并列支"，如（77b），不能单独替换不包括"and"的最后一个并列支，如（77c）。

（75）停顿（pause）

　　a. John left. And he didn't even say goodbye.

　　b. * John left and. He didn't even say goodbye. [2]

（76）外置（extraposition）

　　a. John bought a book t_i yesterday, *and a newspaper* $_i$.

　　b. * John bought t_i a newspaper yesterday *a book and* $_i$.

　　c. * John bought a book and t_i yesterday, *a newspaper* $_i$. [3]

（77）etc. 替代

　　a. I bought jam, bread, and cookies.

　　b. I bought jam, bread etc.

　　c. * I bought jam, bread, and etc. [4]

第二，约束原则 C。

（78）a. * He $_i$ and John $_i$'s dog went for a walk.

　　b. John $_i$'s dog and he $_i$/him $_i$ went for a walk.

（78a）因为专名"John"在其成分统治域内与代词"he"共指，违反约束原则 C（binding principle C）而不合法；而在（78a）中专名"John"不成分统

① CIKTO B. Symmetry in Syntax：Merge, Move and Labels ［M］. Cambridge：Cambridge University Press，2011：25-29.

② ROSS J R. Constraints on Variables in Syntax ［D］. Cambridge：MIT，1967.

③ MUNN A. Topics in the Syntax and Semantics of Coordinate Structures ［D］. Washington D. C.：University of Maryland，Colledge Park，1993.

④ ZOERNER C E, III. Coordination：the Syntax of andP ［D］. University of California，Irvine，1995.

治代词"he/him",虽然两者共指,但不违反约束原则 C,所以合法。

第三,受约变量解读(bound variable interpretation)。

(79) a. Every man$_i$ and his$_i$ dog went to mow the meadow.

　　b. ﹡ His i dog and every i man went to mow the meadow.

(79a)量化词"every man"成分统治"his dog",因此代词变量"his"受到约束,句子合法;而(79b)由于变量"his"没有得到约束,而变成一个自由变量,所以句子不合法。

第四,位于外并列项的专名领属结构非对称统治位于内并列项的名词性所有格代词①。

(80a—b)这组最小对比说明了外并列项"Sally's mother"与内并列项"yours"是不对称的。(80a)句"Sally's mother"位于第二人称名词所有格代词"yours"之前,句子成立;但是两者颠倒顺序,则句子不成立,见(80b)。

(80) a. Sally's mother and yours have turned vegetarian.

　　b. ﹡ Yours and Sally's mother have turned vegetarian.

除此之外,两者也呈现出了主宾不对称,如例(81)。

(81) a. Sally's mother praised yours.

　　b. ﹡ Yours praised Sally's mother.

第五,并列结构中的连接成分总是跟其中一个并列项关系紧密,要么依附于外并列项,要么依附于后并列项。这种差异不仅体现于不同语言之间,也体现于一个语言内部。

(82) a. The son graduated //and the daughter got married.

　　b. ﹡ and the son graduated// the daughter married.

(83) a. musuko-ga　sotugyoo　　sita-si　//musume-ga　yome-ni itta.

　　Son-NOM graduation did-and daughter-NOM bride-DAT went

　　'The son graduated and the daughter got married. '

　　b. ﹡ musuko-ga sotugyoo sita//musume-ga yome-niitta-si.

　　Son-NOM graduation did daughter-NOM bride-DAT went-and

　　'The son graduated and the daughter got married. '

(82—83)分别是英语和日语的例句,英语的连接成分"and"与内并列项关系紧密或者说内并列项是连接成分的宿主(host),日语的连接成分"-si"的

---

① ZHANG N N. Coordination in Syntax [M] . Cambridge: Cambridge University Press, 2009: 12-13.

宿主也是内并列项，所以（88a）和（89a）都是合法的，当连接成分与其选择的宿主分开，如（82b）和（83b）则句子就不合法。

下面以汉语为例进一步说明并列结构的内外并列项的不对称性特征。

（84）a. 宝玉一鼓励，于是黛玉恢复了信心。

　　　 b. 宝玉一鼓励，黛玉于是复了信心。

　　　 c. （＊于是）宝玉（＊于是）一鼓励，黛玉恢复了信心。

汉语的连接成分"于是"在连接两个连贯小句时，总是位于内并列小句，可是位于小句前，也可以位于小句主语后，见例句（84a—b）；但"于是"不可以位于外并列小句内，无关是在外并列小句的句首还是其主语后，所得到的句子都不合法，如（84c）所示。

Zhang 认为连词"于是"在（87a—b）是核心标句词 C，并且假设连接成分"于是"携带［TOPIC］特征①。这样的假设可以解释为什么（84a—b）中的"于是"有两个不同的句法位置，即"于是"所携带的［TOPIC］特征可以通过与主语"黛玉"通过一致（AGREE）关系进行核查或赋值，则得到（84a），也可以让"黛玉"移位至"于是"的指示语位置来实现［TOPIC］特征的核查或赋值，于是就得到了（84b），而（84b）的外并列项成为背景话题（background topic），"黛玉"成为对比话题（contrastive topic）。

连接成分携带［TOPIC］特征的假设，得到以下（85）和（86）两组最小对对比的例证。

（85）a. 如果情况属实，那就坚决给予制裁。

　　　 b. 情况如果属实，那就坚决给予制裁。

（86）a. 如果经常下雨，那就不要浇水了。

　　　 b. ＊经常如果下雨，那就不要浇水了。

（85）和（86）都是条件复句句，（85a—b）与（86a—b）相似，标句词"如果"可以位于小句的句首位置，也可以位于所在小句主语的后面，说明话题成分的跨域标句词的移位是存在的。（86a—b）说明标句词"如果"不能位于副词"经常"的后面，也就是说副词"经常"因不能作话题，因此不能移位至"如果前来核查其携带"的话题特征。

从（84—86）都可以证明连接成分是核心标句词（Complementizer，C），且携带［TOPIC］特征，与其补语小句进行特征核查或赋值。（84a—b）的句法结

---

① ZHANG N N. Coordination in Syntax［M］. Cambridge：Cambridge University Press，2009：13.

构大致如（87）所示。

（87）

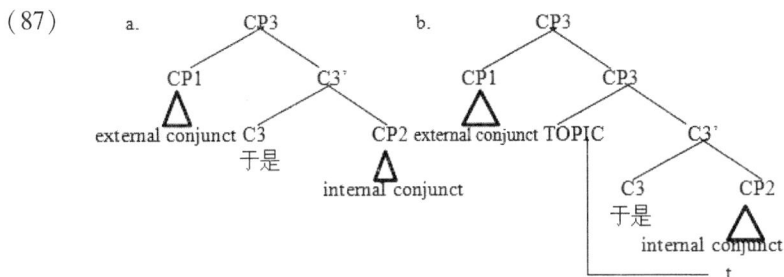

关于并列结构的语类标签问题，明确指出由外并列项决定①。论据如下：

（88）a. That our perspectives had changed over the years and the issue we had worked on as students were the topic of discussion.

　　　b. I didn't remember until it was too late John's inability to get along with Pat and that he had no background in logic.

（89）a. You can depend on my assistance and that he will be on time.

　　　b. * You can depend on that he will be on time and my assistance.

不管是小句 CP 还是名词短语 DP 都可以承担句子的主语和宾语的语法功能，因此（88a—b）都合法；但是（89）句中的介词"on"的语类选择是有限制条件的，它只能语类选择（C-select）一个［+N］的成分，所以当 DP "my assistance"作为外并列项时满足了介词"on"的语类选择特征匹配，句子合法；当 CP "that he will be on time"位于外并列项时，语类特征不匹配导致句子不合法。也就是说像英语连词"and"，它本身是没有特定的语类特征选择偏好或限制的，可以连接名词性成分、谓词性成分等。

既然整个并列结构的语类特征由核心来决定，而外并列项的语类特征与整个并列结构的语类特征匹配，因此外并列项通过把自己的语类特征传递或渗透给核心以便使整个并列结构的语类特征符合被选择成分的语类要求。这种非核心成分向核心成分进行特征传递或渗透不是不可实现的，Cowper 认为非核心成分也能渗透特征，其条件是核心成分没有指定这些特征②。

Zhang 认为（88—89）证明了并列结构的语类特征是由外并列项决定的，可

① ZHANG N N. Coordination in Syntax［M］. Cambridge：Cambridge University Press，2009：50-52.

② 熊仲儒. 英汉致使句论元结构的对比研究［M］. 上海：上海外语教育出版社，2015：233.

以表现为现有语类（包括 D、N、A、V、P、C、T、C 等）的任意一种①，因此反对 "&P"、CoP、BP（Boolean phrase）分析②。

以上的分析和测试都是在证明并列结构两个并列项是非对称的关系；核心为连接成分；连接成分与内并列项是核—补关系（head-complement relation），与外并列项是中心—指示语关系（Spec-head relation）；并列结构的语类标签由外并列项通过渗透（percolate）传递（transfer）给连接成分③。因此，并列结构并不是生成语法理论的特例，它仍然是一个二分支的句法结构，如下图（93）所示：

（90）并列结构的句法结构④

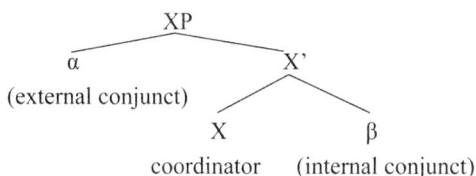

$$
\begin{array}{c}
\text{XP} \\
\alpha \qquad \text{X'} \\
\text{(external conjunct)} \\
\text{X} \qquad \beta \\
\text{coordinator} \quad \text{(internal conjunct)}
\end{array}
$$

以上语言事实和论据都充分说明了并列结构两个并列项之间的非对称关系。基于对并列结构的非对称本质的认识，很多学者都尝试在生成语法的框架下对并列结构的句法结构进行了二分支结构分析，下面分别介绍 Johannessen、Munn 的分析。

（91）a. Johannessen⑤

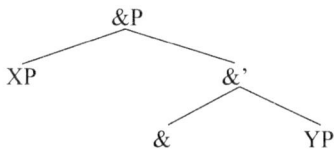

$$
\begin{array}{c}
\text{\&P} \\
\text{XP} \qquad \text{\&'} \\
\text{\&} \qquad \text{YP}
\end{array}
$$

① ZHANG N N. Coordination in Syntax [M]. Cambridge：Cambridge University Press，2009：20.
② JOHANNESSEN J B. Coordination [M]. Oxford：Oxford University Press，1998：109.
MUNN A. Coordinate structure and X-bar Theory [J]. McGill Working Papers in Linguistics，1987，4（1）：121-140.
③ ZHANG N N. Coordination in Syntax [M]. Cambridge：Cambridge University Press，2009：55.
④ ZHANG N N. Coordination in Syntax [M]. Cambridge：Cambridge University Press，2009：20.
⑤ JOHANNESSEN J B. Coordination [M]. Oxford：Oxford University Press，1998：109.

b. Munn[1]

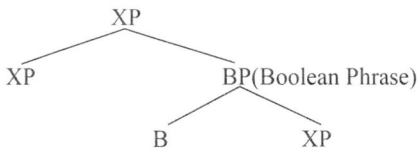

（91a—b）的分析都体现了并列结构并列项之间的非对称关系，且满足生成语法理论一直坚持的句法结构的二分支原则。（91a）是生成语法理论比较普遍接受的一个句法结构，Zhang 指出（91a）的问题在于作为并列结构的连接成分也是携带语类选择特征的，英语的"and"虽然没有语类选择限制条件，但是它的语类特征是通过外并列项的语类特征传递给它的，因此（94a）的结构不应该引入非原子部件成分 &P。（94b）是将一个并列项处理为附加语，具体来说，（94b）认为外并列项为并列结构的核心，连接成分和后并列项通过附加操作与前并列项形成核心—附加语关系[2]。

因此，我们认同 Zhang 对并列结构的句法结构分析。除了以上对并列结构二分支结构的论证之外，何晓炜在分析双宾语结构的句法结构[3]时，分别从儿童语言习得、心理语言学实验以及音系结构和形态结构研究三方面论论证了二分支的层系结才是人类语言所固有的特点[4]。

在这里主要具体阐述儿童语言习得方面的论据。从语言习得角度来分析，如果将同样数量的句法成分组合，不受限的组合比受限的二分支结构组合产生更多的组合，且参与组合成分的数量越多，产生不受限的多分支组合的比例就越大，这就意味着儿童选择结构时所面临选择就越多，任务就越重。如此一来，也就无法解释儿童习得母语核心语法结构的一致性和快速性，且扁平的多分支结构也无法满足 Kayne 提出的线性化要求。Kayne 认为层级结构（hierarchical structure）决定了线性的语序，不对称的成分统治关系总是映射成线性的居前（liner precedence）关系。因此扁平结构的成分之间为相互成分统治关系，无法线性化；只有二分支结构才能形成不对称的层级结构，才能满足 LCA（线性化

① MUNN A. Topics in the Syntax and Semantics of Coordinate Structures ［D］. Washington D. C.：University of Maryland，Colledge Park，1993.

② ZHANG N N. Coordination in Syntax ［M］. Cambridge：Cambridge University Press，2009：20.

③ 何晓炜. 英汉双及物结构的生成语法研究 ［M］. 北京：外语教学与研究出版社，2011：27-34。

④ RADFORD A. Analysing English Sentences：A Minimalist Approach ［M］. Cambridge：Cambridge University Press，2009：70.

对应公理)①。

再者，Chomsky 同样指出，从运算效率的角度来讲，二分支结构比任何其他表达式都更为经济、高效②。

基于以上论据，我们认为并列结构分析为一个二分支结构，连接成分为核心，连接成分与内并列项是姐妹关系，外并列项位于核心的指示语位置并决定了整个并列结构的语类特征。

3. 汉语并列型连动结构的最简分析

Chomsky 在《超越解释的充分性》中提出了外部合并（external merge）和内部合并（internal merge）两个概念③。外部合并就是将两个来自句法序列（lexical array）的句法实体（syntactic object）合并为一个更大的句法实体的过程，如图（92）所示。

（92）外部合并

$$\alpha\ \beta\ \rightarrow\ \overset{\wedge}{\alpha\ \beta}$$

内部合并相当于Chomsky 所提出的移位④，同样是两个句法实体的合并，但要求其中一个句法实体是通过外部合并操作已所生成的句法实体，如图（93）所示。

（93）内部合并

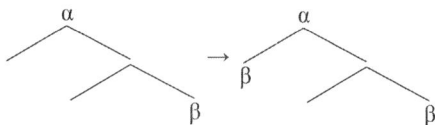

下面我们就以合并理论来对汉语非对称并列型连动结构进行句法推导，以（94）为例。

（94）张三穿上鞋走出了房间。

首先，根据戴庆厦对汉藏语是非问句的演变链研究⑤以及第五章汉语连动结构的紧缩过程，汉语连动结构和是非问句的演变路径都是从复句逐步紧缩到单

① KAYNE R. The Antisymmetry of Syntax［M］. Cambridge：MIT Press，1994：4.
② Chomsky N. Three factors in language design［J］. Linguistic Inquiry，2014，36（1）：1-22.
③ Chomsky N. Beyond explanatory adequacy［M］//BELLETTI A. Structures and Beyond. Oxford：Oxford University Press，2004：104-131.
④ CHOMSKY N. Minimalist Program［M］. Cambridge：MIT Press，1995：219-394.
⑤ 戴庆厦. 再论汉语和非汉语结合研究的方法论问题［J］. 民族语文，2013（6）：3-11.

句直至复合词。因此，汉语连动句的句法分析是可以参照是非问句的分析。Huang 等人认为 A-not-A 问句的各类句式都是通过并列紧缩（conjunction reduction，CR）、代词省略（anaphoric ellipsis）和复制（reduplication）等三个转换规则按照一定顺序生成的①。并列紧缩（CR）最早是由 Ross 提出的②，CR 的使用受到方向限制的（directionality constraint），即如果相同的成分出现在左分支，那么就承前省略；如果相同的成分出现在右分支，那么就承后省略（deletion applies forward if identical elements occur on a left branch，but backward if identical elements occur on a right branch）。而 AE 操作遵守一般的代词约束原则。复制（reduplication）操作与汉语连动结构的句法分析无关，因此在这里不赘述。那么，汉语连动结构的典型句式，即表达时间先后类连动结构可以分析为从并列复句通过并列紧缩规则（CR）、S 节点删除规则（S-pruning）以及论元删略规则（AE）紧缩为一个单句结构。

按照此分析，现代汉语非对称并列连动句的深层结构是两个句子的并列结构，（94）的深层结构为（95）：

（95）

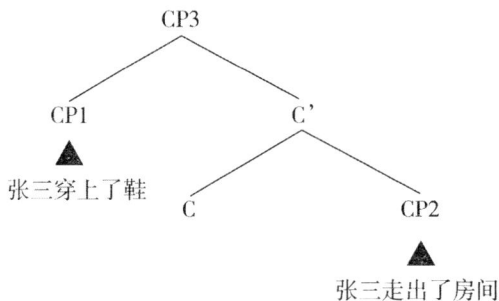

CP1 和 CP2 中都含有相同的左分支成分"张三"，因此可以进行 CR 操作，CR 作用于（95）之后，承前省略 CP2 中的"张三"得到（96）。

---

① HUANG C T，LI Y H，Li Y F. The Syntax of Chinese ［M］. Cambridge：Cambridge University Press，2009：253.

② ROSS J R. Constraints on Variables in Syntax ［D］. Cambridge：MIT，1967.

（96）

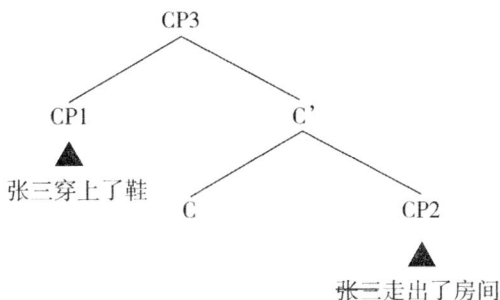

Ross 指出 S 节点删除（S-pruning）是超规则，即普遍适用于语言体系中的公认规则。S 节点删除的条件是当且仅当内嵌句中 S 节点不直接统治两个节点，即 S 节点不分叉（delete any embedded node S which does not branch（i. e: which does not immediately dominate at least two nodes))[1]。（96）CP2 中的"张三"通过 CR 规则删除后，CP2 节点满足 S 节点删除规则的应用条件。S 节点删除规则应用后，CP2 不再是一个独立句，CP1 和 CP2 紧缩成为一个单句。而宾语共享类连动结构通过并列紧缩（CR）删除 C 内嵌句的主语，然后删除内嵌句 S 节点，最后通过论元删除规则（AE），删除内嵌句动词的宾语而生成的，以（97）为例来说明。

（97）张三倒了杯水喝。

（98）a. 张三倒了杯水，张三喝水。

　　　b. 张三倒了杯水，[CP2 ~~张三~~ 喝水]。（CR 规则，承前省略）

　　　c. 张三倒了杯水，[~~CP2~~ ~~张三~~ 喝水]。（S 节点删除规则）

　　　d. 张三倒了杯水喝水。（AE 规则）

也就是说，现汉连动结构的典型句式的深层结构其实是并列复句，依次通过 CR 规则、AE 规则和 S 节点删除规则转换生成表层结构为连动结构的单句结构。但自原则和参数理论以来，生成语法理论框架已经逐步摒弃了深层结构和表层结构的说法，因此需要在最新的最简方案框架下重新分析汉语典型连动结构的句法生成过程。

最简方案提出了强式最简理论（SMT），认为 UG 非常简单，只包含合并（merge），合并是最优、最经济的运算规则[2]。下面就尝试在合并理论框架下，

---

① ROSS J R. Constraints on Variables in Syntax [D] . Cambridge：MIT, 1967.

② BERWICK R, CHOMSKY N. Why Only Us：Language and Ewlution [M] . Cambridge：MIT Press，2016：68-69.

对（94）的句法推导过程进行分析。

首先从词库中选取（94）所需要实词项和功能项，组成词汇矩阵（99）。

（99）{张三$_x$，穿，上，鞋，走，出，了，房间，C，v，T}

这里，我们将"穿上"和"走出"处理为复合词，暂不探讨它到底是在词法层面生成还是在句法层面生成。另外一个要重点考虑的问题就是主语"张三"的下标 x（其数量 numeration）是 1 还是 2 的问题。如果是 1 的话，有以下三种可能的分析。

第一种可能，"张三"为基础生成的话题，两个动词短语 vP 的主语为空代词 Pro 同时受到话题成分"张三"的成分统治，根据广义控制规则（GCR），保证了两个动词短语的空主语与"张三"同指获得"同一主体相继发生两个动词"的意义。

选取第一个语段所需要的材料{走，出，了，房间，v}，通过合并操作，得到第一个语段 vP1 的结构如（100）所示：

（100）[vP1Pro 走出了门]

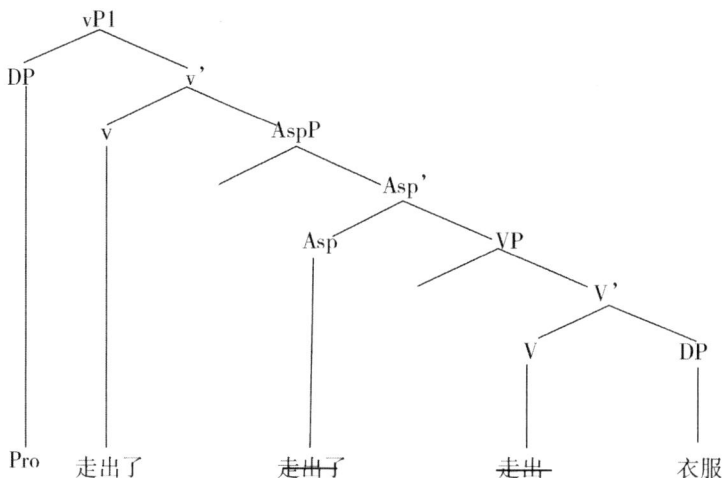

接着选取第二个语段所需要的材料{穿，上，衣服，v}，通过合并操作，得到第二个语段 vP2 的结构如（101）所示：

（101）［vP2 Pro 穿上衣服］

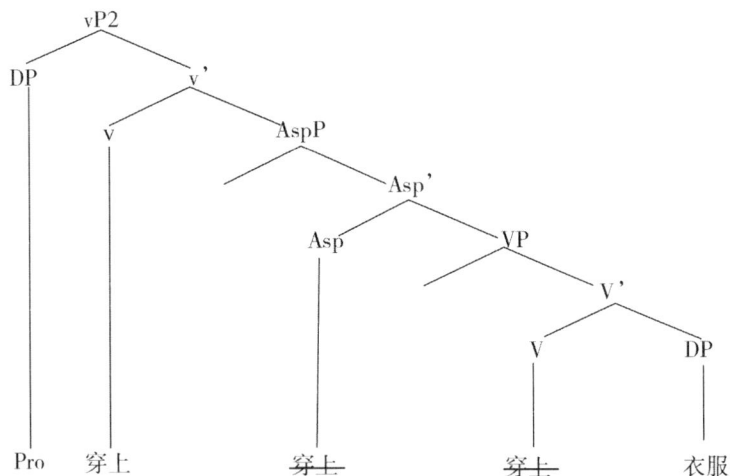

```
                        vP2
                      /     \
                    DP       v'
                           /    \
                         V      AspP
                              /      \
                           Asp'
                          /      \
                        Asp       VP
                                /    \
                               V'
                            /      \
                           V        DP

    Pro      穿上      穿上      穿上      衣服
```

按照前文 Zhang 对并列结构的分析①，vP1 与 F 合并，F 为连动结构连接前后动词的连接成分，F 的语类特征由外并列项的语类特征决定，在这里 F 的语类标签也为 v，那么 vP1 和 vP2 合并生成 FP（vP）结构如（102）所示：

（102）［FP［vP2 Pro 穿上衣服］［F［vP1PRo 走出了门］］］

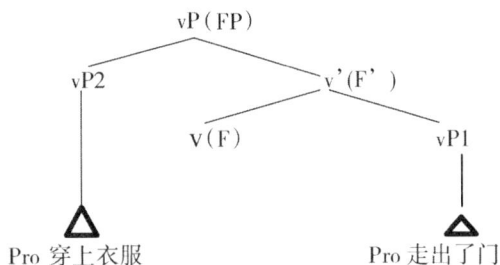

```
                    vP(FP)
                  /       \
               vP2        v'(F')
                        /       \
                     v(F)       vP1
                      |          |
                      △          △
                  Pro 穿上衣服   Pro 走出了门
```

接着 FP（vP）与 T 合并生成 TP，TP 与 ToP 合并生成后与"张三"合并生成 TopP，如（103）所示：

① ZHANG N N. Coordination in Syntax［M］. Cambridge：Cambridge University Press，2009：127-185.

（103）

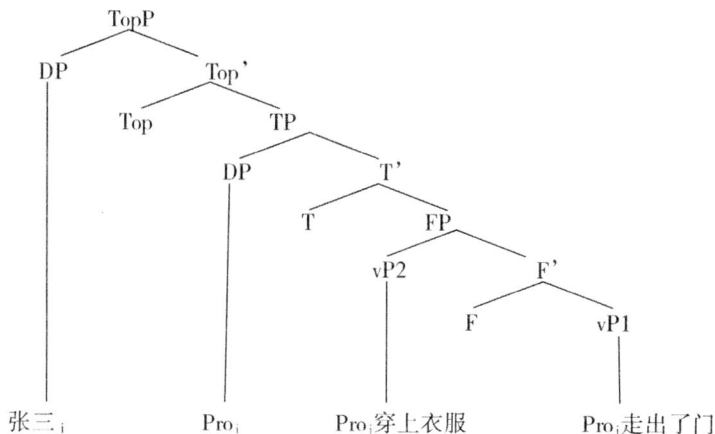

```
                        TopP
                   ┌─────┴──────┐
                  DP           Top'
                        ┌────────┴────────┐
                       Top               TP
                                 ┌────────┴────────┐
                                DP               T'
                                          ┌───────┴───────┐
                                         T              FP
                                        vP2        ┌─────┴─────┐
                                                   F          F'
                                                        ┌─────┴─────┐
                                                        F          vP1

         张三ᵢ            Proᵢ          Proᵢ穿上衣服              Proᵢ走出了门
```

第一种分析的优势在于符合汉语话题突出的特点和事实，赵元任指出，"在汉语里，把主语和谓语当作话题和说明来看待，较为合适"①。英语句子正常情况下不可无主语，有时须使用虚词 there/it 充当纯粹的形式主语，而汉语句子可以有话题而无主语，没有纯粹的形式主语②。

除此之外，"张三"处理为话题，也满足话题允准的语义条件，即"一个（悬垂）话题可以被允准，当且仅当（i）存在集合 Z 被述语中的变量引出；（ii）所生成的集合 Z 与话题所指称（denote）的集合 T 相交时不产生空集"③。在本例中，述题部分可以形成含有一个受拉姆达算子约束的变量的逻辑语义表达式（104）λx［（穿上'（衣服'）（x））＆（走出'（门'）（x））］，该表达式的所指为个体组成的集合，而话题"张三"就是这样集合中的一个个体，因此两者的交集不为空，满足话题允准的语义条件。

第二种可能，假设"张三"基础生成于 vP1 的指示语位置，vP2 的主语为空代词 Pro。如果是这样，"张三"要移位至 TP 指示语位置，以满足 T 的 EPP 特征，进而成分统治 vP2 的 Pro，使其得到语义解读。若有 TopP 投射，则"张三"还要进行第二次移位，从 TP 指示语移位至 TopP 指示语位置。

第三种可能，假设"张三"基础生成与 vP2 的指示语位置，vP1 的主语为空代词 Pro。T 的 EPP 特征会吸引"张三"至 TP 指示语位置核查 EPP 特征，如

①　赵元任. 汉语口语语法［M］. 北京：商务印书馆，1979：78.

②　潘海华，韩景泉. 显性非宾格动词结构的句法研究［J］. 语言研究，2005（3）：1-13.

③　潘海华，韩景泉. 汉语保留宾语结构的句法生成机制［J］. 中国语文，2008（6）：511-524.

此一来"张三"成分统治 Pro，进而使其得到约束和语义解读。这种可能分析如（105）所示：

（105）

```
                        TP
                  ┌──────┴──────┐
                 DP             T'
                  │        ┌─────┴─────┐
                           T         FP（vP）
                                 ┌─────┴─────┐
                               vP2         F'（v'）
                                      ┌──────┴──────┐
                                    F（v）          vP1
                  │           │                      │
                张三ᵢ      tᵢ穿上衣服            Proᵢ走出了门
```

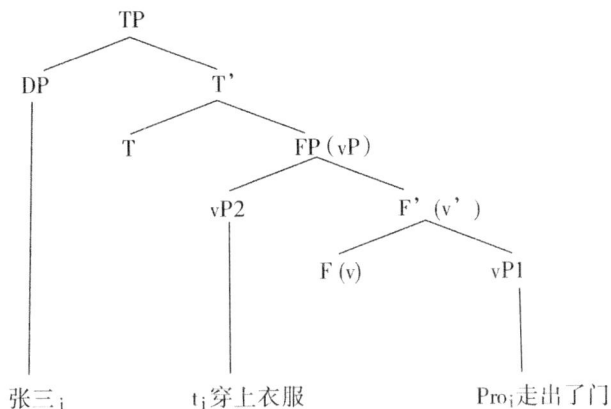

第二种和第三种分析的操作步骤明显要比第一种分析多，"张三"总是要从 vP1 或 vP2 域内移位至 TP-Spec 位置。从运算的经济性角度来说，当 x=1 时，第一种话题分析更经济。

如果 x=2 的话，FP 可能是两个 TP 并列，也可能是两个 vP 并列，根据 Zhang 的分析，F 的语类特征由外并列项的语类特征决定①。如果为两个 TP 并列，则变成了一个连贯复句，不再是单句结构，而我们所讨论的连动结构必须是单句结构内，因此排除 TP 并列的可能。vP 并列的可能与 Stewart 和 Baker 对 Edo 语顺序连动结构的分析②一致，如此一来，vP1 和 vP2 两个语段的结构分别为：

（106）［vP1 张三穿上衣服］

（107）［vP2 张三走出了门］

T 的 EPP 特征仍然需要满足，根据 Chomsky 的 Attract F③，T 会吸引一个距离 T 最近的可以核查 EPP 特征的成分，vP1 指示语位置上的"张三"会被吸引至 T 的指示语位置。最终产出的句子为"张三穿上衣服张三走出了门"，不合法。但 ATB（across-the-board movement/ATB movement）分析能够挽救上述失

① ZHANG N N. Coordination in Syntax［M］. Cambridge：Cambridge University Press，2009：127-185.

② Baker, Mark C. &Stewart, Osamuyimen T. 1999. "On double-headedness and the anatomy of the clause," manuscript, Rutgers University.

③ CHOMSKY N. Minimalist Program［M］. Cambridge：MIT Press，1995：219-394.

败的运算。

Ross 发现当所有并列项中同时抽取相同的成分时，CSC 条件无效，得到的句子仍然合法①。这种操作叫作横越式位移移位（across-the-board movement/ATB movement），这样的结构称作 ATB 结构。例如：

（108）a. I wonder what_i [John bought e_i] and [Peter sold e_i]

　　　b. Should_i [John e_i buy a car] and [Peter e_i sell a house]

（108a）中并列结构或 ATB 结构为 [John bought what and Peter sold what]，两个并列项都含有一个 what，因此同时将 what 分别从两个并列项提取至内嵌小句 Spec-CP 位置，句子合法。（108b）中的并列结构为 [John should buy a car and Peter should sell a house]，将两个并列项都存在的相同成分 "should" 同时提取移动至主句中心语 C 位置，句子仍然合法。例句（108—b）阐释了并列结构中 ATB 移位不会因为违反 CSC 限制条件而不合格，换句话说，并列结构若发生 ATB 移位时，CSC 限制条件不起作用。

Ross 指出 ATB 结构不同于普通句子并列结构体现在下三方面：（1）后并列项句子的谓语动词必需是非状态性动词（non-stative verbs），见例句（109a—b）；（2）后并列项不能是否定句见例句（110a—b）；（3）时态一致（parallel in tense），见例句（111a—b）②。例如：

（109）a. Tony has a Fiat and years for a tall nurse.

　　　b. * The tall nurse who Tony has a Fiat and yearns for is cruel to him.

（110）a. I went to the movies and didn't pick up the shirts.

　　　b. * The shirts which I went to the movies and didn't pick up will cost us a lot of money.

（111）a. I went to the store and have bought some excellent whisky.

　　　b. * The excellent whisky which I went to the store and have bought was very costly.

先前我们已经证明了汉语非对称并列连动结构是一种并列结构，同样受到 CSC 条件的限制，除此之外，汉语非对称并列连动结构同时满足 ATB 结构的三个限制条件。因此既然 ATB 结构可以通过 ATB 移位生成，汉语非对称并列连动结构也可以通过 ATB 移位得到，即让 vP1 和 vP2 这两个并列项中具有相同语音、语义和句法特征的成分 "张三" 同时移位至 TP 指示语位置共同核查其 EPP 特

---

①　ROSS J R. Constraints on Variables in Syntax [D]. Cambridge：MIT, 1967.

②　ROSS J R. Constraints on Variables in Syntax [D]. Cambridge：MIT, 1967.

征和主格特征，移位的动因还有 Horstein 和 Nunes 所提到的 C-I 接口平行性条件
（parallelism requirement）①。待狭义句法运算结束后，进入 PF 层面时，两个
"张三"会删除一个，以满足 PF 接口的线性化条件 LCA（Linear Correspondence
Axiom）②，最终我们听到的句子只有一个"张三"。ATB 分析的结构如（112）
所示：

（112）

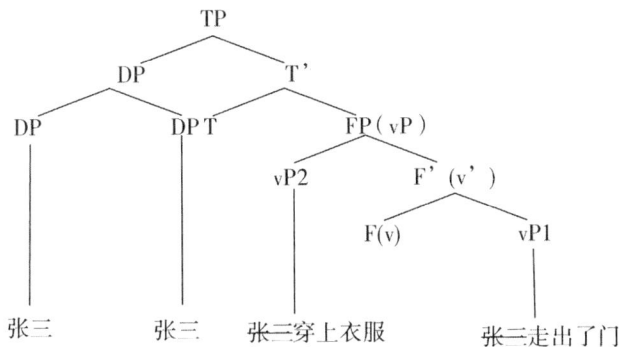

ATB 分析的优势在于保证了 vP1 和 vP2 这两个相继发生的动作发自同一个
施事者，但在发生 ATB 移位时，TP 指示语这个节点之下会变成一个多分支结
构，局部违背句法结构的二分支特点。除此之外，从词库提取的时候会取两个
"张三"；在句法运算中，两个"张三"都要发生移位，操作的步骤相比较于话
题分析的繁杂，句法运算不如话题分析方案经济。最后一点，Zhang 通过跨语言
的语料证明了 ATB 移位不存在③，因为 ATB 移位违反了连续移位条件（cyclicity
condition）、Cluster 假设④以及多重拼出假设（multiple-spell-out hypothesis）⑤。

以句法运算的经济性为判定标准，对比几种可能的分析方案，我们认为从
词库中提取一个"张三"且将其分析为基础生成的话题的方案，是最优、最经
济的方案，同时也符合汉语话题突出特征的事实。因此汉语典型连动结构的句
法结构为（113）。

---

① HORSTEIN N, NUNES J. On asymmetries between parasitic gap and across-the-board con-
structions ［J］. Syntax, 5（1）：26-54.

② KAYNE R. The Antisymmetry of Syntax ［M］. Cambridge：MIT Press, 1994.

③ ZHANG N N. Against Across-the-board Movement ［J］. Concentric：Studies in Linguistics,
2004, 30（2）：151-185.

④ SABEL J. Deriving Multiple Head and Phrasal Movement：The Cluster Hypothesis ［J］
. Linguistic Inquiry, 2001（32）：532-547.

⑤ NUNES J, URIAGEREKA J. Cyclicity and extraction domain ［J］. Syntax, 2000, 3（1）：
20-43.

（113）汉语典型连动结构的句法结构

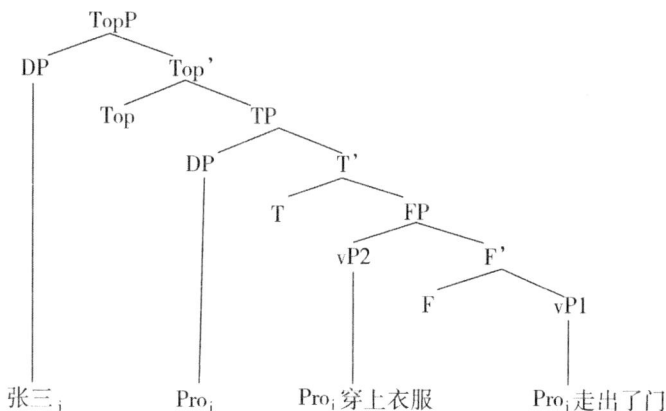

（113）的句法结构反映了汉语连动结构前后动词可以各自带体标记，见第四章节关于汉语连动结构的句法语义限制条件。汉语典型连动结构的并列结构分析也符合赵旭和高增霞的判断，赵旭从事件整合角度，也认为时间先后和动作先后类连动结构更接近并列结构①；高增霞从语法化视角，认为客观层面对时间象似性原则的临摹的连动结构是汉语连动结构的典型句式②。

（113）的句法结构仍然采用了 GB 理论的 Pro 分析，这种分析不能保证 Pro 具有所指"张三"的语义解读。Pro 可以指示任何一个名词成分，其中一种可能解读是所指"张三"。

徐烈炯对汉语空语类的分析，认为是一种没有固定特征的自由空语类，用 e 来表示。在不违背约束原则的条件下，自由空语类可以有任意语义解读。但汉语典型连动结构中相连的 VP 强制要求必须同指同一个施事主语，也就是说连动结构中相连 VP 中的 Pro 至少具有"强制性同指"（preferable coreference）的控制选择特征③。

徐烈炯指出空主语的分布和指称受到以下几种因素的制约④：

（114）a. 控制选择特征（control selection feature，CSF）

b. 强制性受控的空语类原则（obligatory controlled empty principle，

---

① 赵旭. 汉语连动式研究［D］. 北京：北京大学，2014.

② 高增霞. 现代汉语连动式的语法化视角［D］. 北京：中国社会科学院研究生院，2003.

③ 徐烈炯. 指称、语序和语义解释：徐烈炯语言学论文选译［M］. 北京：商务印书馆，2009：22-23，54.

④ 徐烈炯. 指称、语序和语义解释：徐烈炯语言学论文选译［M］. 北京：商务印书馆，2009：57-58.

OCECP）：如果一个名词基于［强制性同指］特征受控，那么该
名词一定有空。

c. 受控空语类标记规则（controlled empty category indexing rule,
CECIR）：必须根据控制选择特征的赋值来给受控空语类加标识。

d. 语用条件：语用层的可还原性条件（the condition of recoverabili-
ty）。

基于此，汉语并列型连动结构的句法结构修正为（115）所示：

（115）

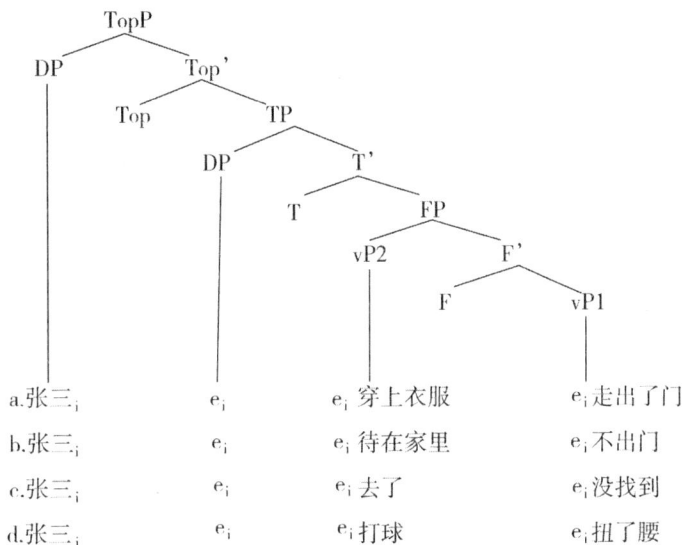

根据 Xu 所提出的扩充的格位过滤器（generalized case filter）[1]，非必选型格
位指派者不需要强制释放格，因此 T 在这里不需要释放主格。e 在词库的选择
［强制性同指］的控制选择特征，然后根据强制性受控的空语类原则，e 都受到
句首 NP "张三" 的控制。

按照徐烈炯对汉语空语类的分析和处理方式[2]，在词库中增加了控制选择特
征的信息，很好地解决了空语类的语义解读问题。但是，其后果在于增加理论
构件，不符合奥卡姆剃刀。除此之外，空语类的分布和指称中引入语用条件的
制约，削弱了 "句法自足" 的论断。

---

① Xu J. An Infl Parameter and Its Consequences ［D］. University of Maryland at College Park,
1993.

② 徐烈炯. 指称、语序和语义解释：徐烈炯语言学论文选译 ［M］. 北京：商务印书馆,
2009：57-58.

根据 Baker 和 Stewart 对 Edo 语隐性并列结构的分析①，我们主张汉语典型连动结构也是两个 VoiceP 合并结构，句首 NP "张三" 仍然分析为基础生成的话题，VoiceP1 和 VoiceP2 的指示语位置为 e，通过 CR 规则和 AE 规则，VoiceP2 指示语的 e 被删除，进而满足了 VoiceP 节点删除规则，删除 VoiceP2 节点；TP 指示语的 EPP 特征会吸引 VoiceP1 指示语的 e 移位至 Spec-TP，然后受到话题名次成分 "张三" 的控制，从而得到语义解读，具体推导见（116）。

（116）汉语典型连动结构的句法分析

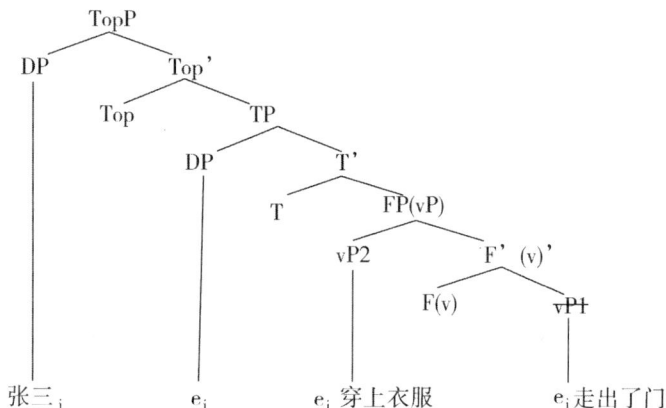

（116）的句法分析方案是在话题分析的基础上，融合 Ross② 以及 Huang 等③所提到的 CR 规则、节点删除规则以及 AE 规则，以避免 ATB 移位以及空语类的正确语义解读。

（116）的句法结构分析旨在说明汉语连动结构并不是形式句法理论的特例，是完全可以在生成语法理论体系之内进行分析和解释的。

二、主从型连动结构的生成机制

主从型连动结构包括核心在前的广义动补类连动结构以及核心在后的状中类连动结构。不管核心在前还是在后，它区别于并列型连动结构的是连动短语的核心为某个动词。

先来看下 "V 着 V" 和 "用/拿~V" 两类连动结构，例子如（117a—c）

---

① Baker, Mark C. &Stewart, Osamuyimen T. 1999. "On double-headedness and the anatomy of the clause," manuscript, Rutgers University.

② ROSS J R. Constraints on Variables in Syntax［D］. Cambridge：MIT, 1967.

③ HUANG C T, LI Y H, LI Y F. *The Syntax of Chinese*［M］. Cambridge：Cambridge University Press，2009：250-254.

所示。

（117）a. 张三拖着一只箱子走在大街上。

　　　 b. 张三用/拿刀切了肉。

　　　 c. 张三趴在桌子上写字。

大多数汉藏语系其他非汉语语言中也都存在这两类句式，动词"用"和"拿"在连动结构中大多数语法化为介词（如汉语以及侗台语大部分语言）或工具格助词（如藏缅语族大部分语言以及苗语支语言）；而汉语的"V 着 V"句式中的"着"对应少数民族语言的状语标记或体标记，表达主要动词发生的状态，比如对应满语的-HAi，英语的-ing，错那门巴语的进行体标记-ri[53]等。下面将所考查非汉语语言中对应"用/拿"的形式总结如表7-3所示：

表7-3　汉语"用/拿"与其他语言的映射关系

用/拿	$-k\partial$	嘉戎语
	$-i$	蒲溪羌语
	$gue^{31}je^{31}$ 或 $je^{31}ts\varepsilon^{24}$	大羊普米语
	mi^{55} 或 i^{55}? $d\mathfrak{o}^{31}$	独龙语
	$the\mathfrak{?}^{31}$	景颇语
	ki^{13}	仓洛门巴语
	te^{31}	错那门巴语
	$\mathfrak{o?}^{31}$	遮放载瓦语
	$ja\eta^{31}$	浪速语
	$te^{33}l\varepsilon^{33}$	邦朵拉祜语
	$\mathfrak{n_{z}}i^{33}$	碧约哈尼语
	$k\partial^{44}$	矮寨苗语
	$-i$	满语

从表7-3可以推测汉语"V 着 V"以及"用/拿～V"两类连动结构的第二个动词为核心动词，前一个 VP 为核心动词的附加语成分，附加语的处理主要依据有两点：第一，语义上"V 着"和"用/拿～"在连动结构表达对后一个动作发生时伴随的状态或使用的工具，伴随状态和工具信息常常表达一个动作事件的背景信息；第二，附加语的特点是不影响句法结构，位置灵活，可以位于核心动词前也可以位于核心动词后，而现代汉语"V 着 V"以及"用/拿～V"两类句式前后动词短语颠倒顺序不影响句子的合法性，差别仅在于信息焦点的不

同而已，但不影响句子的真值条件。

而（117c）这类连动结构的特点是 V1 常常是表示姿势类动词，比如"站、蹲、趴"等，整个 VP1 常常表达 VP2 动作发生的处所和姿势。这类结构的特点是将表达姿势义的 V1 动词去掉，句子仍然合法，去掉后的结构就变成一个介词短语修饰动词的状中结构，而朱德熙认为介词+动词相连的结构也为连动结构。除此之外，在第四章，我们论证了汉语状核类连动结构区别于其他类连动结构在于：（1）前后动词的顺序是可以调整的；（2）表示从属义的 VP1 里的名词成分不能进行被动化、关系化或话题化移位，否则违反附加语孤岛条件。因此我们将（117a—c）的 VP1 同样分析为附加语。

这三类连动结构的句法结构如（118）所示：

（118）汉语状核类连动结构的句法结构

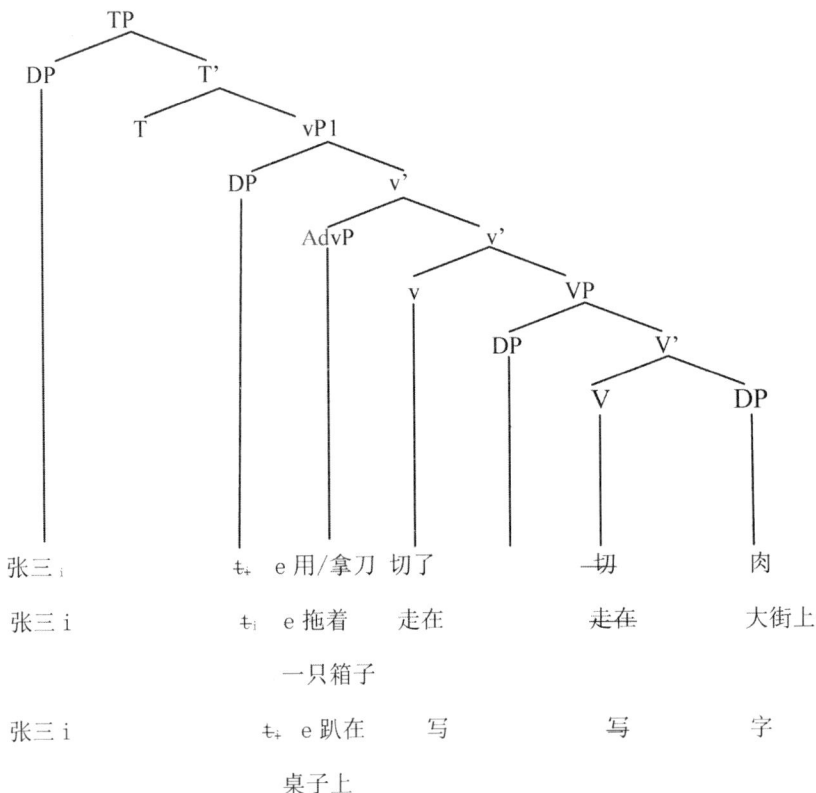

从（118）可以看出，状核类连动结构的前一个 VP 为后一个 VP 的状语成分。孤立语汉语缺乏形态标记，状语标记为零形式，但是形态标记相对丰富的语言比如藏缅大羊普米语的 nəuŋ[55]、遮放载瓦语的 mu[51]、邦朵拉祜语的 lɛ[33]、碧

约哈尼语的 xɪ³³ 等除了连接两个 VP 之外，还具有状语标记的作用；形态标记特别丰富的语言如蒲溪羌语－ȵi 和大羊普米语 pɯ³¹ 专属状语标记，位于动词性成分之后表明前面的成分为状语。据此，将状核类连动结构中状语的部分分析为以状语标记为核心的 AdvP 短语，其核心 Adv 选择一个 vP 作为其补语成分，其具体结构如（119）所示：

（119）状核连动结构 VP1 的句法结构

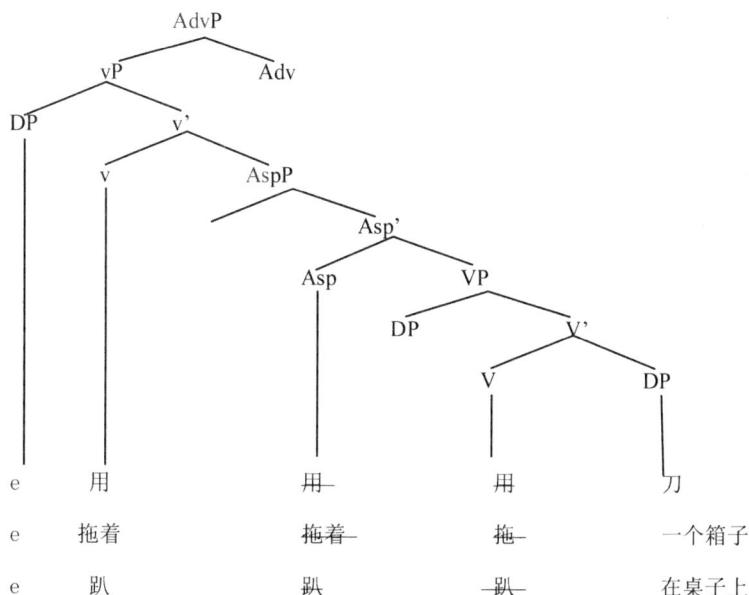

分析完状核连动句的句法结构，下面来看下核心在后的核补连动句的句法结构。从语义上看，这类连动结构的共性在于主要动词之后还有一个动词性成分，后一个动词性成分主要表达主要动词动作行为的目的或造成的结果或状态。如果把目的看作是一种未实现的结果的话，核补连动句其实也是一种广义的结果连动句。从论元共享的角度来看，这类连动句不仅主语论元共享，而且宾语论元也共享，这里的宾语论元包括受事宾语、工具宾语和处所宾语等。从语法范畴来看，核补类连动句的 V1 动词常带体标记，如（120）所示：

（120）a. 张三去北京开会了。

b. 张三买了一把刀切菜。

c. 张三倒了杯水喝。

d. 张三劝李四好好学习。

e. 张三打破了一个花瓶。

尽管刘辉认为宾语共享类连动句的表达目的义的后一个 VP 处理为目的状语①，但是田启林和单伟龙②通过一系列测试证明后一个 VP 不是附加语。我们也认同宾语共享连动句的后一个 VP 不是附加语，但也不认同田启林和单伟龙将其分析为 TP 非对称并列结构。原因有三：第一，TP 非对称并列结构不能保证一定是单句结构，也可能是连贯复句、话题链结构；事实上，从汉语核补类连动句语料中可以看出，表目的或结果的第二个动词不能加体标记，因此将其分析为 TP 并列结构不能保证单句结构，也不符合汉语语言事实。

第二，非汉语语言的动补关系连动语料是存在补语标记的，在所考察的 29 种语言中，其中 14 种语言有补语标记，这些所谓的补语标记其实大多就是并列连接成分，只不过在对译汉语的时候 V1 和 V2 之间的语义关系是动补关系，因此核补连动结构其实是一种语法上的并列结构，虽然在语义上表达一种动作—目的或动作结果的语义关系。

第三，动作—目的类连动结构与非对称并列连动结构的前后 VP 都不能任意调整语序，这是两者的共性且最显著的语法特征。其次，话题化、关系化以及被动化测试结果表明，目的类连动结构与非对称并列连动结构也表现出高度的相似性，即往往是 VP2 域内的名词性成分可以被提取，这与 Ross 在分析英语时间 "and" 并列结构的句法③表现一致，因此汉语非对称并列连动结构和核补连动结构都可以统一分析语法上的非对称并列结构。

熊仲儒对汉语结果和目的类连动句中表结果和目的动词处理为目的和结果短语投射 PurpP、ResP，且句法核心为表目的义或结果义的补语标记④。根据汉语亲属语言核补连动结构中补语标记的语法地位，在其母语人的认知里，所谓的补语标记其实是并列标记，并没有 "补语" 的概念，"补语" 的分析只是对应汉语的一种语法迁移说法。因此，依据非汉语 "核补关系" 连动结构语料的实际以及其母语人的认知，所谓的核补连动结构其实是一种并列结构，"补语标记" 其实是并列连接成分，同非对称并列连动结构记作 F。汉语结果类连动结构即动结式结构比较有争议：有些学者认为 V1 和 V2 是在词库中通过合并生成的复合词；有些学者认为是在句法层面 V1 和 V2 通过融合操作而生成的，不管

① 刘辉. 汉语 "同宾结构" 的句法地位［J］. 中国语文，2009（3）：225-233.
② 田启林，单伟龙. 也谈汉语同宾结构的句法地位及相关问题［J］. 解放军外国语学院学报，2015（6）：20-28.
③ ROSS J R. Constraints on Variables in Syntax［D］. Cambridge：MIT，1967.
④ 熊仲儒. 英汉致使句论元结构的对比研究［M］. 上海：上海外语教育出版社，2015：140-145.

哪种分析，其实都是两个 V 之间的合并。在这里，我们主要分析目的类连动结构的句法结构，如（121）所示。

（121）目的类连动结构的句法结构

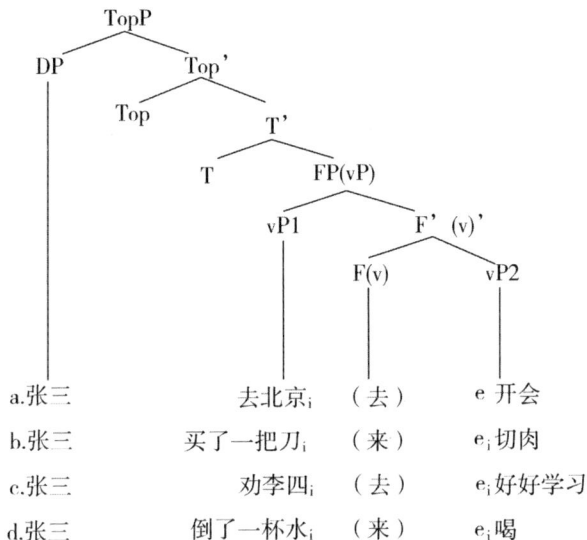

```
                    TopP
                  /      \
                DP        Top'
                         /    \
                       Top     T'
                              /   \
                             T    FP(vP)
                                  /     \
                                vP1     F'(v)'
                                       /     \
                                     F(v)    vP2
```

a.张三		去北京ᵢ	（去）	e 开会
b.张三		买了一把刀ᵢ	（来）	eᵢ切肉
c.张三		劝李四ᵢ	（去）	eᵢ好好学习
d.张三		倒了一杯水ᵢ	（来）	eᵢ喝

（121a—d）都是目的类连动结构，这类连动结构除严格遵守时间顺序性原则外，另一显著性特征就是 V1 和 V2 总是共享一个论元，例如：（121a）中 V1 "去"的宾语"北京"也是 V2 的处所宾语，表达 V2 "开会"发生的地点在北京；（121b）中 V1 的宾语"一把刀"表达 VP2 "切肉"的方式；（121c）中 V1 的宾语"李四"同时也是 VP2 "好好学习"的主语；（121d）中"一杯水"同时也是 VP2 "喝"受事宾语。其次，目的类连动结构前后 VP 之间的连接成分是可以有语音形式，即已经发生语法化并只起连接作用的趋向动词"来"或"去"。

熊仲儒认为（121a—d）中目的论元 vP2 中有两个空成分，一个是空代词 Pro，一个是空算子 OP，空算子基础生成与 V2 动词的补语位置，后移位至 vP2 左缘位置。然后根据广义控制规则（GCR），空算子 OP 优先在最小域内搜寻其成分统治者 DP1，即 V1 的宾语，与其同指获得语义解读①。然后空代词 Pro 搜寻自己的成分统治者 DP2/DP3 获得与主语同指的语义解读。熊文的分析存在以下问题：第一，在最简方案中的分析框架下，空算子的设置违反包容性条件

---

① 熊仲儒. 英汉致使句论元结构的对比研究 ［M］. 上海：上海外语教育出版社，2015：140-145.

（inclusiveness condition）①；第二，熊仲儒认为 vP2 分析为含有两个空语类，两个空语类必须按先后顺序搜寻各自的成分统治者，才能得到正确的语义解读。但是文中没有解释为什么两个空语类要按先后顺序去搜寻成分统治者，也没有说明多个空语类寻求语义解读的顺序是如何决定的。

而我们认为核补类连动结构的 VP2 中只含有一个空成分 e，这个空成分 e 其实是论元删除规则（AE）后的结果，这样的分析不违反题元准则，也违反格过滤式，共享的名词性成分其实是在各自 VP 域内获得题元角色和格赋值。通过AE 规则后，语音表达式只保留了 VP1 域内的共享论元成分。

以上就是我们对汉语状核和核补类这两类主从型连动句的句法推导运算过程的分析。不可否认，现代汉语大多数主从型连动句在古汉语时期是句法上的并列结构，但中古以后汉语语法以主从型结构为优势结构，因此现代汉语主从型连动结构子类繁多，发展迅猛，符合现代汉语语法历史发展特点。

本节尝试在形式句法的理论框架下，以经济原则为主要判定标准，通过跨语言语料对比结果，分别对汉语非对称并列型 SVC、状核 SVC 以及核补 SVC 的句法结构进行分析。

通过分析，我们可以看出汉语连动结构并不是一种句法上不可再分的特殊句式，非对称并列型 SVC 和目的类连动结构其实是一种严格遵守时间顺序性原则的并列结构；状核 SVC 是一种偏正结构或状中结构。因此，"连动结构"是否废除并不重要，重要的是抓住连动结构的历史发展脉络，理清汉语连动结构的句法语义语法特点。根据汉语话题突出语言的特点以及汉语连动结构前后 VP 不可任意调整语序的显著性特征，对比英语以及汉语亲属语言连动结构的语法特点，汉语连动结构的典型句式其实就是一种特殊的并列结构。

其次，通过跨语言对比分析以及 Chomksy 所提出的"同一性原则"②，我们认为汉语非对称并列型 SVC 以及目的类连动结构的核心是一个无语音形式功能范畴 F，是汉语连动结构的典型句式，形式上动词相连，语义上动作相承。

最后，根据是否严格遵守时间顺序性原则，以附加语孤岛句法测试以及跨语言状语标记的事实，得出状核 SVC 的前一个 VP 成分是附加语，并不是 VP2 的必有成分，但提供了 V2 行为动作发生的的背景信息。

---

① CHOMSKY N. Minimalist Program ［M］. Cambridge：MIT Press, 1995：219-394.

② CHOMSKY N. Derivation by phase ［M］//KENSTOWICZ M. Ken Hale：A Life in Language. Cambridge：MIT Press, 2001：1-53.

三、"给"字连动结构的最简分析

朱德熙指出汉语的"给"是动词，又是介词，由"给"组成的连动结构有三种基本格式①：

（122）a. 送一本书给他

　　　　b. 织了一件衣服给他

（123）送给他一件毛衣

（125）给他织了一件毛衣

（123—125）三类连动句式的后头都能再加上动词或动词性结构构成复杂的连动②。例如：

（126）a. 你递一杯水给我喝。

　　　　b. 我炒了一个菜给他吃。

　　　　c. 你借一支笔给我使。

　　　　d. 他借给我一支笔写信。

　　　　e. 他送给我一把刀切肉。

　　　　f. 他递给我一杯水喝。

（127）a. 他给我沏了一杯茶喝。

　　　　b. 我给你买个娃娃玩儿。

　　　　c. 你给我买个录音机学英语。

（123—125）并不算是真正的连动结构，"给 NP"不再具有实在的动词义，而是引出给予对象或受益对象的介词。本文广义汉语连动结构框架内要求必须实义动词相连，动介词相连不应归入连动结构的范围之内。但（126—127）属于连动结构范围，这两类连动结构都有一个共性特征：连动短语的前后两项动词短语共享一个名词性宾语成分（受事宾语或工具宾语），从这一点来看，这类连动结构可以归入核补类连动句中，表达动作—目的语义关系。

除此之外，（126—127）这些连动句中都可以插入表目的义连接词"来"或"去"如（128—129）。（128a—f）各例句中"来/去"可以插入在"给"之前，也可以插入在表目的的动词之前；（129a—c）中"来/去"只能插在目的动词之前。

（128）a. 你递一杯水（来）给我（来）喝。

　　　　b. 我炒了一个菜（去）给他（去）吃。

---

① 朱德熙. 语法讲义［M］. 北京：商务印书馆，1983：170.
② 朱德熙. 语法讲义［M］. 北京：商务印书馆，1982：172.

    c. 你借一支笔"来"给我（来）使。

    d. 他借给我一支笔（来）写信。

    e. 他送给我一把刀（来）切肉。

    f. 他递给我一杯水（来）喝。

（129）a. 他给我沏了一杯茶（来）喝。

    b. 我给你买个娃娃（来）玩儿。

    c. 你给我买个录音机（来）学英语。

在第六章第三节中，我们考察了 15 种少数民族语言所对应的汉语含有"给"字的连动句。结果表明这 15 种语言中，有专门的与格助词标记的有大羊普米语、蒲溪羌语、错那门巴语、阿侬语、景颇语、邦朵拉祜语、鹤庆白语、剑川白语、龙华侗奈语以及黎语。还有一些语言"给"义词兼具动词和介词属性，如汉语、标话、仫佬语、水语和矮寨苗语。

不管是 OV 型语言还是 VO 型语言，不管是形态标记丰富还是贫乏的语言，直接宾语成分常常是无标记成分，间接宾语常常是有标记成分，有的语言用专门的格标记，有的用"给"义动词的虚化而来的介词来引导。这些事实都说明了间接宾语与主动词的关系不如主动词与直接宾语的关系紧密。再依据汉语"给 NP"位置的灵活性、对照满语"NP de"的句法特点，我们将"给 NP"统一分析为附加语 PP，根据其语义辖域的大小的不同，它可以有三个句法位置 T'、Spec-VP1 和 Spec-VP2，分别能生成三类连动句式，如（130a—c）所示：

（130）a. 我炒了一盘菜给他吃。

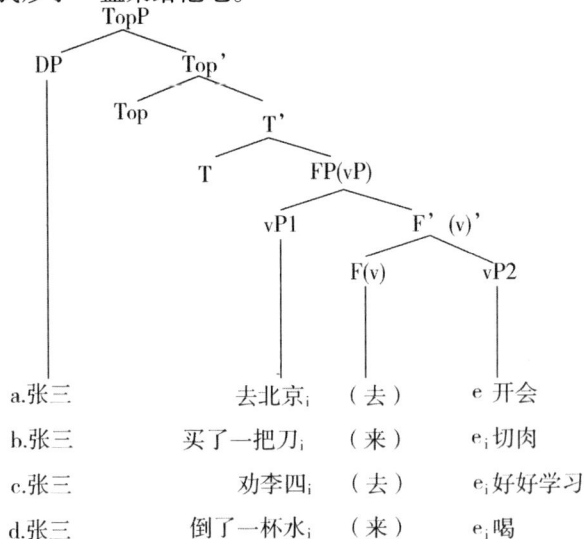

（130）b. 我炒给他一盘菜吃。

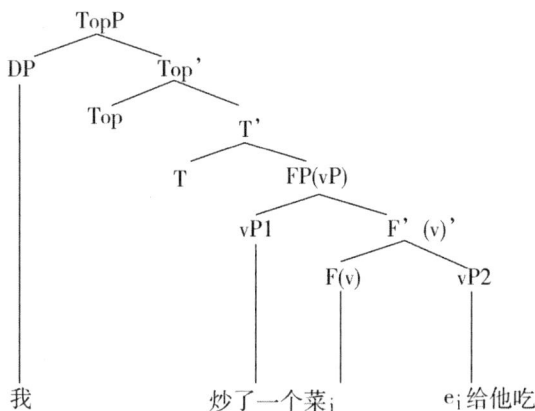

```
                      TopP
                   /        \
                 DP          Top'
                  |        /      \
                  |      Top       T'
                  |             /      \
                  |            T        FP(vP)
                  |                   /        \
                  |                 vP1         F' (v)'
                  |                  |         /      \
                  |                  |       F(v)      vP2
                  |                  |        |          |
                  我              炒了一个菜ᵢ   eᵢ给他吃
```

（130）c. 我给他炒了一个菜吃。

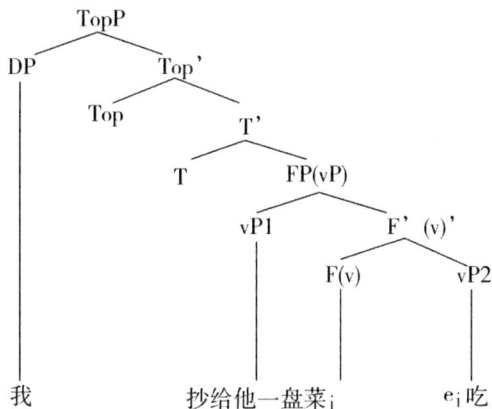

```
                      TopP
                   /        \
                 DP          Top'
                  |        /      \
                  |      Top       T'
                  |             /      \
                  |            T        FP(vP)
                  |                   /        \
                  |                 vP1         F' (v)'
                  |                  |         /      \
                  |                  |       F(v)      vP2
                  |                  |        |          |
                  我              抄给他一盘菜ᵢ   eᵢ吃
```

（130a—c）的分析同受事宾语共享类连动结构的分析，表达目的义的 VP2 中的空代词的语义偏指距离它最近的"他"，因此汉语连动结构中 VP2 中的空代词总是受到距离它最近的且语义兼容的成分统治者的控制。

（130）的分析还能分析更复杂的连动句式，即目的或结果动词再带动量补语的句式，如"我（给他）借了一本书（给他）看了三天"以及"我借给他一本书看了三天"。如（131）所示：

（131）a. 我给他借了一本书看了三天。

　　　　b. 我借给他一本书看了三天。

　　　　c. 我借了一本书给他看了三天。

```
                    TopP
          ┌──────────┴──────────┐
         DP                    Top'
                          ┌──────┴──────┐
                         Top            T'
                                   ┌─────┴─────┐
                                   T         FP(vP)
                                         ┌─────┴─────┐
                                        vP1        F'(v)'
                                              ┌──────┴──────┐
                                            F(v)           vP2

         我            抄给他一盘菜ᵢ              eᵢ吃
```

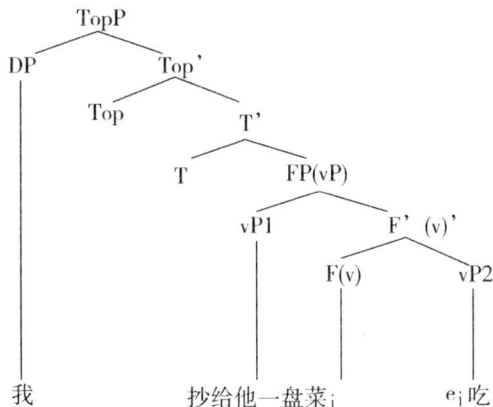

　　总结一下，我们认为动词和介词相连的结构不属于连动结构，虽然"介词"常常源于动词语法化的结果，但在"动+介"结构中已经没有实在的动词义，而仅仅保留了微弱的动词义，其句法上引介论元的功能更凸显。朱德熙所说的（123—125）这三类句式不属于连动结构，在（122—124）三类结构末位附加另一个动词构成的（126—127）结构属于连动结构，且常常表达动作目的关系的核补类连动结构。其中"给NP"处理为一个附加语成分，依据其语义辖域的大小，有三个句法位置，分别为T'、Spec-vP1 和 Spec-vP2，进而对应含有"给NP"的三个不同结构。

第三节　本章小结

　　首先本章回顾了已有国内外对连动结构的句法结构分析，并评述了各自分析存在的问题。立足连动结构句法核心这一关键点，本章分别对并列型连动结构，尤其是非对称并列结构、主从型连动结构的状核连动结构和核补连动结构进行一一分析。非对称并列结构是汉语连动结构的典型句式，是一种特殊的并列结构，其特殊之处在于语义上前后动词成分不可颠倒，也就是遵守时间象似性原则。这一点，在跨语言上也找到表达时间先后关系的形态标记，而这一形态标记往往来自并列连词。在证明了非对称并列连动结构是一种并列结构之后，文中引用了 Zhang 的观点①，认为并列结构是一个二分支非对称并列结构，连接

---

　　①　ZHANG N N. Against Across-the-board Movement［J］. Concentric：Studies in Linguistics，2004，30（2）：151-185.

成分与内并列项是核心—补语关系，连接成分与外并列项是核心—指示语关系，整个并列结构的语类标签由外并列项通过渗透传递给中心语来决定的。最后，论证了非对称并列连动结构是 vP 并列而不是 TP 并列。

除此之外，本章也论述了连动结构句中句首 NP 话题分析和主语分析优劣，最终依据句法运算的经济性原则，我们主张将汉语连动句句首 NP 分析为基础生成的话题，并认为句法推导过程涉及 CR 规则、AE 规则以及节点删除规则。

其次，我们认为状核类连动结构前一个 VP 是后一个 VP 的附加语，提供后一个核心动词行为发生的背景信息，包括伴随的状态、处所、方式等。附加语并不是核心动词语义选择的必有成分，但对核心动词起到补充信息的作用。附加语 VP 中含有一个空成分 e，理论上它可以指向任意一个 NP，其中有一种可能是指向后一个 VP 的主语。该类连动结构区别于其他类连动结构的显著特征是前后 VP 常常同时发生进而颠倒前后 VP 的位置而不影响句子的合法性和语义真值条件。

再次，我们认为非对称并列型 SVC 和目的类 SVC 都是非对称并列结构，其句法核心为 F，非对称并列型 SVC 的句法核心 F 没有语音形式，对应上古汉语的"而"；而目的类 SVC 的句法核心为发生语法化其连接作用的"来"或"去"，但并去强制使用。这两类连动结构都是对同一话题进行说明，但目的类连动结构除共享主语论元外，还共享一个宾语论元，这个共享的宾语论元通过论元删除规则的承前删略规则，删除了 vP2 域内共享的名词性成分，满足题元准则和格过滤式。

最后，我们分析了朱德熙提到的"给"字连动结构，从跨语言对比视角来看，汉语连动结构句中的"给 NP"中的"给"已经语法化为一个引介论元的虚词，大致对应藏缅语的与格标记。

第八章

结　语

第一节　主要结论

本文首先对汉语连动结构进行重新界定和分类。通过汉语连动结构本体研究以及跨语言对比分析，指出广义"连动结构"是"并列"和"主从"两个基本结构关系的上位概念，汉语典型连动结构句式具有"主语共享""遵守时间顺序性原则"这两个显著性特征，包含时间先后关系以及目的类连动结构。广义连动结构的提出反映了汉语连动结构"万能式"的特点，而汉语连动结构典型句式的提出解决了汉语连动结构"包罗万象"的问题。

依据生成语法理论框架所提出的"句法核心"视角，将汉语连动结构重新分类为并列型 SVC 和主从型 SVC，依据前后 VP 是否可以调整顺序，主语论元是否共享等语法语义特征，认为汉语连动结构的典型句式其实是一种非对称并列结构，句法核心为 F。这类连动结构 VP1 域内的任何名词性成分都不能发生 A-杠移位，严格遵守并列结构限制条件；而汉语状核类连动结构前一个 VP 是后一个 VP 的附加语或状语，提供后一个核心动词行为发生的背景信息，包括伴随的状态、处所、方式、时间等。附加语 VP 中含有一个空成分 e，理论上它可以指向语境中任意一个 NP，其中有一种可能是指向后一个 VP 的主语。该类连动结构区别于典型连动句在于前后 VP 常常同时发生进而颠倒前后 VP 的位置而不影响句子的合法性和语义真值条件。其次，通过关系化和话题化测试，这类连动句中只有主要动词 VP2 中的宾语才能进行关系化或话题化移位，而修饰语 VP1 中动词的宾语成分不能移位，否则因违反附加语孤岛而不合法。

其次，通过对汉语连动结构及其相关句式进行的对比分析，我们认为汉语连动结构形成的主要动因为语言经济性原则。在语言经济性原则的指导方针之下，汉语连动结构在句法上受到并列紧缩规则（CR）、S 节点删除规则（S-pruning）以及论元删略规则（AE）的限制，从表达几个独立事件的复句结构逐步紧缩为表达一个整体概念事件的单句连动结构；同时语义上还要满足话题允准条件，即述题句存在一个变量，这个变量所促发的集合与话题所指称的集合不为空。汉语顺承句群到汉语连动句的紧缩路径为：VV（复合词）←VPVP（连动）←VPVP（紧缩）←VP，VP。（主语同指复句）←VP。VP。（主语同指句群）。即：顺承句群表现为多句号标记，通过句法删除规则，可以紧缩为只有一个句末句号标记的顺承复句；顺承复句 VP 之间有停顿，常以逗号标记，若删除两者之间的停顿，但保留连接副词，则顺承复句紧缩为紧缩句；删除紧缩句中的连接副词，紧缩句可以紧缩为连动句；部分连动句前后动词融合紧缩，可以转换为动结式复合词结构。汉语连动句的演变路径与汉藏语是非问句的演变路径一致，都是从复句逐步紧缩为单句直至复合词的过程。

再次，通过对汉藏语以及阿尔泰语系中的满语、蒙古语和维吾尔语等语言的不同类型连动结构的对比分析，我们提出了强式连动结构假设：所有语言都存在典型连动结构句式，差异在于动词之间是否使用表达时间先后关系的形态标记。据此，还提出了连动结构的典型性等级：Φ>语缀>助词>连词（典型性等级由右向左逐渐增强）。

最后，在合并理论的框架下，对汉语连动结构的典型和非典型连动结构进行句法结构推导。明确指出汉语非对称并列结构是一种特殊的并列结构，不是对生成语法理论反例，而仍然是一个二分支非对称的句法结构。依据句法运算的经济性原则，比较了几种可能的汉语典型连动句的句法分析方案，最后我们主张将汉语典型连动句中句首 NP 分析为基础生成的话题，并认为句法推导过程涉及 CR 规则、AE 规则以及节点删除规则。除此之外，文中还分析了朱德熙提到的"给"字连动结构，从跨语言对比视角来看，汉语连动结构句中的"给NP"中的"给"已经语法化为一个引介论元的虚词，大致对应藏缅语的与格标记。

总之，汉语连动结构并不是汉语独有的特殊句式，它也并不是生成语法理论的例外，是完全可以在形式句法理论的框架下进行分析和解释的。

第二节　研究不足及待进一步研究的问题

第一，哪些动词能够进入汉语非对称并列类连动句以及结果和目的类连动句中没有进行系统和深入的研究。文中反复提到非对称并列型连动结构要求非末位动词短语必须是有界的，才能保证后续动作的发生。Vendler 根据动词的时间特征或句子的情状类型，将它们分为状态动词（stative verb）、活动动词（activity verb）、完结动词（accomplishment verb）和实现动词或瞬间实现动词（achievement verb）①。Smith 进一步从瞬间实现动词中分出单动作动词（Semelfactive）②。蒋严和潘海华认为实现动词和单动作动词没有中间过程，完结动词和活动动词有中间过程。这两组之内的差别是实现动词和完结动词之间都有一个自然结束点，而另外两个没有。他们用三个参数（中间过程 duration，自然终结点 telic，动态性 dynamic）来区分这五类动词③，如表8-1所示：

表8-1　动词的分类

	状态	活动	完结	单动作	实现
中间过程	−	+	+	−	−
自然终结点	−	−	+	−	+
动态性	−	+	+	+	+

根据［静态/动态］（static/dynamic）这对特征，可以分出状态性谓语和事件性谓语两类，其中事件性谓语包括活动、完成、达成（或瞬间实现）和单动作。而具有［+自然终结点］特征是完结动词和实现动词，完结动词有中间过程，而实现动词瞬间达成，没有中间过程。通常来说，中间过程持续时间越短越容易进入 SVC，持续时间过长，可能就会影响 SVC 结构中动作与动作之间的连贯性。至于持续时间长短的判断，取决动词所在句子的其他成分。为了实现 VP 的有界，除了动词本身蕴含的有界特征外，还可以通过在动词后加趋向补语或体助词"了"等方式来实现。

但本文并没有进一步分析到底哪些动词能够进入汉语非对称并列型连动句中，以及是否存在其他方式来实现非末位动词短语的有界特征。

Dowty 和 Jackendoff 等认为只有活动动词或无界谓词（atelic predicates）可以进入结果连动句；而 Van Valin 认为只有有界谓词（telic predicates）即完结动

① VENDLER Z. Verbs and times［M］//VENDLER Z. Linguistics in Philosophy. Ithaca：Cornell University Press, 1967：106.
② SMITH C. The Parameter of Aspect［M］. Dordrecht：Kluwer, 1991：3.
③ 蒋严，潘海华. 形式语义学引论［M］. 北京：中国社会科学出版社, 1995：304-305.

词和实现动词才能进入结果连动句①。熊仲儒则认为"进入结果连动句的动词限制条件无法预测，因为动词由什么样的功能范畴扩展是不可预测的，属于词库信息"②。对能够进入汉语结果类和目的类连动句的 V1 和 V2 动词的句法语义限制条件有待进一步研究和探讨。

第二，汉语紧缩句是单句还是复句的难题引申出汉语单句和复句的界定标准问题，以及连接副词的句法地位的进一步探讨。汉语单复句的区分除了书面上标点符号的直观判定外，是否有可靠有效的其他界定方式？连接副词到底应该如何对待，是连词还是副词？连词是否是判定单复句的区别性特征？汉语紧缩句的存在对连动句定义中"动词之间没有表达句法依存关系的连接成分"提出了质疑，定义中"连接成分"具体指汉语的连词还是连接副词？"句法依存关系"具体指什么？从跨语言的连动句语料中，我们看到很多连动单句中动词之间存在连接成分，往往为表达并列关系的语法标记。紧缩句难题及其所延伸的相关理论问题有待进一步深入讨论。

第三，阿尔泰语系中连动结构中的副动词、藏缅语连动结构中的连接成分以及印欧语系中的非限定形式之间的对应关系有待进一步作跨语言对比研究，同时也涉及含有副动词的结构是否为连动结构，如果不是，那副动词结构是什么的问题。

第四，本文的第七章，在生成语法理论框架下只对汉语各连动结构类型进行句法结构分析，但由于笔者缺乏田野调查的经验，并没有对汉藏语族其他非汉语连动句的句法结构进行推导验证。

第五，在少数民族语言连动句语料搜集的过程中，很多有趣的语言现象值得进一步关注和探索，比如，浪速语的补语通常位于谓语之后的，但是表结果义的 $pəŋ^{31}$（完）和表状态持续义的 ts $\tilde{ɔ}^{55}$（着）作补语时却位于谓语之前，构成一种特殊的补充关系结构，这种结构的来历和演变过程值得进一步研究。

---

① VAN VALIN R JR. Semantic parameters of split intransitivity [J]. Language, 1990, 66 (2): 221-260.

② 熊仲儒. 英汉致使句法论元结构的对比研究 [M]. 上海：上海外语教育出版社，2015：142-143.

参考文献

中文文献

一、专著

［1］陈前瑞. 汉语体貌研究的类型学视野［M］. 北京：商务印书馆，2008.

［2］戴庆厦. 浪速语研究.［M］. 北京：民族出版社，2005.

［3］戴庆厦. 藏缅语语言研究（二）［M］. 昆明：云南民族出版社，1998.

［4］戴庆厦. 景颇语参考语法［M］. 北京：中国社会科学出版社，2012.

［5］邓思颖. 形式汉语句法学［M］. 上海：上海教育出版社，2010.

［6］丁声树，吕叔湘，李荣，等. 现代汉语语法讲话［M］. 北京：商务印书馆，1961.

［7］何晓炜. 英汉双及物结构的生成语法研究［M］. 北京：外语教学与研究出版社，2011.

［8］何元建. 现代汉语生成语法［M］. 北京：北京大学出版社，2011.

［9］李春风. 邦朵拉祜语参考语法［M］. 北京：中国社会科学出版社，2014.

［10］李临定. 现代汉语句型（增订本）［M］. 北京：商务印书馆，2011.

［11］梁敏. 侗语简志［M］. 北京：民族出版社，1980.

［12］林向荣. 嘉戎语研究［M］. 成都：四川民族出版社，1993.

［13］刘玉兰. 泰国勉语参考语法［M］. 北京：中国社会科学出版社，2014.

［14］刘月华，潘文娱，故韡. 实用现代汉语语法（增订本）［M］. 北京：商务印书馆，2001.

［15］陆绍尊. 错那门巴语简志［M］. 北京：民族出版社，1986.

［16］吕冀平. 汉语语法基础［M］. 北京：商务印书馆，2000.

［17］吕叔湘，朱德熙．语法修辞讲话［M］．北京：中国青年出版社，1979.

［18］吕叔湘．汉语语法分析问题［M］．北京：商务印书馆，1979.

［19］吕叔湘．语法学习［M］．北京：中国青年出版社，1953.

［20］毛宗武，李云兵．侗奈语研究［M］．北京：中央民族大学出版社，2002.

［21］梅广．上古汉语语法纲要［M］．台北：三民书局，2015.

［22］孟琮，等．动词用法词典［M］．上海：上海辞书出版社，1987.

［23］木仕华．木佬语研究［M］．北京：民族出版社，2003.

［24］欧阳觉亚，郑贻青．黎语简志［M］．北京：民族出版社，1980.

［25］邵静敏．现代汉语通论［M］．上海：上海教育出版社，2001.

［26］沈阳，郭锐编．现代汉语［M］．北京：高等教育出版社，2014.

［27］施春宏．汉语基础知识（语法篇）［M］．北京：北京语言大学出版社，2011.

［28］孙宏开，胡增益，黄行．中国的语言［M］．北京：商务印书馆，2007.

［29］孙宏开，刘光坤．阿侬语研究［M］．北京：民族出版社，2005.

［30］孙宏开．独龙语简志［M］．北京：民族出版社，1982.

［31］田德生，何天贞．土家语简志［M］．北京：民族出版社，1986.

［32］王辅世．苗语简志［M］．北京：民族出版社，1985.

［33］王玲玲，何元建．汉语动结结构［M］．浙江：浙江教育出版社，2002.

［34］吴竞存，梁伯枢．现代汉语句法结构与分析［M］．北京：语文出版社，1992.

［35］邢福义．汉语语法三百问［M］．北京：商务印书馆，2002.

［36］邢福义．现代汉语［M］．北京：高等教育出版社，2015.

［37］邢欣．现代汉语兼语式［M］．北京：北京广播学院出版社，2004.

［38］熊仲儒．当代语法学教程［M］．北京：北京大学出版社，2013.

［39］熊仲儒．当代与法学教程［M］．北京：北京大学出版社，2013.

［40］熊仲儒．英汉致使句论元结构的对比研究［M］．上海：上海外语教育出版社，2015.

［41］徐烈炯，刘丹青．话题的结构与功能［M］．上海：上海教育出版社，1998.

［42］徐烈炯．指称、语序和语义解释：徐烈炯语言学论文选译［M］．北京：商务印书馆，2009.

［43］徐琳，赵衍荪．白语简志［M］．北京：民族出版社，1984.

［44］许宝华，汤珍珠．上海市区方言志［M］．上海：上海教育出版社，1988.

［45］张济川．仓洛门巴语简志［M］．北京：民族出版社，1986.

［46］张济民．仡佬语研究［M］．北京：民族出版社，1995.

［47］张均如．水语简志［M］．北京：民族出版社，1980.

［48］张志公．汉语语法常识［M］．北京：中国青年出版社，1958.

［49］赵元任．汉语口语语法［M］．北京：商务印书馆，1979.

［50］朱德熙．语法讲义［M］．北京：商务印书馆，1982.

［51］朱德熙．语法答问［M］．北京：商务印书馆，1985.

［52］吕叔湘．现代汉语八百词［M］．北京：商务印书馆，1980.

二、期刊

［1］陈建民．论兼语式和一些有关句子分析法的问题［J］．中国语文，1986（3）.

［2］程工，杨大然．现代汉语动结式复合词的语序及相关问题［J］．中国语文，2016（5）.

［3］戴浩一，黄河．时间顺序和汉语的语序［J］．国外语言学，1988（1）.

［4］戴庆厦，李泽然．哈尼语的"来"和"去"［J］．民族语文，2000（5）.

［5］戴庆厦，刘菊黄，傅爱兰．关于我国藏缅语族系属分类问题［J］．云南民族学院学报，1989（3）.

［6］戴庆厦，邱月．OV型藏缅语连动结构的类型学特征［J］．汉语学报，2008（2）.

［7］戴庆厦，邱月．藏缅语与汉语连动结构比较研究［J］．世界汉语教学，2008（2）.

［8］戴庆厦．再论汉语和非汉语结合研究的方法论问题［J］．民族语文，

2013 (6).

[9] [日] 冈田文之助，马微动. 连动式的教学处理 [J]. 世界汉语教学，1989 (3).

[10] 高莉琴，阿不都许库尔. 维吾尔语副｜P｜副动词+定式动词形式的分类与划分 [J]. 语言与翻译，1994 (1).

[11] 高增霞. 现代汉语肯否连动句式考察 [J]. 学术探索，2005 (5).

[12] 高增霞. 论连动结构的有界性 [J]. 河南师范大学学报（哲学社会科学版），2007 (2).

[13] 郭杰. 连动结构的跨语言视野分析 [J]. 沈阳大学学报（社会科学版），2012, 14 (2).

[14] 郭锐. 汉语谓词性成分的时间参照及其句法后果 [J]. 世界汉语教学，2015, 29 (4).

[15] 胡素华. 彝语诺苏话的连动结构 [J]. 民族语文，2010 (2).

[16] 江桥. 论满语的复合谓语、副动词做状语及连动式 [J]. 满语研究，1986 (1).

[17] 李建波，苏立昌. 连锁复句的结构与推导：基于最简方案的分析 [J]. 外国语（上海外国语大学学报），2015, 38 (5).

[18] 李可胜，满海霞. 连动式VP聚合语义的逻辑表述 [J]. 湖北大学学报（哲学社会科学版），2013, 40 (6).

[19] 李可胜. 连动式的结构机制：PTS、情状特征和VP的外延 [J]. 外国语（上海外国语大学学报），2016, 39 (1).

[20] 李可胜，满海霞. VP的有界性与连动式的事件结构 [J]. 现代外语，2013, 36 (2).

[21] 李可胜. 连动式的时间模式和有界性的时体语义贡献 [J]. 语言教学与研究，2015, (2).

[22] 李亚非. 论连动式中的语序-时序对应 [J]. 语言科学，2007 (6).

[23] 李亚非. 形式句法、象似性理论与汉语研究 [J]. 中国语文，2014 (6).

[24] 李亚非. 从并列结构的句法条件看边缘语料的理论意义 [J]. 当代语言学，2009, 11 (4).

[25] 李泽然. 哈尼语的连动结构 [J]. 民族语文，2013 (3).

[26] 刘丹青. 语言库藏类型学构想 [J]. 当代语言学, 2011, 13 (4).

[27] 刘丹青. 汉语的若干显赫范畴: 语言库藏类型学视角 [J]. 世界汉语教学, 2012 (3).

[28] 刘丹青. 汉语及亲邻语言连动式的句法地位和显赫度 [J]. 民族语文, 2015 (3).

[29] 刘丹青. 汉语动补式和连动式的库藏裂变 [J]. 语言教学与研究, 2017 (2).

[30] 刘辉. 汉语"同宾结构"的句法地位 [J]. 中国语文, 2009 (3).

[31] 刘永华. 连动结构否定表达的语义指向考察 [J]. 语言与翻译, 2006 (1).

[32] 吕冀平. 两个平面、两种性质: 词组和句子的分析 [J]. 学习与探索, 1979 (4).

[33] 潘海华, 韩景泉. 显性非宾格动词结构的句法研究 [J]. 语言研究, 2005 (3).

[34] 潘海华, 韩景泉. 汉语保留宾语结构的句法生成机制 [J]. 中国语文, 2008 (6).

[35] 彭国珍, 杨晓东, 赵逸亚. 国内外连动结构研究综述 [J]. 当代语言学, 2013, 15 (3).

[36] 彭育波. 连动句的认知研究 [J]. 重庆工学院学报 (社会科学版), 2007 (4).

[37] 蔺璜. 连动式的特点与范围 [J]. 山西师院学报 (社会科学版), 1983 (3).

[38] 芮月英. 一种能颠倒的连动结构 [J]. 镇江师专学报 (社会科学版), 1995 (2).

[39] 沈家煊. 如何解决"补语"问题 [J]. 世界汉语教学, 2010, 24 (4).

[40] 沈开木. 连动及其归属 [J]. 汉语学习, 1986 (5).

[41] 施春宏. 动结式论元结构的整合过程及相关问题 [J]. 世界汉语教学, 2005 (1).

[42] 石定栩, 胡建华. 完句条件与指称特征的允准 [J]. 语言科学, 2005, 4 (5).

［43］史存直. 从汉语语序看分布理论［J］. 河南师大学报（社会科学版），1982（2）.

［44］宋玉柱. 也谈"连动式"和"兼语式"：与张静同志商榷［J］. 郑州大学学报（哲学社会科学版），1978（2）.

［45］孙文统. 现代汉语连动结构的动态生成：侧向移位与左向附加［J］. 山东理工大学学报（社会科学版），2013，29（1）.

［46］田启林，单伟龙. 也谈汉语同宾结构的句法地位及相关问题［J］. 解放军外国语学院学报，2015，38（6）.

［47］王福庭. "连动式"还是"连谓式"［J］. 中国语文，1960（6）.

［48］王姝. 连动结构紧缩与动词词义增值［J］. 世界汉语教学，2012，26（1）.

［49］王欣. "不"和"没（有）"的认知语义分析［J］. 语言教学与研究，2007（4）.

［50］萧璋. 论连动式和兼语式［J］. 北京师范大学学报（社会科学），1956（00）.

［51］邢公畹. 论汉语的"连锁复句"：对《官话类编》一书连锁复句的分析［J］. 世界汉语教学，1990（3）.

［52］邢公畹. 论汉语的"连锁复句"（续）：对《官话类编》一书连锁复句的分析［J］. 世界汉语教学，1990（4）.

［53］邢欣. 简述连动式的结构特点及分析［J］. 新疆大学学报（哲学社会科学版），1987（1）.

［54］徐复岭. 连动短语前状语的语义指向［J］. 汉语学习，1986（3）.

［55］徐烈炯. 汉语是话语概念结构化语言吗？［J］. 中国语文，2002（5）.

［56］徐丹. 从动补结构的形成看语义对句法结构的影响：兼谈汉语动词语义及功能的分化［J］. 语文研究，2001（2）.

［57］许依娜. 维吾尔语多谓项结构句中-p副动词形式［J］. 民族语文，1999（2）.

［58］杨大然. 兼语句的语义分类及其空语类的句法分布［J］. 解放军外国语学院学报，2006（1）.

［59］杨将领. 独龙语的向格标记-le31［J］. 民族语文，2016（5）.

［60］杨西彬. 现代汉语"连动句"的重新审视［J］. 浙江师范大学学报

（社会科学版），2016，41（6）.

[61] 杨永忠．再论连动式中的语序—时序对应 [J]．天津外国语学院报，2009，16（5）.

[62] 杨永忠．连动结构类型的参数分析 [J]．当代外语研究，2014（10）.

[63] 姚汉铭，戴绚．"连动"范畴和表达连动范畴的句子格局 [J]．开封大学学报，1996（1）.

[64] 叶根祥．谈"连述短语" [J]．北京师院学报（社会科学版），1988（1）.

[65] 殷焕先．谈连动式 [J]．文史哲，1954（3）.

[66] 袁毓林．并列结构的否定表达 [J]．语言文字应用，1999（3）.

[67] 张伯江．论"把"字句的句式语义 [J]．语言研究，2000（1）.

[68] 张静."连动式"和"兼语式"应该取消 [J]．郑州大学学报（哲学社会科学版），1997（4）.

[69] 张孝荣，张庆文．现代汉语兼语句中的控制再研究 [J]．外语教学与研究，2014，46（5）.

[70] 赵展．论满语格助词的重要性 [J]．满语研究，2014（3）.

[71] 周国光．现代汉语里几种特殊的连动句式 [J]．安徽师大学报（哲学社会科学版），1985（3）.

[72] 周国炎，朱德康．布依语连动式研究 [J]．民族语文，2015（4）.

[73] 邹韶华．连动式应该归入偏正式：现代汉语语法定量分析的一个实例 [J]．世界汉语教学，1996（2）.

三、论文

[1] 方续军．二项连动结构前介词短语的功能分析 [D]．上海：上海师范大学，1996.

[2] 高增霞．现代汉语连动式的语法化视角 [D]．北京：中国社会科学院研究生院，2003.

[3] 洪淼．现代汉语连动结构研究 [D]．南京：南京师范大学，2010.

[4] 康忠德．居都仡佬语参考语法 [D]．北京：中央民族大学，2009.

[5] 马立春．《三国志》连动句研究 [D]．贵阳：贵州大学，2006.

[6] 普忠良．纳苏彝语语法研究 [D]．上海：上海师范大学，2016.

［7］ 邱月.OV 型藏缅语连动结构研究［D］.中央民族大学，2008.

［8］ 文贞惠.现代汉语否定范畴研究［D］.上海：复旦大学，2003.

［9］ 杨东华.连动式的时态研究［D］.上海：上海师范大学，1996.

［10］ 杨西彬.扩充的格位理论及汉语相关句法现象研究［D］.武汉：华中师范大学，2013.

［11］ 余金枝.矮寨苗语参考语法［D］.北京：中央民族大学，2010.

［12］ 张琼.宁波话动结式谓语句中主谓间的前置受事［D］.上海：上海师范大学，2007.

［13］ 张振.《搜神记》连动句研究［D］.延边：延边大学，2013.

［14］ 赵金灿.云南鹤庆白语研究［D］.北京：中央民族大学，2010.

［15］ 赵梅.现代汉语连动句和紧缩句的比较研究［D］.南昌：江西师范大学，2008.

［16］ 赵旭.汉语连动式研究［D］.北京：北京大学，2014.

［17］ 钟发远.《论语》动词研究［D］.重庆：西南师范大学，2003.

［18］ 朱艳华.载瓦语参考语法［D］.北京：中央民族大学，2011.

四、其他

［1］ 吕书湘.汉语语法论文集（增订本）［C］.北京：商务印书馆，1948.

英文文献

一、专著

［1］ AIKHENVALD A Y, DIXON R M W. 2006. Serial Verb Construction：A Cross-linguistic Typology［M］.Oxford：Oxford University Press，2006.

［2］ BERWICK R, CHOMSKY N. *Why Only Us*：Lauguage and Evolution［M］. Cambridge：MIT Press，2016.

［3］ CHOMSKY N. 1981. *Lectures on Government and Binding*，*The Pisa Lectures*［M］.Foris, Dordrecht.

［4］ KENSTOWICZ M. *Ken Hale*：*A Life in Language*［M］.Cambridge：MIT Press.

［5］ CHOMSKY N. *Minimalist Program*［M］.Cambridge：MIT Press，1995.

［6］ BELLETTI A. *Structures and Beyond*［M］.Oxford：Oxford University

Press.

[7] CHRISTALLER J G. *A Grammar of Asante and Fante Language Called Tshi* [M]. Westmead: Gregg, 1964.

[8] CIKTO B. *Symmetry in Syntax: Merge, Move and Label*s [M]. Cambridge: Cambridge University Press, 2011.

[9] COMRIE B. Subordination, coordination: from semantics, pragmatics [M] //VAJDA E J (ed.) *Subordination and Coordination Strategies in North Asian Languages*. Amsterdam: John Benjamins, 2008.

[10] COMRIE B. *Aspec*t [M]. Cambridge: Cambridge University Press, 1976.

[11] DECHAINE R M. Serial Verb Constructions [M]. JACOBS, et al (eds.). *Syntax: An International Handbook of Contemporary Research*. Berlin: Welter de Gruyter, 1993.

[12] DOWTY D R. W*ord Meaning and Montague Grammar* [M]. Dordrecht: Reidel, 1979.

[13] DURIE M. Grammatical structures in verb serialization [M] //ALSINA A BRESNAN J, SELL P (eds.). *Complex Predicates*. Stanford: CSU, 1997.

[14] GRICE P. *Studies in the Way of Word* [M]. Cambridge: Harvard University Press, 1989.

[15] HASPELMATH M. Coordinating constructions: an overview [M] // HASPELMATH M (ed.) *Coordinating Constructions, Typological Studies in Language* 58, Amsterdam: John Benjamins, 2004.

[16] HUANG, C T, LI Y H, LI Y F. *The Syntax of Chinese* [M]. Cambridge: Cambridge University Press, 2009.

[17] HUDDLESTON R GEOFFREY P. *The Cambridge Grammar of the English Language* [M]. Cambridge: Cambridge University Press, 2002.

[18] JACKENDOFF R S. *Semantic Structures* [M]. Cambridge: MIT Press, 1990.

[19] JARKEY N. Cotemporal Serial Verb Constructions [M] //MENGISTU A, BAKER B, HARVEY B (eds.). *Complex Predicates—Cross-Linguistic Perspectives on Event Structure*. Cambridge: Cambridge University Press, 2010.

[20] JOHANNESSEN J B. *Coordination* [M]. Oxford: Oxford University

Press, 1998.

[21] JOHN V D A, ANDREJ M. A semantic map for depictive adjectival [M] //HIMMELMANN N, SCHULTZE-BERNDT E (eds.). *Secondary Predication and Adverbial Modification.* Oxford: Oxford University Press, 2009.

[22] KAYNE R. *The Antisymmetry of Syntax* [M] . Cambridge: MIT Press, 1994.

[23] LARSON R K. Some Issues in Verb Serialization [M] //LEFEBVRE C (ed.). *Serial Verbs: Grammatical, Comparative and Cognitive Approaches.* Amsterdam/ Philadelphia: John Benjamins Publishing Company, 1991.

[24] LAW P, VEENSTRA T. Preliminaries on the Syntactic Structure of Serial Verb Constructions [M] //LEFEBVRE C (ed.). *Travaux derecherche sur le créole haïtien : verbes sériels,* no. 7. Montréal : Université du Québec, 1992.

[25] LEFEBVRE C. *Serial Verbs: Grammatical, Comparative and Cognitive Approaches* [M] . Amsterdam/Philadelphia: John Benjamins Publishing Company, 1991.

[26] LI C THOMPSON S A. *Mandarin Chinese: A Functional Reference Grammar* [M] . Berkeley : University of California Press, 1981.

[27] LI Y F. X^0: A Theory of Morphology-Syntax Interface [M] . Cambridge, MA: MIT Press, 2005.

[28] LORD C. Historical Change in Serial Verb Constructioas [M] . Amsterdam: John Benjamins, 1993.

[29] MARANTZ A. On the Nature of Grammatical Relation [M] . Cambridge: MIT Press, 1984.

[30] MATTHEWS S. On serial verb constructions in Cantonese [M] //AIKHENVALD A Y, DIXON R M W (eds.) . *Serial Verb Construction—A Cross-linguistic Typology.* New York: Oxford University Press, 2006.

[31] MIYAGAWA S. *Why Agree? Why Move? Unifying Agreement-based and Discourse-configurational Languages* [M] . Cambridge : MIT Press, 2010.

[32] MUYSKEN P, TONJES V. Serial verb constructions [M] //EVERAERT M, RIEMSDIJK H (eds.) . *The Syntax of Companian.* Oxford: Blackwell, 2006.

[33] NORBERT H. *Move! A Minimaliet Theory of Construal* [M] . Oxford: Blackwell Press, 2001.

［34］ NUNES J. *Linerization of Chains and Sideward Movement* ［M］. Cambridge：MIT Press，2004.

［35］ OUHALLA J. *Introducing Transformational Grammar from Principles and Parameters to Minimalism* ［M］. Beijing：Foreign Language and Research Press，2001.

［36］ PAN V J. *Resumptivity in Mandarin Chinese* ［M］. Berlin：De Gruyter Mouton，2016.

［37］ PAYNE T. *Describing Morphosyntax：A Guide for Field Linguist* ［M］. Cmabridge：Cambridge University Press，1997.

［38］ RADFORD A. *Analysing English Sentences：A Minimalist Approach* ［M］. Cambridge：Cambridge University Press，2009.

［39］ SEBBA M. The Syntax of Serial Verbs ［M］. Amsterdam/Philadelphia：John Benjamins Publishing Company，1987.

［40］ SMITH C. *The Parameter of Aspect* ［M］. Dordrecht：Kluwer，1991.

［41］ VENDLER Z. *Linguistics in Philosophy* ［M］. New York：Cornell University Press，1967.

［42］ XU J. *Sentence Head and Sentence Structure* ［M］. Singapore：Longman，2003.

［43］ ZHANG N N. *Coordination in Syntax* ［M］. Cambridge：Cambridge University Press，2009.

［44］ Sassc, H. J. 1995. Prominence typology. In J. Jacobs, A. S. von Stechow, W. Sternefeld and T. Vennemann （eds.）*Syntax：An International Handbook of Contemporary Research.* Vol2. Berlin/New York：Walter de Gruyter，1065-1075.

二、期刊

［1］ BAKER, M. Object sharing and projection in serial verb construction ［J］. *Linguistic Inquiry* ，1989，20（4）.

［2］ BISANG W. Serial verb construction ［J］. *Language and Linguistics Compass*，2009（3）.

［3］ CARSTENS V. Antisymmetry and word order in serial constructions ［J］. *Linguistic Society of America*，2002，78（1）.

［4］CHOMSKY N. Three factors in language design ［J］. *Linguistic Inquiry* , 2014, 36 (1).

［5］CIKTO B. On the nature of merge: external merge, internal merge and parallel merge ［J］. *Linguistic Inquiry*, 2005, 36 (4).

［6］COLLINS C. Multiple verb movement in Hoan ［J］. *Linguistic Inquiry*, 2002 (33).

［7］COLLINS P. Argument sharing in serial verb construction ［J］. *Linguistic Inquiry*, 1997 (28).

［8］CULICOVER P W RAY J. Semantic subordination despite syntactic coordination ［J］. *Linguistic Inquiry* , 1997 (28).

［9］DALRYMPLE M, IRINA N. Syntax of natural and accidental coordination: Evidence from Agreement ［J］. *Language*, 2006, 82 (4).

［10］GRIMSHAW J, MESTER A. Light Verbs andθ-Marking ［J］. *Linguistic Inquiry*, 1988 (19).

［11］GU Y. Aspect licensing, feature checking and verb movement in Mandarin Chinese ［J］. *Cahiers de Linguistique Asie Orientale*, 1998 (24).

［12］HASPELMATH M. The Serial Verb Construction: Comparative Concepts and Cross-linguistic Generalizations ［J］. *Language and linguistics*, 2016, 17 (3).

［13］HIGGINBOTHAM J. On Semantics ［J］. *Linguistic Inquiry*, 1985 (19).

［14］HU J H, PAN H H, Xu L J. Is there finite vs. nonfinite distinction in Chinese? ［J］. *Linguistics*, 2001, 39 (6).

［15］LAW P. A note on the Serial Verb Construction in Chinese ［J］. *Cahlers de Linguisticque-Aise Orientale*, 1996, 25 (2).

［16］LI Y F. On V-V compounds in Chinese ［J］. *Natural Language and Linguistic Theory*, 1990 (8) .

［17］LI Y F. Structural case and aspectuality ［J］. *Language*, 1993 (69).

［18］LI Y F. On thematic hierarchy and causativity ［J］. *Natural Language and linguistic theory*, 1995 (13).

［19］LI Y F. Cross componental causativity ［J］. *Natural Language and linguistic theory*, 1999 (17).

［20］MUNN A. Coordinate structure and X-bar Theory ［J］. *McGill Working*

Papers in Linguistics，1987，4（1）．

［21］NUNES J，JUAN U. Cyclicity and extraction domain ［J］．*Syntax*，2000，3（1）．

［22］PAN H，HU J H. A Semantic−Pragmatic Interface Account of（Dangling）Topic in Mandarin Chinese ［J］．*Journal of Pragmatics*，2008（40）．

［23］PAUL W. The serial verb construction in Chinese：A tenacious myth and a Gordian knot ［J］．*The Linguistic Review*，2008，25（3）．

［24］PROGOVAC J. Structure of Coordination，Part Ⅱ ［J］．GLOT International，1998，3（8）．

［25］SABEL J. Deriving Multiple Head and Phrasal Movement：The Cluster Hypothesis ［J］．*Linguistic Inquiry*，2001，（32）．

［26］SOOKGONT S，SUPNITHI T，KONGKACHANDRA R. Classification of serial verb constructions in Thai ［J］．*International Journal of Artificial Intelligence & Applications*，2015，6（4）．

［27］VAN VALIN R JR. Semantic parameters of split intransitivity ［J］．*Language*，1990，66（2）．

［28］ZHANG N N. Against Across−the−board Movement ［J］．*Concentric：Studies in Linguistics*，2004，30（2）．

［29］GREENBERG J H，陆丙甫，陆致极．某些主要跟语序有关的语法普遍现象 ［J］．国外语言学，1984（2）．

三、论文

［1］BAKER M. Incorporation：A Theory of Grammatical Function Changing ［D］．Chicago：University of Chicago，1988．

［2］CAMACHO J. The Syntax of NP Coordination ［D］．Los Angeles：University of Southern California，1997．

［3］GRIMSHAW J. *Psych Verbs and the Structure of Argument Structure* ［D］．Waltham：Brandeis University，1987．

［4］GU Y. The Syntax of Resultative and Causative Compounds in Chinese ［D］．Ithda：Cornell University，1992．

［5］HUANG C T J. Logical Relations in Chinese and the Theory of Grammar

［D］. Cambridge：MIT，1982.

［6］ HWANG H. Serial Verb Construction in Chinese ［D］. Honolulu：University of Hawaii，2008.

［7］ LIN T H. Light Verb Syntax and the Theory of Phrase Structure ［D］. Irvine：University of California，2001.

［8］ MUNN A. Topics in the Syntax and Semantics of Coordinate Structures ［D］. Maryland：University of Maryland，Colledge Park，1993.

［9］ REINHART T. The Syntactic Domain of Anaphora ［D］. Cambridge：MIT Press，1976.

［10］ ROSS J R. Constraints on Variables in Syntax ［D］. Cambridge：MIT，1967.

［11］ STEWARD O T. The Serial Verb Construction Parameter ［D］. Montreal：Mc Gill University，1998.

［12］ WILLIAMS A. Word Order in Resultatives ［D］. Maryland：University of Maryland，2008.

［13］ XU J. An Infl Parameter and Its Consequences ［D］. Washington D. C.：University of Maryland at College Park，1993.

［14］ ZOERNER C E III. Coordination：the Syntax of andP ［D］. Berkeley：University of California，Irvine.

四、其他

［1］ GOLDSMITH J. A principled exception to the coordinate structure constraint，in Papers from the Twenty-First Annual Regional Meeting of the Chicago Linguistic Society ［C］. Chicago：Chicago Linguistic Society，1985.

［2］ HUANG，C T J. Verb Movement，（In）definiteness，and the Thematic Hierarchy ［C］//The 25th Minnesota Conference on Language and Linguistics. Minneapolis：University of Minneapolis，1991.

［3］ BAKER，MARK C. &Stewart，Osamuyimen T. 1999. "On double-headedness and the anatomy of the clause," manuscript，Rutgers University.

［4］ Carstens，Vicki. 1988. Serial Verbs in Yorùba. Paper presented at the 2nd workshop in Niger-Congo syntax and semantics. Cambridge：MIT.

［5］FRANCIS E J, MATTHEWS S. Categoriality and Object Extraction in Cantonese Serial Verb Construction. Atlanta, Georgia: LSA Annual Meating, January 4, 2003.

［6］Law , Paul. &Veenstra, Tonjes. 1992. On empty operators in serial verb constructions. In MIT Working Papers in Linguistics 17: proceedings of the Kwa comparative syntax workshop, 183－203. Dept. of Linguistics and Philosophy, MIT, Cambridge, Mass.

后 记

有很多话要说，但又不知从何说起。2013年考博失败后，2014年的报考并没有抱太大的希望，感谢恩师潘海华的公平公正，这种公平在当下"背景"至上的社会显得尤其宝贵，我很幸运享受到了"公平"的待遇，以第一名的成绩成为您的博士生。感谢老师不介意我外语教学理论的专业背景，感谢老师总是认真并耐心地解答我所提出的每一个问题。很怀念和老师通过电话、微信、邮件等多种方式讨论问题，每次讨论我都收获满满，偶尔也会争论很激烈，但老师从来没有发飙、迁怒于我，反而耐心解惑、娓娓道来，最后总是让我豁然开朗。如果说我有那么点学术研究精神和热情的话，我想这都归功于老师三年来一点一滴潜移默化的影响。形式句法和语义理论之于我是一个全新的领域，我从一个"小白"到独立运用形式句法理论完成博士论文，这跨越式的进步归功于老师平日悉心且高效的指导。老师治学严谨的精神以及学术研究的国际格局对我今后的工作和生活都影响深刻。

感谢戴庆厦老师。我选择"汉语连动结构"作为博士论文的研究对象，但是汉语缺乏形态标记，在形式句法理论框架下对其进行解释遇到瓶颈的时候，是和戴老师的交流让我柳暗花明，找到了突破瓶颈的方式。少数民族语言语法研究上我也是"小白"，所以每次遇到困惑的地方总是打电话请教戴老师，虽然他特别忙，但每次接到电话都耐心讲解给我听，还鼓励我坚持下去。为了不让我花很多钱买参考语法书，他就把他办公室的存货慷慨地送给我，我时常想：我何德何能？

非常感谢黄成龙、杨将领、蒋颖、李春风、余金枝、江桥、杨通银、唐正大、唐钧、陈辰、金莉娜、木再帕尔、王硕、香玲等老师为我提供少数民族语言语料，并提供了很多具有重要价值的文献，感谢你们能在百忙之中帮我解惑，回答我的各种疑问。

感谢吴平老师。2013年因为您的帮助我才有机会以志愿者的身份旁听了中国语言学书院班的核心课程；也正因为那次系统性、专业性的学习，我才得以在2014年博士入学考试中取得第一名的成绩。非常感谢您在我读博的三年中给予我的各种学习、生活中的帮助。很多时候，我们更像是朋友，不管是学习、工作还是生活上的烦恼总想跟您倾诉，而且您总能晓之以理、动之以情，每次交谈后，我都收获颇多。滴水之恩当涌泉相报，吴老师对我的帮助和关心我一直记在心里。

感谢毛眺远、汪昌松、尹洪波、朱斌、程工、熊仲儒、潘俊楠、李京廉、花东帆、邢欣、刘莹、孙洪波、胡波、叶狂等老师。在我的博士论文写作过程中，曾与各位老师交流讨论，感谢你们为我的论文提出了宝贵意见，并给我提供了很多非常有价值的期刊文献。

感谢同门徐威，同学张弛、李娜、刘云海，好朋友石玉，师姐徐熙媛、张蕾、毕罗莎，感谢你们在我论文写作过程中给予我精神上的支持和生活上的帮助。每每论文推进缓慢或遇到困难的时候，你们都在各个层面鼓励我、给我打气，是你们的支持让我有勇气、有信心坚持下去，突破困境。

感谢我最最敬爱的父母王义和杨娥。我此生最大的遗憾就是未能好好孝敬我的爸爸，2011年，爸爸在我参加工作不到两年时年永远地离开了我和妈妈。生前，爸爸任劳任怨工作，用汗水赚得辛苦钱只为我能有很好的学习和生活环境。硕士毕业时，我最大的心愿就是踏踏实实工作，让爸爸不用再工作、好好享清福，有机会带爸爸和妈妈出去旅游享受天伦之乐。可是，上天就是这么捉弄人，我爸爸那么老实、憨厚、淳朴、善良的人竟然因肝癌离开了人世。爸爸的突然离开对我和妈妈打击很大，爸爸的兄弟姐妹们表现出的冷漠更让我心寒，我默默发誓一定活得坚强，不能让看笑话的人看不起。爸爸，今天我博士毕业了，您在天堂看到了吗？您一定在为我庆祝吧！感谢您我敬爱的爸爸，每每遇到挫折和困难，我都会想起您；感谢您不仅给了我生命，还教会我坚强、坚韧、吃苦耐劳。

感谢我的妈妈杨娥，在爸爸生病期间不离不弃陪伴左右，在我读博期间帮我照顾孩子料理家务。我是发自内心感谢您，自爸爸去世后，我也是竭尽所能照顾您、给予您最好的生活，希望您能理解我。

感谢我的丈夫陈玉基，感谢您能支持我读博，感谢您在我读博期间，撑起了一家老小的经济负担；感谢您在我去学习、开会的时候，扮演着爸爸妈妈的双重角色；感谢您一直孝敬我妈妈如亲妈一般；感谢您在我写论文苦闷的时候，容忍我的脾气和无理取闹。感谢您，我最亲密的爱人。

　　最后感谢我的宝贝女儿陈一萌，感谢你的乖巧懂事，希望你长大后能够理解妈妈当初读博的决定，妈妈愿花更多的时间陪伴和见证你的成长。